# FIVE SENSE

LIFE IN FIVE SENSES
Copyright © 2023 GRETCHEN RUBIN
Korean Translation Copyright © 2025 by Thebookmangroup

Korean edition is published by arrangement with United Talent Agency
through Duran Kim Agency.

이 책의 한국어판 저작권은 듀란킴 에이전시를 통한 United Talent Agency와의 독점계약
으로 책읽어주는남자에 있습니다. 저작권법에 의하여 한국 내에서 보호를 받는 저작물이
므로 무단전재와 무단복제를 금합니다.

# FIVE SENSE

### 소진된 일상에서 행복을 되찾는 마음 회복법

그레첸 루빈 지음
김잔디 옮김

북플레저

이 책을
앤 메르코글리아노(Anne Mercogliano)에게 바칩니다.

**프롤로그**

# 우리는 매일
# 행복을
# 놓치고 산다

몇 년 전, 평범한 사건이 내 인생을 뒤흔들었다. 안과에 간 날이었다. 목요일 아침에 침대에서 일어났을 때 눈에 눈곱이 끼고 이물감을 느꼈지만 별로 신경 쓰지 않았다. 그러다 화장실 거울에 비친 내 모습에 깜짝 놀랐다. 흰자위가 빨갛게 충혈되고 속눈썹이 뭉친 것을 보니 아무래도 결막염인 듯했다. 미루고 또 미루다 결국 안과에 가서 검사실에 앉았다. 얼굴에 손대지 않으려고 최대한 참았다.

지금까지 몇 번이나 이 의자에 앉아서 나무 벽에 걸린 자격증 개수를 세었더라? 육중한 시력 검사 장비가 낯선 사람이라면 복잡한 모양에 위축될 수도 있지만, 나는 3학년 때부터 이런 기계를 자주 봤다. 안경을 써야 한다는 말에 처음에는 울었지만, 쓰자마자 나뭇가지에 앉은 새가 보이고 운동장에서 아이들 얼굴을 구분할 수 있어서 마음에 쏙 들었다.

마침내 의사가 들어왔다. 그는 (벌게진) 눈을 검사하더니 내가 마음대로 내린 진단을 확정하고 안약을 처방했다. 인사하고 나오려는데 의사가 아무렇지도 않게 덧붙였다. "조만간 정기 검진 일정을 잡으세요. 아시다시피 망막이 박리될 위험이 있어요."

나는 돌아보며 물었다. "네? 아뇨, 무슨 말인지 모르겠어요."

"근시가 너무 심해서 망막이 정상 위치에서 멀어질 가능성이 커요. 시력이 손상될 수 있는 심각한 문제니까 조짐이 보이면 바로 치료해야 해요." 의사는 물을 충분히 마시거나 자외선 차단제를 바르라는 일상적인 충고를 하듯이 가볍게 말했다.

"죄송하지만 다시 설명해 주시겠어요?" 나는 의사가 들어오기 직전에 간호사가 내게 '심한 근시'라고 한 말을 떠올렸다.

의사는 아까 한 말을 반복했고 나는 들으면서 점점 불안해졌다. 최근에 친구가 망막 박리로 시력을 잃었기 때문이다. 불안감에 정신이 팔려 의사가 하는 말이 들리지도 않았다(*항상* 메모하는 내가 메모를 잊을 정도였다). 의사는 다음 검진 때 보자며 말을 마쳤다.

"네, 감사합니다." 나는 어안이 벙벙한 채 병원 문을 나섰다. 밖으로 나왔을 때 내 안에서 뭔가가 움직였다. 덜컥 겁이 났다. 내 눈! 이 대화를 하기 전까지는 때맞춰 콘택트렌즈를 처방받는 것 말고 시력에 관해 생각해 본 적도 없었다.

부드러운 석양빛을 받으며 집으로 가는 길에 사랑하는 뉴욕 거리의 풍경이 오랜만에 눈에 들어왔다. 이제 이 풍경이 흐릿해지면, 아니 아예 사라져 버리면 어쩌지?

모퉁이를 돌자 갑자기 모든 감각이 날카로워지는 느낌이었다. 뇌에 존재하는 모든 조절 장치가 인지력을 최고치로 설정한 것 같았다.

나는 끈끈한 눈으로 건물 위에서 빛나는 회색 하늘과 화분에 담긴 관상용 케일의 조글조글한 보라색 이파리를 응시했다. 평일 도시에 울려 퍼지는 사이렌, 드릴, 경적, 고함치는 소리가 귓가를 때렸다. 자동차 배기가스, 마리화나, 견과류 노점상의 꿀 땅콩 냄새가 뒤섞여서 자극적인 냄새가 났다.

이렇게 강렬하게 세상을 경험하는 건 처음이었다. 정말 *경이로웠다*. 거리를 걸을수록 감각의 물결이 나를 덮쳤고, 크게 소리쳐 웃거나 지나가는 사람들에게 말하고 싶었다. "나무 좀 보세요! 아름답지 않아요?" 나는 너무 오랫동안 이런 색채와 소리, 주변에 존재하는 모든 감각을 당연하게 여겼다는 사실을 깨달았다.

집에 도착하기까지 겨우 20분 걸렸지만 그 시간은 더없이 강렬했다. 계속 이런 생각이 들었다. '이 경험은 *지금*, 이곳에 존재해. 다시는 반복되지 않을 *과거*이기도 하지.'

그때 심오한 진실을 깨달았다. 지금 이 몸과 능력은 내 것이지만 영원하지 않다. 대학 시절에는 제대로 된 독서 등도 없이 2층 침대에서 헨리 제임스(Henry James, 1843~1916, 미국 소설가, 근대 사실주의 문학의 선구자로 평가받는다_옮긴이)의 《여인의 초상(The Portrait of a Lady)》을 읽었다. 지금은 이메일에 답장을 쓰려면 스마트폰 글꼴을 확대해야 한다. 언젠가 남편 제이미가 크게 하품하는 소리를 들을 수 없을 테고, 우리 반려견 바나비가 아끼는 눈사람 장난감을 입에 물고 당당하게 방을 가로지르는 모습도 볼 수 없다. 딸 엘리자는 이미 독립했고 엘리너도 몇 년 후에는 집을 떠날 것이다.

나는 지금까지 몸을 성실하게 관리했다. 충분히 자고, 운동하고,

건강한 음식을 먹고, 건강 검진도 꼬박꼬박 하고 백신을 맞고, 선글라스와 안전띠를 착용했다. 하지만 내 몸과 체력에 감사했던가? 하루하루 펼쳐지는 삶을 음미했나? 사랑하는 사람들에게 관심을 기울였던가?

아파트에 들어가는 키패드를 누르면서 여태껏 간과해 온 진실을 받아들였다. 이제 시간이 별로 없다. 센트럴 파크 위로, 그리고 내 삶 위로 드리운 그림자가 점차 동쪽으로 기울어 간다. 마지막 순간에 이렇게 생각하고 싶지 않았다. '참 많은 일이 있었지. 조금 더 신경 쓸걸 그랬어.'

그렇게 텅 빈 아파트로 돌아왔다. 얼마 지나지 않아 현관 복도에서 제이미가 나를 부르는 소리가 들렸다. 나는 펄쩍 뛰어서 제이미를 맞으러 갔다. "안녕!" 사랑을 가득 담아 말했다. "오늘 하루는 어땠어?" 제이미에게 키스하며 볼에 난 까슬한 수염을 느꼈다. 대화하면서 나도 모르게 골똘히 얼굴을 들여다보며, 오랫동안 인식하지 못한 초록색 눈과 짙은 머리카락에 섞인 흰머리를 눈에 담았다.

나는 엘리자와 엘리너가 할아버지 할머니 집에서 저녁을 먹고 돌아오길 기다렸다. 집으로 돌아온 아이들은 몇 달 만에 만나는 것처럼 부쩍 키가 큰 듯했다.

"안녕!" 아이들을 하나씩 한참 껴안으며 말했다. "우리 왔어요." 아이들은 내 열렬한 환영에 놀란 눈치였다. 엘리자를 껴안고, 그다음 엘리너를 포옹하니 다른 샴푸 향이 느껴졌다. 하나는 꿀 향이고 하나는 자두 향이었다. 아이들이 어렸을 때는 데리고 다니고, 씻기고 먹이고 껴안으면서 끊임없이 스킨십을 했다. 크고 나서는 거리를 둘 때가 많았다. 아이들을 꽉 안아 준 지도 참 오래됐다. 나는 변화하기로 했다.

결막염은 며칠 뒤 금세 나았지만 그 경험이 머릿속을 떠나지 않았다. 나는 오랫동안 인간의 본성을 탐구했고 어떻게 하면 행복하게 살 수 있는지 고민했다. 일종의 영혼의 과학인 셈이다. 그 과정에서 얻은 가장 중요한 깨달음은, 행복한 삶은 자기 이해(self-knowledge)를 바탕으로 할 때 비로소 가능하다는 것이었다. 내 기질과 가치관, 관심사를 깊이 들여다볼수록 더 행복해졌기에 오랜 시간을 들여 나 자신을 연구했다. 자아 성찰을 시작하기 전에는 이렇게 생각했다. '나 자신을 아는 게 뭐가 어려워? 난 온종일 나랑 놀잖아!' 하지만 자기 이해는 결코 쉽지 않았다.

나를 더 깊이 이해하고자 스스로에게 질문을 던졌다. '누가 부러운가?', '나는 어떤 거짓말을 하지?', '열 살 때는 재미로 뭘 했더라?', '내 가치관을 어떻게 실천하고 있나?' 그리고 더 행복해지기 위해 다양한 결심을 했다. '잠자는 우정 되살리기', '1분 규칙 따르기', '소소한 기념일 챙기기', '더 의미 있는 삶 선택하기' 등이었다.

그렇게 노력했는데도 나는 지난 몇 년 동안 세상과 타인은 물론 자신과도 단절한 채 내 머릿속에 갇혀 있었다. 뉴욕에서 LA까지 가서 동생 엘리자베스를 만났지만, 뉴욕에 돌아왔을 때는 엘리자베스 특유의 손짓을 한 번도 주의 깊게 보지 않았다는 사실을 깨달았다. 매일 착용하던 서클 목걸이를 했는지도 생각나지 않았다. 내가 동생을 정말 보기는 한 걸까?

나는 삶에서 무엇을 놓쳤는지 알아내려 노력했고, 안과에서 집으로 돌아가는 그 잊지 못할 길에서 답을 얻었다. *나는 오감과 가까워져*

야 했다. 그동안 내 몸을 뇌가 운전하는 자동차처럼 대했지만, 신체는 영혼의 수단이 아닐뿐더러 고장만 안 나면 그만인 존재가 아니었다. 몸은 *감각을 통해* 세상과 타인, 나를 연결하는 중요한 고리였다.

물론 신체 기능을 일부 상실하더라도 행복하고 완전하게 살아갈 수 있다. 다만 언젠가 내가 무시하던 모든 것을 후회하게 될까 봐 두려웠다. 오늘은 '너무 바빠서 데스 벨리(Death Valley, 캘리포니아 남동부에 있는 사막 계곡_옮긴이)행 여행 계획을 잡기 힘들겠다'며 미루겠지만, 언젠가 시력을 잃으면 '사막을 구경했으면 좋았을 텐데'라고 아쉬워할지도 모른다. 어떤 이는 산을 좋아하고 다른 이는 바다나 초원, 호수, 숲을 좋아한다. 어쩌면 나는 모래 언덕이 펼쳐지는 풍경을 좋아하면서도 그 사실조차 몰랐던 건 아닐까?

잠깐 멈춰 서서 생각했다. 블루베리의 속살은 무슨 색이더라? 내가 파블로 피카소의 작품을 싫어하고 토머스 콜(Thomas Cole)의 작품을 좋아하며, 얼 그레이보다 잉글리시 브렉퍼스트를 좋아한다는 사실을 깨닫는 데 몇 년이 걸렸다. 어머니는 내가 제일 좋아하는 요가 바지를 입은 모습을 보고 "그냥 검정이 아니라 푸른 기가 도는 남색이라서 더 예쁘네"라고 했지만 나는 그 바지가 푸른색이라고 생각한 적이 없었다. 게다가 뉴욕에 살면서 단 한 번도 유명인을 보지 못했다.

나는 하루하루를 그저 흘려보내지 않았다. 시간을 들여 읽고, 쓰고, 사람들과 대화하는 한편 할 일 목록을 작성하고 계획을 짜고 목표를 세웠다. 그동안 어떤 단계를 거쳤는지 기록했다. 끊임없이 자기 탐구를 거듭하며 질문했다. 내가 목표로 삼은 이상적인 사람으로 성장하려면 어떻게 해야 할까? 나는 삶에서 열정과 생산성, 체계를 중요하게 생각했지만 삶의 *감각*을 관찰하지 않고 빠져나가게 내버려뒀다는 사실을 그날 집으로 향하던 길에 깨달았다. 감각 경험에 집중한다면 무엇을 더 발견할 수 있을까?

나는 진저에일이 간절해지거나 휴대 전화 알람의 '물결' 소리가 두려워지는 순간을 눈치채지 못했다. 엘리자가 언제부터 반지를 이렇게 많이 꼈더라? 엘리너는 언제부터 샤워하면서 시끄러운 음악을 틀었지? 제이미가 그릭 요거트를 많이 먹기 시작한 건? 감각은 경험하고 기억하고 싶은 사람과 순간을 나 자신과 연결하는 힘을 지니고 있다.

눈이 충혈됐던 날 오후, 세 가지 진실이 떠올랐다. 나는 삶의 매 순간을 더 온전히 감사하고 싶었고 머릿속을 벗어나 삶으로 들어가고 싶었으며 세상과 타인, 그리고 나를 더 깊이 이해하길 원했다. 걷는 동안 내 안에서 흐르는 감각에 집중하자 생생한 활력이 느껴졌고, 그 경험 덕분에 앞으로 나아갈 길이 보였다. 나는 오감을 연구하기로 했다. 단 1분도 놓치고 싶지 않았다.

감각에 흠뻑 빠져든다는 목표는 내게 쉽지 않을 것이다. 많은 이가 달리기나 수영, 플라이 낚시, 악기 연주 등 몸으로 하는 활동을 즐긴다. 나는 주로 책을 읽는 쪽이었다. 몸으로 하는 취미에 가장 가까운 건 바나비를 쓰다듬는 정도였다.

내 취향은 지나치게 사소하고 단순해 보일 때가 많았다. 나는 동네 식당의 스크램블드에그처럼 소박한 음식을 좋아했고 술을 못 마셔서 와인 한 잔도 입에 대지 않았다. 이상한 노래를 좋아했지만 음악을 자주 듣지 않았다. 강한 마사지보다는 가벼운 마사지를 선호했고 고기는 완전히 익혀 먹었으며 살사 소스는 순한 맛을 좋아했다. 누가 봐도 아름다운 예술을 동경했다.

의도적으로 무엇인가 경험하려는 노력은 별로 하지 않았고 늘 즐거움보다는 편리함을 선택했다. 어떤 이는 완벽한 커피 한 잔을 내리려고 심혈을 기울인다. 나는 뭐든 빠르고 쉬운 편을 선호했고 한 모금씩 음미할 수 있는 작은 컵보다는 커다란 머그잔으로 커피를 벌컥벌컥 들이켰다. 우리 가족은 매년 크리스마스에 향기롭고 송침이 살아 있는 생나무 대신 탁상용 인공 나무를 장식했다. 개를 데려오자고 딸들이 졸랐을 때도 일이 많아지는 게 싫어서 한참 들어주지 않았다.

나는 지금까지 행복과 인간 본성에 관한 획기적인 통찰을 몇 가지 얻었다(이렇게 종종 내게 깨달음의 순간이 찾아오는 것이 참 마음에 든다). 시간이 흐르면서 책상 앞에 다시 앉고 싶어서, 할 일을 빨리 처리하고 싶어서 심각해지고 조급해진다는 걸 자각했다. 일하는 것을 좋아하지만 효율성과 생산성에 집중하다 보니 무기력하고 정체되는 느낌이 들었고 마음이 무거워졌다. 나는 감각을 통해 빠르게 활력을 채우고 스스로 자극하고 싶었다.

내 동생 엘리자베스는 자주 이런 말을 했다. "언니는 수도사가 됐으면 어울렸을 거야." 맞는 말이다. 꾸준한 습관을 무척 중요하게 생각해 웬만해서는 어기지 않았다. 체계 없이 살아가는 사람도 있지만 나는 그렇지 않았다. 내 단점은 반대 방향으로 나타났다. 융통성이 없었던 것이다.

계획과 할 일 목록에 몰두한 나머지 막상 주변에서 실제로 일어나는 일은 신경 쓰지 못할 때가 많았다. 해변을 산책하더라도 머릿속에서 글을 쓰느라 바다를 거의 보지 못했다. 오디오북을 들을 때는 읽어 주는 사람의 목소리에 빠져 책 내용에 귀를 기울이지 않았다.

 최근에는 엘리자와 엘리너, 바나비를 동네 사진관에 데려가 매년 발행하는 밸런타인데이 카드에 들어갈 사진을 찍었다. 나는 빨리 책상 앞에 다시 앉으려고 내내 서둘렀다. 나중에야 아이러니한 사실을 깨달았다. 그 순간 딸들의 모습을 포착하려고 사진을 찍는 것인데 정작 그 순간에는 아이들을 보지도 않았다.

 만성적으로 사로잡혀 있던 안개에서 이제 벗어날 방법을 찾은 듯하다. 내 머릿속에 머물지 않고 주변 세상을 보고, 듣고, 냄새 맡고, 맛보고, 만지면서 내 몸속에서 더 충만히 살아가려 한다. 감각 자체를 순수하게 즐기는 한편 그 강렬함과 감정적 힘을 활용해서 타인뿐만 아니라 나 자신과 소통할 것이다.

차
례

**프롤로그** 우리는 매일 행복을 놓치고 산다 ········· 007
**들어가기 전에** '감각'에 대하여 ········· 023

## 시각
### 중요한 것은 시야 밖에 있다 035

나는 그동안 무엇을 놓쳤나 ········· 042
타인과 나를 잇는 눈 ········· 048
메트로폴리탄 미술관에서의 시각 실험 ········· 052
색채를 수집하다 ········· 059
비로소 보는 것에 집중하다 ········· 066
세상을 더 잘 보는 비밀 ········· 068
내 손으로 빚는 시각 세계 ········· 074
본다는 것의 새로운 의미 ········· 079

## 청각
**소리로 건네는 위안** 085

마음을 치유하는 소리의 힘 ———————————— 092
삶의 깊이를 더하는 음악의 마법 ———————————— 100
소리에 젖어 들다 ———————————— 104
결코 당연하지 않은 소리 ———————————— 107
세상을 더 잘 듣는 비밀 ———————————— 110
메트로폴리탄 미술관에서의 청각 실험 ———————————— 116
일상 속 소음을 지우다 ———————————— 119
일상 속 침묵을 키우다 ———————————— 124
듣는다는 것의 새로운 의미 ———————————— 127


## 후각
**보이지 않지만 삶을 움직이는 향기** 131

코도 가르쳐야 한다 ———————————— 139
이 냄새, 뭐지? ———————————— 145
향을 더하고 악취를 덜다 ———————————— 148
기억을 깨우는 향기의 힘 ———————————— 151
메트로폴리탄 미술관에서의 후각 실험 ———————————— 152
냄새로 가까워지는 사이 ———————————— 156
맡는다는 것의 새로운 의미 ———————————— 159

## 미각
### 맛은 기억보다 오래 남는다 163

맛의 역사를 기록하다 — 173
케첩과 바닐라의 마법 — 180
각자의 미각, 각자의 세계 — 184
눈 감고 맛볼 때 알 수 있는 것들 — 189
맛에 얽힌 추억을 나누다 — 197
메트로폴리탄 미술관에서의 미각 실험 — 204
눈을 감으면 맛이 깊어진다 — 206
맛본다는 것의 새로운 의미 — 210

## 촉각
### 피부로 느끼는 마음의 평온 215

손길에 담긴 애정을 느끼다 — 221
촉감으로 전하는 위로와 기쁨 — 225
촉감은 그 자체로 황홀하다 — 231
보이지 않는 것을 만지다 — 234
손끝에서 피어나는 거대한 상상력 — 238
메트로폴리탄 미술관에서의 촉각 실험 — 243
만진다는 것의 새로운 의미 — 247

## 오감을 향해
**육체와 정신은 어떻게 서로를 보살피는가** 251

더 기뻐하는 삶으로 — 255
더 사랑하는 삶으로 — 259
잃었던 에너지를 되찾다 — 264
광활한 상상력을 경험하다 — 267
삶의 채도를 높여줄 더 많은 추억이 생기다 — 271
그레첸답게 — 274


**에필로그** 감각을 통해 열린 새로운 세상 — 280
**감사의 글** — 283
**오감을 깨우는 실천 가이드** — 286
**참고 자료** — 298
**주석** — 301
**추천 도서** — 307
**메트로폴리탄 미술관 소장품 목록** — 314
**그레첸 루빈의 오감 자화상** — 317

아무도 정말로 무언가를 들여다보지 않는다.
그건 너무 어려운 일이니까.

_앤디 워홀(Andy Warhol)

**들어가기 전에**

# '감각'에 대하여

나는 감각의 힘을 활용하고 싶었다. 그런데 '감각'이란 무슨 뜻일까? 답을 찾기 위해 도서관으로 향했다. 조사해 보니 시각부터 청각, 후각, 미각, 촉각까지 다섯 가지 감각은 아리스토텔레스 감각 또는 유아 감각(kindergarten sense)이라고 한다.

우리 눈과 귀, 코, 혀, 피부의 감각 기관은 전기 화학적 메시지를 전달하는 신경을 통해 뇌와 연결된다. 이런 장기는 뇌와 협업하여 우리에게 세상을 보여 준다. 감각 기관을 자극하여(소금을 맛보는 혀처럼) *감각*이 생성되고, 뇌에서 감각을 통합하여 *인지*가 형성되며 우리는 이 모든 과정을 통해 세상을 배운다(뇌는 모양과 소리, 냄새, 맛, 질감으로 '프레첼은 위대하다'라고 인지한다).

하지만 최근 연구자들은 다른 수많은 감각을 추가로 발견했다. 예를 들어 *고유 수용성 감각(proprioception)*은 각 신체 부위의 위치를 인식하게 해 준다. 이 감각을 이용해서 눈을 감고 손가락으로 코를 건드리거나, 보지 않고 계단을 오르기도 한다. *평형 감각(equilibrioception)*을 통해 앉거나 서고, 달리거나 자전거를 타거나 줄타기할 때 균형을 잡고 자세를 유지할 수 있다. *내부 수용 감각(interoception)*은 신체 내부에서 느껴지는 감각을 알아차리고 해석하는 능력을 부여한다. 심장이 빨리 뛰는지, 속이 울렁거리는지, 배고프거나 목이 마른지, 화장실에 가고 싶은지 알게 된다.

이런 감각은 수없이 많다. 모든 감각이 경험에 영향을 미치며 그 자체로 매력적이지만, 배경에서는 좀 더 미묘하게 작용한다. 보통 우리는 심장 박동이나 호흡 같은 기능이 고장 났을 때만 알아차린다.

이런 특징은 대단한 오감의 능력과 어울리지 않는다. 나는 오감을 깊숙이 들여다보기로 했다. 뇌는 뼈로 둘러싸여 있고 뇌척수액 속에 담겨 조용히 살아간다. 수분의 비중이 73%이고 체중에서 2%를 차지하지만 우리가 소비하는 전체 에너지의 20%를 소모한다. 뇌는 놀라운 일을 가능하게 한다. 얼마 전에 나는 움직이는 버스에 서서 견과류를 먹으며 친구와 대화하면서 간판을 읽었다. 고도의 협응이 이뤄지는 셈이다.

눈과 귀, 코, 혀, 피부는 별도로 복잡한 신경계 회로를 거쳐 메시지를 보내는데, 정보가 의식에 도달할 때쯤에는 일관성 있게 통합된다. *감각 기관(sensorium)*은 각 감각 기능을 통합하여 세상을 경험하게 해준다.

내가 의사를 만나고 얼마 지나지 않아 엘리너가 집에 커다란 라즈베리 통을 가져왔다. 나는 그 라즈베리를 잔뜩 먹었다. 하나씩 입에 넣을 때마다 아름다운 보석 같은 빛깔과 생생한 꽃향기, 울퉁불퉁한 질감, 깨물면 터져 나오는 달콤함에 감탄했다. 노력하면 감각을 하나하나 구분할 수 있지만, 먹는 순간 감각 기관은 내게 순수한 '라즈베리'를 전달한다.

살면서 뇌는 우리가 인식하는 대상에 끊임없이 적응한다. 정보가 불완전하면 본 것과 듣는 것, 냄새 맡은 것, 맛본 것, 만진 것에 근거 있는 추측을 한다. 예를 들어 시신경이 안구에 부착된 구조 때문에 시력에는 사각지대가 존재하지만, 우리가 주위를 둘러볼 때 뇌는 그 빈틈을 인식하지 못하게 한다. 한 감각이 정보를 충분히 주지 않으면 다른 감각을 동원해서 도움을 받기도 한다. 벌레가 거슬리지만 보이지 않아서 어디로 날아가는지 알 수 없을 때, 우리는 소리를 듣고 찾는다. 소리의 크기, 표면에서 반사되는 방식, 양쪽 귀에 들리는 소리의 시간 차이 등 소리 변화에 귀를 기울이면 눈이 아니라 귀로 물체의 위치와 속도를 파악할 수 있다.

또한 오감은 꾸준히 타협한다. 한 감각이 크게 소리치며 주의를 끌면 다른 감각은 희미해진다. 내 뇌는 엘리자베스와 통화할 때 창문을 두드리는 빗소리를 덜 인식하고 딸이 하는 말에 집중하도록 했다. 예술가 앤디 워홀은 울워스 매장(Woolworth, 호주의 마트 체인_옮긴이)에 들어갔을 때를 이렇게 회상한다. "윙윙거리는 소리가 들렸다. 에어컨이 고장 난 모양이었지만 그 소리는 구운 땅콩 냄새에 덮여 완전히 사라졌다."[1]

같은 맥락에서 한 감각이 멈추면 다른 감각은 더 예민해진다. 콘서트장에서 조명을 어둡게 하는 이유는 어두울 때 더 잘 들리기 때문이다. 우리는 키스할 때 눈을 감는다. 나는 운전할 때 겁이 많아서 방향을 잘 파악할 수 있도록 라디오를 끈다.

일반적으로 감각은 변화에 민감하게 반응한다. 변화는 위험이나 기회를 의미하기 때문이다. 새가 날아가면 금세 눈에 띄지만 바닥에 있는 돌은 미처 알아차리지 못한다. 어떤 감각이 익숙해지면 곧 무뎌지기 때문에 피부는 면 티셔츠를 느끼지 못하고 선크림 냄새는 서서히 사라진다.

특히 각 오감은 사람에 관한 정보에 민감하다. 생존에 결정적인 역할을 하기 때문에 인간은 어떻게 생각하고 행동하는지 끝없는 호기심을 보인다. 사람들은 무엇을 보고 무슨 말을 하는가? 우리는 타인을 보고, 듣고, 냄새 맡고, 만지면서 그들의 정체성과 욕구, 지식, 신념, 동기 등을 예리하게 추측할 수 있다. 사람에 관한 정보는 너무나 강렬해서 누가 있을 때는 뭔가에 집중하기 어렵다. 개방형 사무실에서 일하는 근로자들이 자주 토로하는 불만도 이와 관련 있다.

오감은 끊임없이 메시지를 보내지만 인간의 세상은 생각보다 명료하지 않다. 우리는 동물과 달리 상상으로 변형된 우주를 경험하며 '만약 이렇다면?', '사람들이 내 얘기를 하네', '이거 대단한데' 등 뭉게뭉게 피어오르는 생각 구름 속에서 살아간다. 개는 폭포를 바라보지 않는다. 하지만 인간은 눈이 보여 주는 것 너머의 세계를 본다.

물론 모든 이가 각자 자기 몸에서 살아가며, 몸은 운명이 부여하고 역사에 따라 형성된다. 열 살이거나 임신했거나, 흡연하거나 새를 관찰하거나, 기분이 나쁘거나 성조 언어를 쓰거나, 후각 수용체 유전자인 OR6A2와 관련된 유전적 변이가 있거나, 대학에서 테킬라를 마시며 험난한 밤을 보낼 때 감각은 저마다 다른 세상을 보여 준다. 작가

인 조라 닐 허스턴(Zora Neale Hurston)은 이렇게 말했다. "모든 인간은 다양한 향신료로 자기 음식에 맛을 낸다."²

하지만 우리는 대부분 자기 세계가 타인의 세계와 같다고 가정한다. 놀랍게도 빨간색과 초록색을 구별하지 못하거나 후각이 둔한 사람은 성인이 될 때까지 그 사실을 알아차리지 못하는 경우가 많다고 한다. 제럴드 셰어(Gerald Shea)는 회고록《말 없는 노래(Songs Without Words)》에서 여섯 살에 성홍열에 걸려서 청력을 상당 부분 잃었지만 서른네 살에야 알았다고 회고한다.³ 한 감각을 자극하면 다른 감각에서 경험을 일으키는 공감각(synethesia)을 보유한 사람은 글자나 숫자에서 색채를 보거나, 음악에서 색이나 움직임을 감지하거나, 단어로 맛을 느끼기도 한다. 이런 능력이 있는 사람은 타인은 그렇지 않다는 사실을 모른다.

이렇게 저마다 감각 처리 방식이 다르다 보니, 어떤 감각은 압도적으로 다가오지만 다른 감각은 거의 인지하지 못하기도 한다. 머리카락을 자르거나 붐비는 쇼핑몰을 걸어 다니거나, 마트에서 세탁 세제 냄새를 맡거나 갑자기 불어오는 바람을 느끼는 등 특정한 경험이 유독 고통스러울 수 있다. 이럴 때는 세심한 주의와 보살핌이 필요하며, 다양한 도구와 전략을 활용하면 각자 감각 환경을 관리하는 데 도움이 된다.

사람들이 각기 다른 방식으로 감각을 경험한다는 사실을 인정하면 서로 더 잘 이해할 수 있다. 누군가가 어떤 시각이나 청각, 후각, 미각, 촉각에 거부감을 보일 때 무시하지 않고 존중한다면 모두가 편안하게 느끼는 감각 환경을 함께 만들어 갈 수 있다.

이런 차이를 탐구하려면 내가 진행 중인 오감 탐색이라는 프로젝트의 범위를 넘어서야 하지만, 그 차이를 인식하면 사람들이 각자의 감각으로 이뤄진 복합적인 세상에서 살아간다는 중요한 사실을 깨달을 수 있다.

내가 세상을 만들어 간다는 사실을 자각하는 일은 묘한 감정을 불러일으킨다. 오감이 주변을 탐색하는 동안 어둠과 침묵에 잠겨 있던 뇌는 수없이 많은 메시지를 받는다. 바깥세상에는 본래 색채도 음악도 냄새도 존재하지 않았다가, 메시지가 뇌에 들어오면 세계가 내 몸 안에서 활기를 띠기 시작한다. 작가이자 철학자인 시몬 드 보부아르(Simone de Beauvoir)는 이렇게 말했다. "너도밤나무의 붉은 구릿빛과 삼나무의 푸른색이 대비를 이루려면 내 두 눈이 필요하다. 내가 떠나자 풍경은 산산조각이 났고 더는 누군가를 위해 그곳에 있지 않았다. 아예 존재하지 않았다."[4]

내가 죽으면 어떤 느낌은 완전히 사라질 것이다. 미주리의 여름철 열기 속에서 발밑에 말라붙은 풀잎도, 딸들이 방과 후에 컵케이크를 먹으려고 들르던 빵집의 빵 냄새도, 겨울 오후에 주방에 쏟아지던 흐릿한 햇살도 마찬가지다.

창밖을 내다보다 문득 눈이 내리는 것을 보고 중얼거린 적이 있다. "지금 안 봐도 돼. 다음에 보면 되니까." 하지만 아니다. 이제는 하던 일을 멈추고 그 모든 것을 경험하겠다고 스스로 약속했다. 하지만 도대체 어떻게?

자기 몰두(self-absorption)에서 벗어나, 병원에서 집으로 돌아오던 길에 느끼던 아름답고 강렬한 감각을 되살리려면 계획이 필요했다.

개인적인 과제를 전문 프로젝트로 바꾸는 성향이 있다 보니, 그동안 나를 대상으로 많은 실험을 했다. 나는 세상을 실험실로, 나를 기니피그로 삼아 관찰하는 거리의 과학자였다. 항상 '우리는 왜 이렇게 행동할까?', '어떻게 해야 더 행복해질 수 있을까?' 같은 질문을 품었다. 그리고 항상 그 질문에서 출발했다.

나는 감각을 더 깊이 들여다보기 위해 조사 계획을 세웠다. 마법처럼 갑자기 나 자신을 초월할 수는 없다. 변화하고 싶으면 실제로 달라져야 한다. 연구를 진행하면서, 고결하지만 모호한 결심보다 구체적인 행동이 훨씬 많은 것을 가져다준다는 사실을 깨달았다. '이 순간에 충실하라'라고 스스로 다그치기는 힘들지만 '샤프란 향기를 깊이 들이마시고' 그 달콤한 흙냄새를 음미하며 그 순간에 감사할 수는 있다. 그럼 이제 무엇부터 시작할까?

나는 습관과 예측 가능성, 익숙함을 선호하는 만큼 이 실험에도 체계적으로 접근하기로 했다. 보기, 듣기, 냄새 맡기, 맛보기, 만지기라는 전통적인 오감의 순서를 따랐다. 이 흐름이 내게는 자연스러웠기 때문이다. 인간의 감각 기관 가운데 시각계가 가장 고도로 발달했고 그다음이 청각계다. 나머지 세 감각도 경험과 행복감에 중요한 역할을 하지만 의식을 지배하지는 못하며 뇌에서 차지하는 비중도 작다. 미각은 주로 후각에서 비롯되므로 냄새가 맛보다 먼저 나와야 한다. 이 순서는 감각의 범위도 반영한다. 시각과 청각은 멀리서 무슨 일이 일어나는지 알려 준다. 후각은 더 가까운 거리에서 작용하며 미각과 촉각은 반드시 접촉이 필요하다. 마지막 순서인 촉각은 오감 중 유일하게 온몸에 퍼져 있는 감각이다.

　나는 먼저 감각이 저마다 어떻게 작동하는지 연구했다. 태어나기 전부터 각 감각이 보내는 신호를 흡수하며 살았지만 어떻게 작용하는지 잘 몰랐다. 인간은 아는 것이 많을수록 더 많이 인식한다.

　각 감각에 몰입하기 위해 수업을 듣고, 모험을 계획하거나 간단한 실험을 하는 등 재미있고 실용적인 활동을 조합했다. 어떤 감각에 몰입했다가 벗어나고, 탐닉하거나 속이고, 그 감각이 불편할 때 치유하는 방법을 알아내려 했다.

　오감을 이용해 더 깊은 관계를 맺고 싶었기에 가족과 친구를 초대해 다양한 활동을 함께하기로 했다(특히 엘리자와 엘리너는 최우선 순위였다). 감각을 매개로 사랑하는 사람과 관계를 맺는 새로운 방법을 찾고 싶었다.

　가장 야심 찬 계획은 한 장소를 골라서 1년 동안 매일 찾아가는 것이었다. 나는 반복되는 일과를 선호하고 예측 가능한 흐름을 좋아했는데, 그런 면에서 나와 잘 맞는 계획이었다. 매일 그곳에 찾아가 보고, 듣고, 냄새 맡고, 맛보고, 만지며 탐색하고자 했다.

　누군가는 위태로운 상황(자동차 사고, 위험한 모험 등)에 처하거나 벅찬 경험을 할 때(사랑을 시작하거나 압도적인 자연과 마주했을 때) 강렬하고 새로운 삶을 느꼈다고 말한다. 하지만 나는 삶을 위험에 빠뜨리거나 재정비하고 싶지 않았다. 그저 평범한 일상을 조금 바꾸고 싶었다. 내가 접하는 감각에 주의를 기울이면 이미 일상에 녹아 있던 익숙한 경험이 새로워질 거라고 생각했다.

　오감을 완벽하게 연구할 수는 없다. 다만 *나의* 오감을 들여다보며 무엇에 가장 강하게 이끌리는지 탐색하고 싶었다. 우리는 각자 고유한 시간과 공간적 배경을 지니고 있다. 누구나 자신만의 특정한 감각을 통해 세상과 관계를 맺는다. 나만이 나 자신을 연구할 수 있다.

그래도 내 작은 연구를 통해 더 큰 진실에 다가가고 싶었다. 온 세상에 살았던 사람들, 500년 전에 살았던 사람들, 지금 내 아파트에서 한 블록 떨어진 곳에 사는 이웃까지 경이로울 정도로 다양한 인간의 삶을 생각해 봤다. 이들은 모두 이 유일한 우주에 존재한다. 내 감각을 더 깊이 이해해서 인간의 경험을 철저히 인식하고 싶었다.

그러면 어디부터 시작해야 할까? 나는 나에 대해 무엇을 알고 있나? 인간에게는 *전경 감각(forground sense)*과 *배경 감각(background sense)*이 존재한다. 우리는 전경 감각을 통해 주의를 기울이고 새로운 경험을 추구하며 이 감각을 나누고 배워 간다. 반면 배경 감각은 덜 주목받으며, 긍정적인 것을 받아들이기보다 부정적인 것을 피하는 데 집중한다. 누군가는 오감을 모두 사용하지만 나 같은 사람은 특정 감각만 인식하고 다른 감각은 무시하는 경향이 있다.

내 전경 감각은 시각과 후각이었다. 청각과 미각, 촉각은 배경으로 미루는 편이었다. 쇼윈도를 들여다보는 건 좋아했지만 새로운 음악을 듣거나 낯선 음식을 먹는 데는 별로 관심이 없었다. 제이미는 끊임없이 새로운 음악을 듣지만 냄새에 관해서는 거의 언급하지 않는다. 내 친구는 요리를 좋아하고 새로운 음식에 도전하지만 공원이나 상점, 박물관에는 가려 하지 않았다. 나는 이 실험을 통해 평소 소홀했던 감각을 기르고자 했다.

또한 내 감각에 숨어 있을지 모를 초능력을 발견하고 싶었다. 기억을 불러일으키는 특별한 힘이 있을까? 기쁨을 가져다줄까? 다른 사람과 소통하게 해 줄까?

오늘날 우리의 오감은 선글라스와 데오도란트, 자갈의 충격을 흡수하는 신발 때문에 점점 무뎌지고 있다. 게다가 고과당 옥수수 시럽과 공공장소의 음악 소리 따위도 늘 과도하게 쏟아진다. 영화를 볼 때는 실제보다 더 많은 것을 보고 듣지만 정작 코나 피부는 아무런 정보를 받지 못한다. 내 주변 환경은 지나치게 자극이 넘치고 인공적일 뿐만 아니라 단조롭고 가상처럼 느껴졌다. 나는 직접 접촉하고 싶었다.

내가 행복에 관해 말하면 가끔 이런 질문을 받는다. "과다한 고통과 불의가 존재하는 세상에서, 개인의 경험과 행복에 집중하는 건 이기적인 일 아닌가요?" 오감을 탐색하는 행위도 이 질문의 범주에 들어간다.

내 대답은 '아니오'다. 연구에 따르면 행복한 사람일수록 타인과 세상의 문제에 관심을 보인다.[5] 그들은 더 오래 봉사하고 더 많이 기부하며, 투표율이 높고 다른 사람을 도우려는 경향이 있다. 같은 맥락으로 비행기에서 '다른 사람을 돕기 전에 자신부터 산소마스크를 착용하라'는 안내는 이제 당연해졌다. 옳은 말이기 때문이다. 우리는 먼저 자신을 잘 돌봄으로써 더 강해지고, 그 힘으로 타인을 보살필 수 있다. 나는 오감을 통해 타인을 돌보는 효과적인 방법을 찾을 수 있으리라 생각했다.

이 실험을 진행하면서 강렬한 감각에 몰두하고 앞으로 평생 오감을 예민하게 다듬고 싶었다. 하루는 길지만 세월은 짧고, 내게 남은 시간은 점점 짧아지고 있다. 나이가 들수록 시간은 더 빠르게 흐르는 듯하다. 시인 로버트 사우디(Robert Southey)가 말했듯이 "아무리 오래 살아도, 첫 20년은 인생에서 가장 긴 절반이다."[6] 고등학교 1학년은 영원할 것만 같았지만 작년 한 해는 눈 깜짝할 사이에 지나가 버렸다.

    육체적 기능은 이토록 취약하고, 주변의 모든 것은 덧없이 지나간다. 이 문장을 쓰는 지금처럼 모든 경험은 눈 깜짝할 사이에 사라질 테니 놓치지 않고 즐기는 편이 현명하지 않을까.

    이 무거운 진실을 알면서도 앞으로 내가 해 나갈 일을 생각할 때마다 짜릿한 흥분을 느꼈다. 내 오감을 활용하면 더 많이 관찰하고, 창의력을 발휘하고, 사랑할 수 있을까? 얼른 알아보고 싶어 가슴이 설렜다.

⟨창가에 있는 여성과 남성의 초상
(Portrait of a Woman with a Man at a Casement)⟩
작품 연도  1440년경   작가  프라 필리포 리피(Fra Filippo Lippi)

# 시각

## 중요한 것은 시야 밖에 있다

인간의 최대 관심사는 공기와 빛,
육체가 주는 기쁨, 그리고 눈이 주는 쾌락이다.
_마리오 만리오 로시(Mario Manlio Rossi),
《스위프트의 성격에 대하여(Essay on the Character of Swift)》

FIVE SENSE ≫          갓 태어난 엘리자를 병원에서 데려
온 날, 제이미와 나는 아이를 우리 사이에 눕히고 함께 누웠다. 그때
아무리 눈을 크게 뜨고 오랫동안 바라봐도 아이를 온전히 눈에 담기
엔 부족하다고 생각한 기억이 난다.

 엘리자는 조산아로 태어나 집에 데려오기 전에 집중 치료실에서
일주일을 보냈다. 몸무게는 1.8킬로그램에 불과했지만 놀라울 정도로
이목구비가 섬세했고 손도 완벽했다. 아이의 몸은 너무나 연약했지만
생활에 필요한 건 다 할 수 있었다.

 깊이 잠든 제이미도 눈에 들어왔다(우리 셋 모두에게 힘든 일주일이
었다). 조심스럽게 포대기에 싼 엘리자와 제이미의 크고 단단한 품을
바라보면서 처음으로 제이미를 아이의 아버지로 인식했다.

 엘리자의 얼굴은 내 손바닥보다 작았고 속눈썹은 거의 안 보였다.
눈을 뜬 엘리자는 신생아답게 뜻 모를 초점 없는 눈빛을 보냈지만 내

게는 아이의 존재 자체가 충격으로 다가왔다.

그날 오후 엘리자의 모습을 결코 잊지 못할 것이다.

갓난아이 엘리자를 목격한 순간은 경이로웠지만 그 이후로는 그 정도로 강렬하게 세상을 바라본 적이 없다. 매일 아침 엘리너는 토스트 두 조각을 구워서 식탁 앞에 앉아 휴대폰을 들여다보며 먹는다. 아니, 정말 그랬던가?

안과에 갔다가 얻은 깨달음 덕분에 내가 시각을 얼마나 중요하게 생각하고 의지하는지 알 수 있었다. 우리는 무언가를 보면서 웃고, 울고, 때로는 삶을 바꾸지만, 나는 그동안 대체로 시각을 실용적인 수단으로만 사용했다. 지하철을 탈 때면 눈으로 역에서 길을 찾고 열차에 탑승하지만 함께 탄 승객들의 얼굴이나 패션에는 거의 관심을 두지 않았다. 앤디 워홀은 이렇게 말했다. "아무도 정말로 무언가를 들여다보지 않는다. 그건 너무 어려운 일이니까." 이제는 보는 법을 배울 때가 됐다.

시각이 작용하는 과정을 살펴보자. 빛이 각막과 동공, 수정체를 통해 망막으로 전달되고 망막에서는 광수용세포(photoreceptive cells)가 빛을 전기 신호로 바꾼다. 이 신호들은 망막에서 시신경으로, 그다음 뇌로 이동한다. 뇌는 신호를 이미지로 변환하고 그 이미지에서 의미를 생성한다. 환경이 빠르게 바뀌더라도 정상적인 시각계는 색과 모양, 움직임, 깊이를 감지할 수 있다. 두 눈은 각각 조금씩 다른 정보를 받아들이고, 뇌는 이 정보를 사용해서 하나의 3차원 이미지를 형성한다.

우리는 세상을 객관적으로 바라본다고 생각하지만, 사실 놀랍게도 우리 뇌는 시야를 끊임없이 조정한다.

예를 들어 *색상 항상성(color constancy)*에 따르면 익숙한 물체는 빛의 조건이 바뀌어도 같은 색으로 보인다. 나는 정오에 밝은 햇빛이 비치든 해 질 녘에 푸른 빛이 깔리든 센트럴 파크의 눈밭은 항상 하얗다는 사실을 알고 있다. 마찬가지로 *크기 항상성(size constancy)*은 망막에 맺히는 이미지가 커지거나 작아지더라도 대상을 같은 크기로 이해한다는 뜻이다. 나무에 가까이 다가갈수록 커 보인다고 해서 정말 땅에서 솟아오르는 건 아니다. 공원을 둘러볼 때면 자연스럽게 풍경을 훑는다고 느끼지만, 사실 눈은 한 지점에서 다른 지점으로 바삐 움직인다.

뇌는 눈에 있는 혈관이나 코처럼 시야를 방해하는 것을 지워 버린다. 그러면 세상을 선명하고 깨끗하게 볼 수 있을 것 같지만, 실제로는 아주 제한된 범위에서 세세하게 보일 뿐이다. 팔을 뻗은 거리에서 엄지손가락의 너비를 가늠해 보자. 그 정도가 우리가 명확히 볼 수 있는 면적이며 인쇄된 글자로 치면 7~8개가 들어가는 수준이다. 물론 이렇게 시각에 한계가 있어도 우리는 주변의 모든 사물이 선명하게 보인다고 착각한다.

우리 뇌는 모든 감각에서 정보를 받아들이고 통합하지만, 정보가 충돌하면 주로 시각이 이긴다. 예를 들어 맥거크 효과(McGurk effect)란 실제로 듣는 단어와 상대의 입 모양이 일치하지 않을 때 보이는 대로 '들리도록' 뇌가 경험을 수정하는 현상을 뜻한다.

이렇게 시각에 편향된 뇌의 작동 방식은 안타까운 결과를 낳기도 한다. 향기를 좋아하는 내게 장미에서 가장 중요한 특성은 향이지만 현실에서 장미는 색, 모양, 수명, 병충해 저항력 등을 기준으로 재배된다. 나는 아니지만 토마토를 좋아하는 사람은 요즘 토마토의 색은 화려해졌지만 질기고 싱겁다고 불평한다. 시각이 맛을 이긴 셈이다.

뇌가 한 가지에 집중하다 보면 바로 눈앞에서 일어나는 일도 놓치기 쉽다. 나는 온라인에서 '무주의 맹시(inattentional blindness, 주의가 다른 곳에 있어서 지금 눈으로 보는 대상을 인식하지 못하는 상태_옮긴이)' 현상을 묘사한 〈보이지 않는 고릴라(Monkey Business Illusion)〉라는 영상을 보고 충격을 받았다. 무대에는 여섯 명의 참가자가 나왔고 세 명은 검은 셔츠를, 나머지 셋은 흰 셔츠를 입고 있었다. "흰옷을 입은 선수들이 공을 몇 번 패스하는지 세어 보세요"라는 안내 목소리가 나온 후 각 팀은 공을 튀기며 패스했다. 나는 흰색 팀을 주의 깊게 지켜보다가 답을 듣고 깜짝 놀랐다. 정답은 열여섯 번이라는데, 내가 센 건 열다섯 번뿐이었기 때문이다. 하지만 그보다 놀라운 건 다음 질문이었다. "고릴라를 보셨나요?" 못 봤다! 공을 주시하느라 고릴라 복장을 한 사람이 무대에 지나가는 것을 전혀 알아차리지 못했다.

이런 무주의는 고릴라에만 적용되는 일이 아니다. 2019년, 판타지 드라마 〈왕좌의 게임(Game of Thrones)〉 팬들은 깜빡이는 촛불과 동물의 뿔, 고풍스러운 잔 사이에 뜬금없이 나타난 플라스틱 뚜껑과 보온재가 달린 테이크아웃 커피 컵을 보고 웃음을 참지 못했다. 편집자와 제작자, 경영진까지 수차례 영상을 확인했지만 다른 요소에 집중하느라 아무도 실수를 알아차리지 못했다.

우리는 보고, 듣고, 냄새 맡고, 맛보고, 만지는 대상이 세상의 객관적 진실을 반영한다고 가정하지만 사실 르네상스 회화에 등장하는 후원자처럼 우리는 무대에 자신을 대입할 뿐이다. 뇌는 봐야 한다고 판단하는 것을 보여 준다. 언젠가 좋아하는 구두의 굽이 부러졌을 때, 갑자기 동네에 있는 신발 수선 가게들이 눈에 들어와서 깜짝 놀랐다. 내 뇌는 이 정보가 유용하다고 판단한 것이다.

뇌에 따라 사물의 겉모습을 다르게 판단하기도 한다. 2015년, 한 여성이 페이스북에 올린 줄무늬 드레스 사진 한 장에 인터넷과 시각 과학계가 크게 들썩였다. 사람들은 이 드레스가 흰색과 금색인지, 검은색과 파란색인지를 두고 논쟁을 벌였다. 드레스가 다른 색으로 보인다는 사실을 서로 받아들이지 못할 정도였다.

나도 그 사진을 컴퓨터에 내려받아 다시 들여다봤다. 오리와 토끼, 화병과 얼굴처럼 두 가지 해석이 가능한 착시 그림은 쉽게 이해했지만 이 유명한 드레스는 실제 색상인 검정과 파랑으로는 도저히 보이지 않았다. 내 눈에는 흰색과 금색만 보였다. 이 한 장의 사진으로 사람마다 색을 다르게 인식하는 이유에 관한 연구가 진행됐다. 과학자들은 그 차이가 뇌에서 조명의 조건을 다르게 가정하기 때문이라고 설명했다. 드레스를 자연광에서 봤는가? 인공조명 아래인가, 혹은 그림자 안인가? 조명이 앞에서 비췄는가, 뒤에서 비췄는가? 그 조건에 따라 뇌는 다르게 추측한다고 한다.

인간의 시각은 강렬하고 정교하지만 취약한 면도 있다. 시력 상실을 정의하는 기준은 다양한데, 미국 성인 가운데 3,200만 명 이상이 안경이나 콘택트렌즈를 착용했을 때도 아예 안 보이거나 시야가 흐리다고 보고했다.

점자부터 확대경, 판독기, GPS 장치, 스캐너에 이르기까지 기술은 시각 장애인이 세상을 수월하게 탐색하도록 도와준다. 여기에 더해 새로운 기술도 계속 개발되고 있다. 예를 들어 '스마트 지팡이(smart cane)'는 초음파 센서를 이용해 사용자의 가슴보다 높이 있는 장애물도 감지하며, 스마트폰과 연동하여 방향과 정보를 알려 준다.

칩과 센서가 필요 없는 해결책도 있다. 시인 스티븐 쿠시스토(Stephen Kuusisto)는 깊은 통찰을 담은 회고록에서 래브라도 안내견 코키와의 관계를 이렇게 회상한다.

> 나는 훈련받은 개를 데리고 어디든 다닐 수 있는 유능한 맹인이다. (…) 우리는 직관적이다. 그리고 초자연적이다. 모든 소리를 들을 수 있고 서로 배려한다. 맨해튼 지하철에 들어선 우리는 인간의 머리에 개의 몸을 한 켄타우로스 같다. 아니, 그 반대일까? 우리의 머리는 두 개, 다리는 여섯 개다.[7]

타인의 감각 세계를 인지할 때도 있지만, 그렇지 않을 때도 있다. 내 동생 엘리자베스와 나는 매주 진행하는 팟캐스트 〈그레첸 루빈과 더 행복해지기(Happier with Gretchen Rubin)〉에서 기자인 프랭크 브루니(Frank Bruni)와 뇌졸중으로 시력을 잃은 경험에 관해 인터뷰했다. 프랭크는 누구나 나름대로 시련을 겪는다고 지적했다. "각자 처한 상황을 요점으로 정리해서 몸에 붙이고 다니면 모두가 서로 훨씬 더 공감하고, 다른 사람이 왜 그런 행동을 하는지 이해하며 지금과는 다른 방식으로 소통할 수 있을 거예요." *내 감각 세계는 다른 사람과 다르다*는 사실을 꼭 기억해야 한다.

# 나는 그동안
## 무엇을 놓쳤나

시각적인 탐구 실험을 시작하기 전에, 먼저 그동안 무엇을 간과했는지부터 살펴보기로 했다.

뇌는 중요하다고 판단하는 정보를 알려 줬지만, 나는 사소하거나 배경에 존재하는 것들, 눈과 뇌가 의도는 좋을지 몰라도 내게서 감추려 했던 광경을 포착하고 싶었다.

인간은 익숙한 것을 무심히 지나치는 경향이 있기에 나는 지금까지 무엇을 놓쳤는지 궁금했다. 예를 들어 아침에 커피를 내릴 때, 며칠 연속으로 땅콩버터가 묻은 숟가락을 발견하고 식기 세척기에 넣었다. 네 번째 날 아침이 되어서야 제이미에게 혹시 잠을 설쳤냐고 물어봐야겠다는 생각이 들었다. 제이미는 야식으로 땅콩버터 한 숟갈을 즐겨 먹었는데, 나는 부엌 조리대에 놓인 단서를 눈치채지 못했다. 숟가락을 봤지만 진짜로 본 건 아니었던 셈이다. 결국 내가 물어봤을 때 제이미는 까다로운 업무 때문에 잠을 이루지 못했다고 털어놓았다.

뇌가 새로운 정보를 처리해야 할 때(낯선 곳에 가거나 새로운 활동을 할 때) 시간은 느리게 흐르고 경험은 생생해지며 감정적 반응도 격렬해진다. 그래서 집에서 보낸 한 달보다 여행지에서 보낸 일주일이 더 길게 느껴지고 기억에 남는다. 반면 일상적으로 생활하고 모든 게 평소와 같으면 경험은 빠르게 지나가고 흐릿해진다. 나는 어느 날 오후 길모퉁이에 있는 우편함에 편지를 넣고 집으로 돌아왔다. 집에 와서 한 시간이 지난 후, 아까 편지를 보냈는지 잘 기억나지 않았다. 워낙 사소한 일이라 특별한 구석이 전혀 없었기 때문이다.

나는 분명 많은 것을 놓치고 있었다. 그래서 매일 바나비와 산책할 때 생각에 깊이 빠지지 말고 주위를 *바라보기*로 마음먹었다. 그리고 과제를 하나 정했다. 보라색과 나무, 모자를 찾아보자. 다양한 아파트 건물에 어떤 자재가 사용됐는지도 살펴봤다. 어떤 건물은 짙은 적갈색 벽돌로, 또 다른 건물은 흰색 벽돌, 그다음은 노란빛이 도는 매끈한 석판으로 마감됐다. 지금까지 이 블록을 수백 번 넘게 걸어 다녔지만 예전에는 이런 차이를 한 번도 알아차리지 못했다(그런데 차양은 다 짙은 녹색이었다. 이유가 무엇일까? 다른 동네는 차양의 색이 다양했다). 개들도 유심히 관찰했다. 줄을 당기며 뛰어나가려는 개, 걷기 싫어서 버티는 나이 든 개가 보였다. 어떤 개는 친근하게 다가오고 어떤 개는 무심하게 지나갔다. 신발을 신거나 코트를 입은 개도 많았다. 우리 바나비는 벌거벗고 돌아다녀도 괜찮은 걸까?

눈으로 살피는 습관은 갈수록 강해졌다. 어떤 여성이 입은 아름다운 오렌지색 트위드 코트가 눈에 들어왔고 또 어느 날은 머리 위로 날아다니는 새 떼에 시선이 머물렀다. 독특한 것도 많았다. 시내 거리나 마트 통로를 걷다 보면 예전에는 보이지 않던 흥미로운 이미지가 눈에 띄었다.

특히 인상 깊었던 발견을 소개한다.

페덱스(FedEx) 트럭의 *E*와 *x* 사이에 화살표가 숨겨져 있다.

　　마트 통로를 지나가다 허쉬 키세스 초콜릿 포장지의 k와 i 사이에서 하나의 초콜릿 모양을 발견했다. 토스티토스(Tostitos) 포장지에는 맛있게 칩을 먹는 사람이 그려져 있다.

　　사람들이 베스킨라빈스 '31'이라고 부르기도 한다는 건 알았지만, 렉싱턴대로(Lexington Avenue)를 걷다가 엘리자가 하는 말을 듣고서야 로고에 '31'이 들어간다는 사실을 깨달았다.

　최근에 포커를 배우고 싶어서 한참 카드를 만지작거렸는데, 처음으로 카드에 흰색 숫자 '8'이 있다는 사실을 알아차렸다.

　간과하던 것을 찾아내는 연습의 연장선에서 엘리너에게 '강제 원근법(forced perspective)' 사진을 찍자고 했다. 이 착시 효과를 활용하면 특정 위치에서 사진을 찍어서 물체가 실제보다 크거나 작게, 가깝거나 멀어 보이도록 연출할 수 있다. 예를 들어 몇 년 전 나는 전형적인 관광객처럼 피사의 사탑을 미는 엘리자의 사진을 찍어 줬다.

　어느 일요일 오후, 엘리너와 나는 센트럴 파크로 향했고 메트로폴리탄 미술관 뒤편 언덕에 있는 고대 이집트 양식의 오벨리스크(obelisk, 태양 신앙을 상징하는 기념비로 위로 올라갈수록 가늘어지는 피라미드 형태_옮긴이)에 갔다. 나는 엘리너에게 손바닥 위에 기념비를 올리고 균형을 잡은 것처럼 사진을 찍어 달라고 했다.

"이거 꽤 민망하네. 공원에 사람이 이렇게 많을 줄 몰랐어." 엘리너가 포즈를 잡아 주는 동안 내가 말했다. 유모차나 개를 끌고 지나가는 사람들 때문에 계속 비켜서야 했다. 다들 내 모습을 재미있어하며 너그럽게 웃어 주었다.

"음, 조금 바보 같아 보이긴 해요." 엘리너가 말했다. 하지만 엘리너는 나중에 친구에게 이 얘기를 했고 친구와 다시 한번 이 사진을 찍기로 했다고 한다.

그날 오후 이후로 내가 센트럴 파크를 바라보는 시선은 완전히 달라졌다. 그곳을 수십 번 넘게 걸어 다녔지만, 언덕 비탈이나 나무의 위치, 하늘을 배경으로 우뚝 선 오벨리스크의 모습을 눈여겨본 적은 한 번도 없다. 이제는 다르다. 엘리너와 함께 보낸 오후 덕분에 세상이 달라 보였다.

무엇인가 한 번 보고 나면(정말로 주시하고 나면) 다시는 예전과 같아 보이지 않는다.

이렇게 여러 방식으로 노력했지만, 정작 가장 익숙하고 소중한 광경은 여전히 놓치고 있었다. 한번은 제이미에게 선물하려고 남성복 상점에 갔는데 무엇을 골라야 할지 감이 잡히지 않았다. "남편이 스웨터를 입나요?" 친절한 직원이 물었다.

나는 당황해서 대답했다. "글쎄요, 잘 모르겠네요." 제이미가 스웨터를 입던가? 스웨터가 있긴 했다. 선반에 놓인 옷을 봤으니까. 하지만 실제로 입었던가?

"재킷을 좋아하더라고요." 제이미가 재킷을 좋아한다는 것만큼은 확실하다. 물건을 많이 사는 편이 아닌데 재킷은 자주 구매했다.

"좋아요. 어떤 제품이 필요하세요? 가벼운 옷이 좋으신가요?" 직원이 가게 한쪽을 가리키며 말했다. "좀 더 묵직하거나 방수가 되는 게 나을까요?"

"어… 좋은 질문이에요." 내가 말했다. 제이미가 가지고 있는 재킷이 어떤 것인지 떠오르지 않았다. 날마다 재킷을 입었지만 그중 하나도 제대로 기억나지 않았다.

나중에 집에 왔을 때, 십자말풀이 퍼즐을 풀고 있는 제이미를 유심히 바라봤다. 제이미가 언제부터 디지털시계를 차고 다녔지? 그리고 오늘은 스웨터를 입지 않았다.

제이미가 고개를 들어서 나와 눈을 마주쳤다. "왜 그렇게 봐?"

"그냥 보는 거야."

"왜? 그만 봐." 제이미가 웃으며 말했다.

내게 이토록 소중한 사람인데도 나는 제이미를 거의 의식하지 않았다. 이건 꼭 바꿔야 했다.

## 타인과 나를
###     잇는 눈

나는 연구를 거듭할수록 우리의 뇌와 시각을 비롯한 여러 감각이 특별히 한 범주에 민감하게 반응한다는 사실을 깨달았다. 바로 *타인*이다. 인간의 생존은 언제나 협동 능력에 달려 있었고 우리는 지구에서 가장 사회적인 종이다. 타인의 존재는 안전과 위험을 동시에 상징하기 때문에 뇌와 오감은 끊임없이 주변 사람들에 대한 정보를 물색한다.

이렇게 타인이 중요하기 때문에 우리는 얼굴을 바라보는 것을 좋아한다. 화가 폴 세잔(Paul Cézanne)은 이렇게 말했다. "모든 예술의 목표는 인간의 얼굴이다."[8] 뇌는 얼굴을 인식하고 해석하는 데 막대한 에너지를 쏟아붓는다. 얼굴에서 많은 정보를 얻는 만큼 그럴 가치는 충분하다. 얼굴은 일종의 식별자로 기능하며, 우리는 수백 명이나 수천 명에 달하는 다양한 사람을 여러 각도에서 알아볼 수 있다. 사실 사람의 얼굴이 꽤 비슷하다는 사실을 고려하면 놀라운 능력이다. 또 얼굴은 타인의 고통, 즐거움, 흥미, 관심을 들여다볼 수 있는 정보의 집합이기도 하다.

로마의 정치가이자 작가인 키케로(Cicero)에 따르면 크세르크세스 왕은 '새로운 즐거움을 발명하는 사람에게 상을 줬다'고 한다. *새로운 즐거움을 발명한다는* 건 불가능해 보이지만 유튜브와 스냅챗, 틱톡, 인스타그램, 페이스북이 인기가 많은 이유도 여기에 있다. 얼굴을 보고 싶은 욕구를 완전히 새로운 방식으로 채워 주기 때문이다. 단 한 번만 스크롤해도 중세 시대 마을에 살면서 평생 보는 것보다 많은 얼굴을

**엘리자의 그림**

**엘리너의 그림**

볼 수 있다.

우리는 얼굴로 사람을 표현한다. 나는 세 살짜리 아이들에게 사람을 그리라고 하면 다리가 달린 얼굴을 그린다[9]는 글을 읽고 엘리자와 엘리너의 작품을 확인하기로 했다. 그동안 소중히 간직했던 작품을 뒤져 봤더니 놀랍게도 두 딸 모두 정확히 그런 식으로 그림을 그렸다(엘리너는 막대기 팔도 추가했다). 세심하고 표현력이 풍부한 아이들의 그림을 보고 있자니 애틋한 마음이 들었다.

얼굴과 조금이라도 비슷한 패턴은 얼굴 인식을 전문으로 하는 시각 체계에 해당하는 뇌의 방추상 얼굴 영역(fusiform face area)을 활성화하는 것으로 보인다. 또한 뇌는 얼굴을 열심히 찾아다니기 때문에 존재하지도 않는 얼굴을 보기도 한다. 이런 현상을 *파레이돌리아*(*pareidolia*)라고 하며, 달 표면에서 사람 얼굴을 보거나 그릴드 치즈 샌드위치에서 성모 마리아의 얼굴을 본다는 식이다(이 샌드위치는 2만 8천 달러에 팔렸다). 사무실을 둘러보니 나도 금방 찾을 수 있었다. 한 쌍의 얼굴이 불안한 표정으로 "세상에, 어떡해!"라고 말하는 듯했다.

보통 우리는 다른 사람의 얼굴을 볼 때 눈에 초점을 맞춘다. 몸에서는 얼굴이, 얼굴에서는 눈이 그 사람을 대표한다. 눈은 정체성을 드러내기 때문에 사진에서 신원을 감추려면 눈을 막대로 가린다. 또한 눈은 인식을 표현한다. 부처를 묘사한 불화나 불상이 완성될 때는 '점안식(eye-opening ceremony)'을 통해 마지막으로 눈을 그려서 그림에 영적인 생명을 부여한다.

눈은 상대의 생각을 읽는 단서이기도 하다. 시선을 통해 호기심을 드러내거나 생각을 암시하거나 관계를 맺을 수 있다. 나는 최근에 제이미와 함께 시끄러운 파티에 갔다가 제이미가 반가워할 만한 사람을 발견했다. 먼저 제이미의 시선을 붙든 다음, 방 건너편을 힐끗 쳐다봤다가 다시 제이미를 바라봤다. 제이미는 내 시선을 따라가더니 고개를 끄덕였다. 우리는 말 한마디 없이 대화를 나눴다.

우리는 눈으로 말할 준비가 됐다거나 당신의 말을 듣고 있다, 다른 사람의 차례가 됐다고 신호를 보낸다. 교사는 학생들에게 '다들 주목'이라고 말한다. 눈이 주의를 끌기 때문이다.

눈 맞춤이 워낙 강렬한 행위다 보니 불편하게 여기는 사람이 많다. 그래서 일부 연예인은 눈 맞춤을 피하기도 한다. 케이티 페리(Katy Perry), 토리 스펠링(Tori Spelling), 루크 페리(Luke Perry), 실베스터 스탤론(Sylvester Stallone) 등 많은 연예인이 주변에 자제해 달라고 부탁했다고 한다.[10]

예전에 참석했던 콘퍼런스에서 진행자가 청중에게 낯선 사람과 15초 동안 눈을 맞추고 이 행사에 왜 왔는지 대화해 보라고 했다. 이 연습으로 놀라울 만큼 상대에게 *친밀감*을 느꼈다. 평소에는 낯선 사람과 그렇게 오래 눈을 맞출 일이 없다. 그 15초는 영원히 끝나지 않을 것만 같았다. (한 연구에 따르면 사람들은 보통 4초가 지나면 어색해진다고 한다.[11]) 그만큼 불편하긴 했지만 강렬한 유대감을 느낀 경험이었다.

집에 돌아와서 제이미와 30초 동안 다시 눈 맞춤 연습을 했다. 그 시간은 불편할 정도로 길게 느껴졌지만, 오랜 시선을 견디면서 우리는 전보다 가까워졌다.

이렇게 눈 맞춤의 힘을 알게 되자 화상 통화를 할 때 행동을 고쳐야겠다는 생각이 들었다. 평소처럼 상대의 눈을 들여다보는 대신 카메라를 보도록 연습했다. 그러면 상대는 내가 눈을 맞추는 것처럼 느낀다.

다만 문제가 있었다. *내 화면에 나오는 사람들*도 나와 눈을 맞추고 싶으면 *카메라를* 쳐다봐야 했다. 서로 눈을 맞춘다고 느끼려면 상대의 얼굴에서 시선을 떼야 한다는 뜻이다. 그러면 유대감이 약해질 수밖에 없다.

이처럼 눈은 주의를 끌어당긴다.

## 메트로폴리탄 미술관에서의 시각 실험

오감을 연구하면서 가장 야심 차게 진행한 실험은 1년 동안 매일 한 장소를 찾아가는 것이었다. 매일 같은 장소로 가서 보고, 듣고, 냄새 맡고, 맛보고, 만지는 것들을 연구하면서 그 공간과 나에 대해 더 깊이 이해하고 싶었다.

'내킬 때마다' 혹은 '언젠가' 하기보다 매일 하는 편이 더 쉬웠다.

날마다 찾아가면 내 삶의 일부가 될 테고, 감각에 집중하자는 다짐도 매일 되새길 수 있으리라 생각했다.

놀라움은 뇌를 자극한다. 연구에 따르면 새로운 일을 하고 낯선 장소를 방문하는 사람들은(새 식당에 가는 것처럼 평범한 일도) 더 행복해지는 경향이 있다고 한다. 그래도 매일 같은 일을 하는 기쁨을 과소평가해서는 안 된다고 믿는다. 작가 거트루드 스타인(Gertrude Stein)의 말처럼, "무엇이든 매일 하는 일은 중요하고 특별하다."[12] 나는 반복을 좋아한다. 같은 일을 반복하면 삶이 단단히 뿌리내린 것처럼 느껴지고 내 행동이 더 의미 있게 다가온다.

그래서 매일 쉽게 갈 수 있는 곳을 찾아야 했다. 넓고 흥미롭고, 한없이 매력적인 곳이길 바랐다. 그렇게 선택한 곳이 바로 메트로폴리탄 미술관이다.

맨해튼 센트럴 파크 가장자리에 있는 메트로폴리탄 미술관은 세계에서도 손꼽히는 대형 미술관이다. 축구장이 8개나 들어갈 정도로 크고 인상적인 건물에 그림과 조각, 장식품뿐만 아니라 악기와 의상, 갑옷 등도 소장하고 있다. 어떤 작품은 5,000년 전에, 어떤 작품은 불과 작년에 제작됐다.

내가 처음 메트로폴리탄 미술관을 찾은 건 대학 시절이었다. 그 여행 자체에 대해서는 다 잊어버렸다. 뉴욕이 처음이었던가? 혼자 갔었나? 며칠이나 있었더라? 다만 어렸을 때 무척 좋아한 소설인 E. L. 코닉스버그(E. L. Konigsburg)의 명작 《클로디아의 비밀(From the Mixed-Up Files of Mrs. Basil E. Frankweiler)》에 나오는 소품을 모두 직접 확인하고 싶었다. 이 책에서 열한 살 클로디아는 아홉 살짜리 남동생 제이미와 함께 코네티컷 교외에 있는 집에서 가출하여 일주일 동안 메트로폴리탄 미술관에서 생활한다. 아이들은 우아하지만 퀴퀴한 16세기 침대에서 잠을 자고, 분수에서 용돈을 긁어모으고, 심지어 비밀을 파헤치기도 한다. 어린 시절 내 눈에는 두 아이의 모험이 매력적이고 흥미진진해 보였고, 나도 할 수 있을 것만 같았다.

나는 메트로폴리탄에 처음 갔을 때 클로디아와 제이미가 잠들었던 침대, 학교 준비물을 숨겼던 석관, 클로디아의 우쭐한 표정을 닮은 청동 고양이를 찾아다녔다. 오랫동안 상상 속에 존재하던 물건을 실제로 찾아보니 무척 즐거웠다(실제로 경험하고 싶다는 생각이 드는 계기는 늘 무언가를 읽고 나서였다).

당시 미술관 가까이에 살았지만 자주 가지는 못했다. 특별히 흥미로운 전시회가 열릴 때 가족이나 친구와 함께 가고 먼 곳에서 누가 찾아오면 동행하기도 했지만 혼자서 *둘러본* 적은 없었다. 이러다 이사라도 하면 후회할 것 같았다. '메트로폴리탄 미술관에 좀 더 자주 갈걸.'

대학 시절 룸메이트에게 실험 이야기를 하자 그녀가 통명스럽게 말했다. "기억해야겠네. 메트로폴리탄 미술관 근처로 이사할 것." 그렇다. 나는 메트로폴리탄 미술관에서 걸어갈 수 있는 거리에 살았고 미술관에 다닐 시간과 자유도 있었다. 그런 계획을 시도할 수 있다는 것 자체가 *큰* 행운이었다. 하지만 문제도 있었다. 미술관 근처에서 산 지 이미 몇 년이 지났다. 갈 수 있다고 간다는 보장은 없다는 뜻이다. 미술관은 늘 그 자리에 있었지만 나는 늘 그 사실을 무시했다. 하지만 이제 달라지고 싶었다.

매일 미술관에 다닐 때 또 다른 장점은? 걸어간다는 점이다.

몸을 움직이면 다른 장기와 마찬가지로 뇌에도 유익하다.[13] 걷기는 장기 기억과 추론, 집중력, 창의력을 향상해 준다. 반면 앉은 자세는 집중해야 하는 문제 해결에 더 유리하다. 나는 서 있을 때 좋은 글감을 떠올린 적이 많았기 때문에 매일 움직여야 하는 감각 과제가 반가웠다. (걷기 자체가 중요하기 때문에 빈방에 러닝머신을 놓으면 똑같은 효과를 얻을 수 있다고 해서 깜짝 놀랐다. *하지만 정말 그럴까?* 의심스러웠다.)

메트로폴리탄 미술관 실험을 시작하기 전에 규칙을 정했다. 내가 규칙과 체계를 좋아하는 건 사실이다. 하나씩 살펴보자.

- 뉴욕 시민이라서 무료로 입장할 수 있지만 미술관을 후원하기 위해 회원으로 가입한다.
- 내가 뉴욕에 있고 미술관이 개관한 날에는 반드시 방문한다.
- 오래 머물 수도, 잠시 다녀갈 수도 있다.
- 모든 전시실과 계단, 복도, 카페, 기념품 가게, 외관까지 모두 둘러본다.
- 미술관 소장품은 물론 그 공간에서 경험하는 모든 감각에 주의를 기울인다.
- 목적 없이 돌아다녀도 좋다. 특정한 날에 뭐든 하고 싶은 일이 있으면 그걸 목표로 삼는다.

로스쿨에 다닐 때는 주로 도서관에 틀어박혀서 많은 것을 배웠다. 그곳에 내 물건을 보관하고 일하고 친구들과 빈둥거렸고, 심지어 제이미도 도서관에서 만났다(서로 등을 맞대는 자리였다). 기숙사 방보다 도서관이 더 집처럼 편할 정도였다. 메트로폴리탄 미술관도 내 집처럼 느껴지길 바랐다.

이 실험을 준비하면서 한 친구를 만나 커피를 마셨다. 계획을 말했더니 친구의 얼굴이 환해졌다. "좋은 생각이야. 언제 한번 같이 가자. 고등학교 때 거기서 여름 방학 인턴으로 일했거든. 기회가 생길 때마다 가려고 해." 친구가 말했다.

나는 친구에게 물었다. "아무리 봐도 메트로폴리탄 미술관은 너무 커. 1년 동안 다니면 다 볼 수 있을까?"

친구는 고개를 저었다. "아니, 절대로 다 못 봐."

그 무한한 탐험의 가능성에 가슴이 설렜다. 매일 같은 곳에 가고 싶은 욕구가 상당히 특이하다고 생각했는데, 내 계획을 온라인에 올렸더니 놀랍게도 많은 이가 이미 근처 해변이나 마구간, 공원, 산책로, 심지어 성에 이르기까지 같은 장소를 매일 찾아가거나 앞으로 가고 싶다고 했다.

> 우리는 여러 나라를 돌아다니며 살았는데요. 집 근처에 늘 그런 곳이 있었어요. 서울에서는 아름다운 전통 정원으로 둘러싸인 국립 박물관 근처에 살았죠.

> 저는 매일 아들을 찾아가요. 아들은 서른넷이었고 저희와 함께 살았어요. 제가 온종일 아들을 돌봤죠. 그곳은 작은 묘지인데 저희가 앉을 벤치도 놨어요. 정말 아름다운 곳이에요. 거기 가면 아들과 가까워지는 느낌이 들어요.

같은 곳에 몇 번이고 돌아가서 그때마다 새로운 것을 발견하고 새로운 경험을 하는 건 참 멋진 일이죠. 제가 자주 가는 곳은 근처 저수지와 동네 CVS 약국이에요. 그곳에서 직원들과 대화하는 게 참 즐거워요.

교회나 예배당을 잠깐이나마 찾아가면 마음이 무척 편안해지고 영감이 떠올라요.

나도 다른 사람들처럼 새해를 새로운 프로젝트로 시작하는 걸 좋아한다. 새해 연휴에는 가족들과 여행을 가는 바람에 1월 4일에 처음으로 미술관에 갔다. 춥고도 밝고 상쾌한 날이었다. 메트로폴리탄 미술관의 웅장한 계단을 오르며, 매년 첫 등교일처럼 흥분과 기대가 가슴을 채웠다.

따뜻한 온기로 반겨 주는 그레이트 홀에 들어서며 목에 걸고 있던 갈색 니트 스카프를 풀었다. 방문객들이 입장권을 구매하면서 여러 언어로 동시에 대화하는 소리가 불협화음처럼 내 귀를 울렸다. 이 웅장한 공간을 급히 지나친 적은 많았지만 거대한 석회암 아치와 웅장한 돔을 올려다보거나 하얀색과 금색 대리석 모자이크 바닥을 내려다본 적은 없었다. 이번에는 쪼그리고 앉아 차가운 바닥 표면을 손가락으로 문질렀다. 그레이트 홀의 네 모퉁이에 기둥이 하나씩 있었고 중앙에는 팔각형 모양의 안내데스크가 있었다. 둥근 천장 유리와 커다란 창문에서 햇살이 쏟아지며 밝게 빛났다.

연구에 따르면 공간 디자인은 인간의 사고방식에 영향을 미친다.[14]

높은 천장은 광범위하고 추상적인 생각을 자극한다. 대칭 구조는 균형감과 활력을 불러일으킨다. 상징과 복합적인 의미, 흥미로운 디자인으로 가득한 공간도 사고를 촉진한다. 똑같은 스타벅스가 즐비한 동네에서 메트로폴리탄 미술관은 장엄하고 독특하며 경외심을 불러일으키는 장소였다.

나는 사람들 사이를 걸었다. 누군가는 미술관 지도를 들여다보고 또 다른 이는 다양한 전시실 위치를 표시한 안내판을 유심히 살폈다. 늦는 사람을 기다리며 대화하는 이들도 있었다. 나는 이리저리 돌아다니는 관광객 사이에 우뚝 솟은 거대한 파라오 좌상을 발견하고 깜짝 놀랐다. 선수들이 공을 패스할 때 지나가던 고릴라를 놓쳤듯이, 지금까지 미술관에 올 때마다 그레이트 홀 한가운데에 있는 1.8미터짜리 왕의 조각상을 놓친 것이다.

이번에는 시각에 집중했기에 그냥 지나치지 않았다. 어두운 돌로 만든 이 고대 왕의 성스러운 형상은 차분하고도 강한 인상을 주었고, 사람들이 모여 복잡하고 시끌벅적한 분위기와는 극명한 대조를 이뤘다. 나는 왕좌에 새겨진 상형문자를 살펴보려고 다가갔다. 이집트에서 생명을 상징하는 앙크(ankh)와 새, 소 그림이 보였다. 미술관에 물어보면 상형문자에 관해 알려 줄 듯했다.

그렇게 매일 한 장소 찾아가기 실험이 시작됐다.

# 색채를
## 수집하다

시간이 흐르고 매일 메트로폴리탄 미술관에 다니면서 전시된 색채를 감상하는 일이 특히 즐거웠다. 나는 일부러 호러스 피핀(Horace Pippin, 1888~1946, 흑인 노예 가정에서 태어난 미국 화가_옮긴이)의 〈호수의 여인(Lady of the Lake)〉에 그려진 빛나는 붉은 장미 옆을 지나가거나 주황빛이 도는 호박색 중국 도자기 화병을 바라보았다.

몇 년 전에 색이라는 주제에 유난히 끌렸다. 무엇이든 확실히 이해하려면 읽어야 하는 성격이라 색에 관한 글이라면 닥치는 대로 읽어봤다. 알고 보니 색을 다룬 문헌은 생각보다 훨씬 방대했다.

우리는 흔히 색이 안정적이고 객관적인 특성이라고 생각하지만 사실 색은 존재했다가도 사라진다. 빛이 물체에서 방출되면 눈의 광수용체 세포에 흡수되어 몸에 들어오고, 눈은 뇌로 신호를 보내 메시지를 색으로 해석한다. 물체와 빛, 눈, 뇌가 없으면 색도 존재하지 않는다. 방에 있다가 나가거나 낮에서 밤으로 넘어가면 색도 사라진다. 영화감독 데릭 저먼(Derek Jarman)은 이렇게 썼다. "색은 손가락 사이로 미끄러져 빠져나간다. 어두우면 사라지니, 보석함에 넣고 잠글 수 없다."[15]

색은 정의하기 어려운 개념이지만, 우리 경험에서 단순한 장식이나 피상적인 요소로 치부할 수는 없다. 색각(color vision)은 형태와 질감, 깊이, 움직임, 윤곽 등을 인식하는 중요한 시각 활동에 도움이 된다. 색은 시각적 통찰과 정보를 제공하고 감각을 자극한다.

인간이 접하는 가시광선 스펙트럼은 모두 같지만 색에 관한 기본 용어는 언어에 따라 많거나 적다. 영어에는 파랑, 노랑, 초록, 빨강, 주황, 분홍, 보라, 갈색, 그리고 '무채색'이라는 역설적 명칭(실제로 인식하는 색의 범주인데 색이 없다고 표현하기 때문이다_옮긴이)이 붙은 검정, 흰색, 회색까지 포함해 11가지 기본 색상 용어가 있다. 반면 파푸아뉴기니 원주민이 사용하는 베린모(Berinmo) 언어에는 기본색 용어가 다섯 가지이며 볼리비아 원주민의 치마네어(Tsimané)에는 세 가지에 불과하다. 언어가 다르면 색에 이름을 붙이는 방식도 다르다. 예를 들어 러시아어에는 '밝은 파란색'과 '어두운 파란색'을 뜻하는 단어가 따로 있다.

사람들은 색의 상징(color code)에 관심이 많은데 사실 색에 고유한 의미나 보편적인 효과가 있는 것은 아니다. 파란색에는 진정 효과가 없고, 빨간색은 활력을 일으키지 않으며, 감옥을 '주정뱅이 유치장 분홍색(drunk tank pink, 재소자의 심리를 진정하는 효과가 있다고 알려진 분홍색_옮긴이)'으로 칠한다고 해서 공격성이 줄거나 식욕이 억제되지도 않는다.[16] 우리가 시간과 장소, 문화, 개인적인 연상을 통해 색에 의미를 부여할 뿐이다.

예를 들어 오늘날 서양에서 분홍색은 '소녀'를, 파란색은 '소년'을 암시하지만 제2차 세계대전 이전에는 분홍색이 소년을 상징했다. 당시 빨간색은 전쟁의 색으로 여겨졌고 밝은 파란색은 순수함과 무구함, 품위 등과 연관되어 소녀를 상징했다. 미국에서 초록색은 치유와 자연을 연상시키는 색이다. 이슬람 세계에서는 무함마드가 초록색을 제일 좋아했다고 해서 둘을 연관 짓는다. 그래서 많은 이슬람 국가의 국기에 초록색이 등장한다.

한 문화권에서도 특정 색에 한 가지 의미만 있지는 않다. 내가 사는 곳에서 빨간색은 사랑과 지옥, 보호, 위험, 폭력, 기쁨을 상징한다. 검은색은 단순하면서도 고급스러워서 애도할 때뿐만 아니라 섹시한 속옷에도 쓰인다.

색에 고정된 의미는 없지만 색은 매우 구체적인 방식으로 우리에게 영향을 미친다. 우리는 어떤 색을 보자마자 아름답거나 추하다고 생각하고 편안함이나 불안함을, 따뜻함이나 차가움을 느낀다. 한 친구가 내게 말했다. "딱 이거다 싶은 색을 보면 몸이 그 색을 느끼고 흥분하더라고. 색이 내 기분을 바꿀 수 있어." 나는 그 말이 무슨 뜻인지 정확히 이해했다.

한겨울에 밖에 나가면 매일 회색과 갈색, 우중충한 초록색, 담청색 등 내가 가장 싫어하는 색상 조합이 펼쳐진다. 몇 달만 있으면 공원에 봄이 와서 생생한 초록색과 짙은 파란색, 은은한 분홍색으로 단장하고 노란 수선화가 만발할 텐데도 그 모습을 상상하기 힘들었다.

나는 겨울 동안 밝은색을 보고 싶은 욕구를 충족하고 싶었다. 내 행복 프로젝트의 목표 중 하나는 '약간의 사치 즐기기'였다. 얄팍하게 들릴지도 모르지만 때로는 꼭 필요하지 않더라도 그날 하루 기분을 띄워주는 물건을 사면 조금 더 행복해지기도 한다.

어느 날 문구점에 갔다가 색이 밝고 특이한 펠트펜 세트를 발견했다. 나는 색상환(color wheel, 다양한 색을 원형으로 배열한 표_옮긴이)이나 페인트 견본처럼 가장 순수한 형태의 색을 구현한 매직펜을 좋아한다. 이 펜 세트는 아주 완벽하고 소박한 사치였다. 올리브그린, 푸시아, 캐러멜 브라운 등 다양한 색의 펜을 쓸 수 있는데 왜 지루하게 검정이나 파란 펜만 써야 할까? 그 펜을 사면서 어린 시절 새 크레파스를 샀을 때처럼 가슴이 뛰었다.

펜 세트를 집에 가져와서 가장 좋아하는 펜꽂이에 꽂았다. 하나씩 꺼내 쓸 때마다 특이한 색이 눈에 들어왔다. 내가 가장 좋아하는 색은 적갈색이다. 다른 색과의 경계에 걸친 색을 좋아하는데 적갈색에서는 보라색과 갈색, 빨간색이 동시에 보였다. 아름다운 도구를 쓰면 일이 즐거웠고, 펜을 손에 쥘 때마다 한층 행복해졌다.

사람들이 어떻게 외모에 화려한 색을 더하는지도 유심히 살펴봤다. 옷과 화장품은 일상생활을 예술적으로 표현해 준다. 붐비는 공항 대기 구역에서 점잖아 보이는 남자가 검은색 바지와 짙은 회색 스웨터를 입고 샛노란 양말을 신고 있다. 그 옆에 선 여자는 내가 가장 좋아하는 색 조합인 밤색 셔츠에 붉은 체리 빛깔 목걸이를 걸었다. 많은 이가 일상에 색을 입히는 쉬운 방법으로 매니큐어를 선택한다. 엘리너도 손톱에 뭔가 칠하고 덧칠하는 걸 좋아해서, 나는 약국에 갔을 때 아이에게 줄 자홍색과 진녹색 매니큐어를 골랐다.

이런 다채로운 색을 관찰하면서 영감을 얻었고, 색으로 무엇인가 창조하고 싶었다.

나는 예전부터 다양한 물건이 하나의 색조로 통합되는 광경을 좋아했다. 몇 년 전 포샤 먼슨(Portia Munson)의 〈핑크 프로젝트(Pink Project)〉 사진을 본 적이 있다. 값싼 분홍색 물건 수천 개가 테이블 위에 놓인 모습이 기억에 강렬히 남았다. 먼슨의 작품을 보면서 다이애나 브릴랜드(Diana Vreeland)가 과감한 〈하퍼스 바자(Harper's Bazaar)〉

컬럼에서 제안한 아이디어가 생각났다.

*이러면 어떨까… 방을 온통 초록색으로 꾸민다면? 수집하는 데 몇 달, 몇 년이 걸릴 수도 있지만 다양한 식물과 초록색 창문, 녹색 도자기에 암녹색, 밝은 녹색, 선명한 녹색, 흐린 녹색, 강렬한 녹색 가구로 방을 채운다면?*

먼슨과 브릴랜드를 떠올리자 나도 같은 색으로 된 물건을 모아 나만의 컬렉션을 만들고 싶었다. 이 프로젝트가 마음에 든 이유는 두 가지였다. 첫째, 나는 언제나 사냥을 좋아했다. 어렸을 때는 땅에 떨어진 동전을 찾거나 단어 찾기 퍼즐을 풀거나, 리처드 스캐리(Richard Scarry)가 쓴 《최고의 단어책(Best Word Book Ever)》을 토씨 하나 놓치지 않고 꼼꼼히 읽었다. 어른이 되어 도서관 책꽂이에서 좋아하는 책을 발견하면 무척 기뻤지만 평소에 사냥 본능을 발휘할 기회는 드물었다. 이번이 바로 그 기회였다.

두 번째, 같은 색으로 된 물건들을 모으고 싶었다. 책등 색에 맞춰 책을 정리하는 친구들이 있는데, 그 책장이 정말 멋져 보였다. 다양한 물건을 한 가지 색으로 통일하면 조화롭고 아름다워진다. 하지만 무슨 색이 좋을까?

나는 인간의 본성을 연구하면서 사람들에게 "당신은 마라톤 선수인가요, 단거리 선수인가요?", "단순함과 풍요 중에 무엇을 선호하나요?" 같은 질문을 자주 던졌다. 특히 "당신을 대표하는 색이 있나요?"라고 묻자 놀라울 정도로 열정적인 대답이 돌아왔다. 사람들은 색에 정말 관심이 많았다.

나를 대표하는 색을 하나로 정하기는 어려웠지만('색상환' 중에서 대충 하나를 고를까 싶었다) 결국 수집할 색을 골랐다. 대중적이면서도 너무 흔하지는 않고, 짙고 화려한 붉은 빛에 고급스러운 느낌을 주는 색. 게다가 *진홍색(scarlet)*이라는 아름다운 이름도 있었다.

나는 진홍색 물건을 찾아다니며 수집했다. 찾아낸 물건은 커다란 유리그릇(결혼 선물로 받았고 한 번도 쓰지 않았다)에 담았다.

우리 가족의 전통으로 엘리너와 나는 방과 후에 종종 '모험'을 떠난다. 사실 그리 대단한 모험은 아니고 박물관이나 특이한 가게를 구경하는 정도다. 하지만 요즘 들어 엘리너는 이 외출을 그리 반기지 않는 듯했다. 일단 나는 다른 일이나 방해 없이 엘리너와 단둘이 함께할 시간을 놓치고 싶지 않았다. 또 한편으로는 이 시간이 의무가 아니라 즐거운 활동이 되길 바랐다. 시간이 지나면서 엘리너는 중고품 매장에 점점 흥미를 보였다(50대가 정원 가꾸기나 서핑을 좋아하듯 10대는 중고 매장을 좋아하는 경향이 있다).

나는 엘리너에게 제안했다. "매주 하는 모험 말이야. 이 도시에 있는 중고 매장들을 둘러보면 어떨까? 엄마는 진홍색을 찾고 있거든. 같이 수집할 만한 걸 찾아보자."

"좋죠, 재미있겠는데요!"

바로 다음 주에 첫 중고 가게로 향했다. 어퍼웨스트사이드(Upper West Side)에 있는 유니크 부티크(Unique Boutique)였다. 날씨가 너무 추워 시내 교차로 버스 정류장에 내리자마자 황급히 가게에 들어갔다. 전형적인 기부 물품 매장이었고 원형 옷걸이 스탠드, 주인을 기다리는

DVD, 베스트셀러와 비인기 도서가 뒤섞인 책장, 가정용품이 눈에 들어왔다. 벽에는 내가 좋아하는 중고 미술품이 가득 걸려 있었다.

선반을 둘러보다 요리책처럼 생긴 묵직한 흰색 소금 통과 후추 통, 고전적인 꽃다발과 리본 무늬가 그려진 접시 세트를 보고 감탄했다. 하지만 진홍색 물건은 없었다. 원하는 걸 찾지는 못했지만 탐험은 나들이보다 재미있었다.

엘리너가 급히 내 쪽으로 오더니 손에 든 것을 보여 줬다. "이거 어때요? 진홍색이에요." 엘리너가 가져온 건 작은 플라스틱 소방차로 밝은 빨간색이었다.

"찾았구나, 멋지다! 얼마야?"

엘리너는 소방차를 뒤집어 가격표를 확인했다. "1달러요."

"사자."

딸은 나무 구슬 목걸이를 집었다. "이거 사도 돼요? 6달러예요."

"되고말고."

방문 횟수가 증가하고 수집품이 점점 늘어나자 까마귀 같은 수집 본능이 발동했다. 원하는 물건은 생각보다 찾기 어려웠고, 작은 진홍색 물건을 발견할 때마다 뿌듯함이 밀려왔다. 살 만한 게 항상 있지는 않았지만 사냥 자체가 늘 즐거웠다. 하나하나 따로 보면 특별해 보이지 않던 물건도 같은 색으로 모아 두니 경이로웠다.

진홍색이라는 목표가 생기자 더 열심히 찾게 됐고, 색을 찾을 때는 예전과 다른 방식으로 사물을 바라봤다. '내' 색을 발견할 때마다 알아봤다는 전율이 일었다. 커피숍에서 한 남자가 두른 아주 짙은 진홍색 스카프를 발견했을 때에는 멋지다고 칭찬하고 싶었다. 어느 날 아침에는 눈이 내려 눈부시게 새하얀 센트럴 파크에서 붉게 빛나는 홍관조의 깃털을 발견했다. 눈밭 위의 홍관조는 시각의 즐거움을 논할 때 자주 언급되는 진부한 이미지지만, 그게 내 눈에 띈 건 몇 년 만이었다.

무엇보다 탐색을 함께하면서 엘리너와 한층 가까워졌다. 따로 떼어 놓고 생각하면 우리 모녀의 사소한 모험은 잊히기 쉽지만, 합심해서 진홍색을 찾으면서 이 시간이 특별해졌고 훨씬 생생하게 기억에 남았다. 게다가 우리 모험에는 목적의식도 생겼다. 나는 진홍색을, 엘리너는 옷을 찾으려 했고 함께하는 시간은 즐거웠다.

## 비로소 보는 것에 집중하다

나는 메트로폴리탄 미술관이든 중고 매장이든, 어디서든 시각을 압도하는 경이로운 장면을 마주하고 싶었다. 이런 극단적인 감각 경험을 간절히 원하는 사람이 분명 나뿐만은 아니었다. '몰입'을 내세운 체험이 자주 눈에 띄었기 때문이다.

어느 날 오후, 유명한 순회 전시회인 〈반 고흐에 몰입하다(Immersive Van Gogh)〉를 보러 시내 36번 부두로 갔다(여기가 맞는지 정보를 두 번 확인해야 했다. 공교롭게도 전혀 상관없는 〈반 고흐: 몰입형 체험 전시회(Van Gogh: The Immersive Experience)〉도 근처에서 열렸기 때문이다).

나는 표를 내고 동굴처럼 연결된 방 세 개를 지나갔다. 2층 높이의 작품을 온 벽과 바닥에 반복해서 투사하는 방식이었다. 거대한 방은 의자 몇 개와 벽에 특이하게 빛을 반사하는 커다란 은색 덩어리 조각상 몇 개만 놓여 있을 뿐 텅 비어 있었다. 전체적인 효과가 압도적이었다.

나는 바닥에 양반다리를 하고 앉아서 반 고흐의 유명한 그림들이 나타나서 떠다니다가 사라지는 모습을 지켜봤다. 촛불이 타오르고 곤충의 날개가 깜빡이고, 구름과 물이 흐르는가 하면 꽃이 피고, 올리브 나무가 시야에 들어왔다가 사라졌다.

이런 확대 효과로 작품을 감상하는 방식이 바뀌었다. 반 고흐 특유의 붓질이 더 또렷하게 보였지만 밀대에 깔린 반죽처럼 납작하고 확장된 형태였다. 작품의 일반적인 비율도 왜곡됐다. 꽃다발 하나가 3미터 높이에 달할 정도였다.

이 전시회의 '몰입'은 투사한 이미지의 크기와 반복에서 나온다. 계속 음악이 흘러나오면서 그림의 감성을 증폭했고 대화를 억제해서 관람객이 전시에 집중하게 했다. 하지만 나는 시각에 온 신경을 집중했기에 일부러 소리에 주의를 돌리지 않으면 거의 들리지 않았다.

이런 식으로 감상 방법이 매력적인 이유도 충분히 이해됐다. 작가의 작품을 감상하는 데 생각할 거리를 던져 주는, 색다른 방식이었다. 이 전시는 순전히 시각적인 체험이라 나이가 많든 적든, 관람 시간이 짧든 길든 누구나 즐길 수 있었다. 별도의 사전 준비나 전문 지식, 심지어 예술에 대한 관심조차 필요 없는 그저 시각적 향연이자 경험이었다.

이런 전시회를 통해 반 고흐의 작품을 신선하고 강렬하게 볼 수 있지만, 반짝이고 움직이는 이미지에 지나치게 익숙해질지도 모른다는 생각이 들었다(물론 기술이 감각을 증폭하면 '자연스러운' 경험을 망친다는 관점에서 흔히 하는 걱정이다). 메트로폴리탄 미술관에 전시된 반 고흐의 작품을 떠올리면, 그 대비성 때문에 더 작고 정적이고 평범하게 느껴졌다. 나는 기술을 활용해서 감각을 더 깊이 탐색하고 싶었지만, 기술에 감각이 지배되거나 섬세함을 해치고 싶지는 않았다.

그 이후 메트로폴리탄 미술관의 반 고흐 작품 전시실에 가서 내가 가장 좋아하는 작품인 〈밀짚모자를 쓴 자화상(Self-Portrait with a Straw Hat)〉을 살펴봤다. 〈반 고흐에 몰입하다〉에서는 거대한 이미지가 벽을 가득 채웠지만 이 그림은 시리얼 상자 두 개 정도 크기에 불과했다. 극대화된 영상 화면을 보면서 붓놀림과 색상 배치처럼 예전에는 지나친 사소한 부분을 발견한 건 맞다. 하지만 실제 그림 앞에 직접 섰을 때 느끼는 감동은 그 어떤 기술도 대신하지 못했다.

## 세상을
## 더 잘 보는 비밀

몇 주 후, 96번가에 새로 생긴 2번가 지하철역에 갔다가 도자기 타일 벽에 그려진 파란색과 흰색 벽화를 감상했다. 갑작스러운 바람에 종이가 휘날리는 장면이었는데, 지하철역을 걸을 때마다 느끼던 에너지와 가능성이 잘 표현되어 있었다.

우연히도 이 작품을 제작한 예술가 세라 제(Sarah Sze)와 나는 아는 사이였다. 대학에서 만났고 몇 년이 지나 둘 다 딸이 5학년이 됐을 무렵 다시 연락을 주고받았다. 세라가 만든 거대한 설치 작품을 보면서 문득 이런 생각이 들었다. *더 잘 볼 수 있는 법에 대해 세라와 이야기를 나눠 보면 어떨까? 어쩌면 세라가 내 관점을 바꿔 줄지도 모른다.*

세라가 흔쾌히 동의했고, 우리는 어느 월요일 오후 메트로폴리탄 미술관 로비에서 만났다. 몇 분 정도 대화한 후에 세라가 제안했다. "몇 가지 작품을 보고 생각한 게 있는데, 보면 재미있을 거야."

"좋아, 가자. 재미있겠다." 내가 대답했다.

우리는 웅장한 계단을 올라서 바로크 초상화 전시실로 향했다. 그곳에서 오라치오 보르지아니(Orazio Borgianni)의 〈팔레트와 캔버스와 함께한 화가로서의 자화상(Self Portrait as a Painter with Palette and Canvas)〉 앞에 섰다. 화가가 팔레트 옆에 턱을 괴고 앉아 있는 그림이었다.

세라가 말했다. "이 작품은 보는 행위와 깊이 관련되어 있어."

"어떻게?" 내가 물었다.

"화가는 지금 자화상을 그리는 중이거든. 거울에 비친 자기 모습을 보고 있지. 밖을 보는 것 같지만 관객이 아니라 자신을 들여다보는 거야. 우리 눈에는 화가의 작품이 아니라 뒷모습만 보일 뿐이야." 세라는 그림 오른쪽 부분을 가리켰다. 이제 보니 캔버스에 미완성된 부분이 들어왔다. "바로 이 그림에 사용된 물감을 쓰는 모습을 우리가 보는 거야." 그 부분을 유심히 들여다보자 그림이 더욱 풍성해졌고 깊은 만족감이 밀려왔다.

"시대를 뛰어넘는 대화인 셈이지." 세라가 말했다.

다른 전시실로 걸어가면서 나는 세라에게 눈으로 제대로 볼 수 있는 법을 알려 달라고 했다. 세라가 알려 준 아이디어는 작품을 손거울에 비춰서 축소되고 반전되는 모습 보기, 이미지를 출력해서 다른 맥락에 배치해 보기, 눈을 가늘게 뜨고 보면서 세세한 요소를 지우고 전체 구도를 파악하기, 작품의 한 부분을 손으로 가린 뒤 그 변화가 전체에 어떤 영향을 미치는지 살펴보기 등이었다.

함께 걸어가다가 세라는 조르주 드 라 투르(Georges de La Tour)의 〈참회하는 막달라 마리아(The Penitent Magdalen)〉 앞에 멈춰 섰다. "봐, 이 그림은 극단적인 어둠에 잠겨 있어. *절제*와 침묵이 깔려 있지." 세라가 작품 앞에서 응시했다.

지금까지 여러 번 본 그림이지만, 세라는 내가 미처 보지 못한 것을 보여 줬다. 막달라 마리아는 헝클어진 머리카락을 허리께에 늘어뜨렸고, 촛불 하나가 창백한 목덜미를 은은히 비췄다. 예전에는 테이블과 바닥에 버려진 보석을 보고 막달라 마리아가 세속적인 쾌락을 거부한다는 의미로 이해했지만, 라 투르가 그녀의 목에 초점을 맞춰서 세속과 단절하는 순간을 보여 준다는 생각은 해 본 적 없었다.

세라는 전시실을 지나면서 무엇인가 시선에 닿으면 좀 더 자세히 들여다보고 싶어 했다. 나는 대화하면서 최대한 메모했다.

"모든 색은 다른 모든 색을 바꿔."

"여백으로 남은 부분을 봐야 해."

"규모의 변화가 무척 중요해. 난 아시아의 풍경에서 그 사실을 배웠어."

"그림에서는 뭔가 들어가고 나가는 부분이 아주 중요해."

"우리는 예술을 통해 예상치 못한 것을 창조하려 해. 사람들은 낯선 것을 맞닥뜨리면 멈춰서 바라보게 되지."

나는 현대 미술 구역을 지나면서 케리 제임스 마셜(Kerry James Marshall)의 〈무제(Untitled Studio)〉를 가리키며 가리키며 말했다. "이 그림 정말 마음에 들어."

"아, 그래." 세라가 말했다. 우리는 작품 앞에 멈춰 섰다. 화가의 스튜디오는 사람들로 북적였고 붓 통, 물감 통, 화병, 해부학 두개골로 가득한 테이블과 캔버스가 있었다. "맞아, 이 그림은 보는 행위와 창작하는 행위 자체를 표현하고 있어." 세라는 내가 눈여겨보지 않았던 세부 요소들을 짚었다. "작업실이 어떻게 돌아가는지 보여 주지. 배경이며 조명, 캔버스가 있고 누드모델도 기다리고 있어."

세라는 서서 계속 설명했다. "저 해골은 전형적으로 예술에 쓰이는 소재야. 봐, 안구도 있어."

"시각이구나!" 내가 말했다. 두개골에서 튀어나온 눈알만큼 직접적으로 시각을 상징하는 것이 또 어디 있을까.

"그리고 캔버스의 평면과 배경의 평면을 봐. 빨간색이 둘의 관계를 보여 줘. 화가는 지금 공기를 그리는 거야. 정말 어려운 일이지." 세라가 감탄하며 덧붙였다.

우리가 그림을 바라볼수록 작품은 더 아름다워지는 동시에 멀어지는 느낌이 들었다.

세라가 내 쪽으로 몸을 돌리며 말했다. "다른 건 뭐가 맘에 드는지 보여 줘."

"좋아!" 나는 미술관을 가로질러 높은 받침대 위에 놓인 회색 사암 조각상으로 세라를 데려갔다. 〈넥타네보 2세를 보호하는 호루스 신(God Horus Protecting King Nectanebo II)〉이었다. 그 순수한 선은 아무리 봐도 질리지 않았다.

"나도 정말 좋아하는 조각상이야. 여러 번 감상하기도 했고."

훌륭한 선택을 했다니 기뻤다. "어떤 점이 마음에 들어?"

"전시실 모퉁이에 잘 자리 잡았고 높이도 적당해. 우리가 인간으로서 이입하는 대상은 여기 눈높이에 있는 인간 형상이고, 신은 그 위에 우뚝 솟아서 우리를 감싸고 있어. 신의 발 안에 끼워진 파라오의 발을 봐."

"그러네." 내가 말했다. 나는 세라가 앞서 말한 규모의 변화라는 개념을 떠올렸다. "파라오는 항상 다른 사람보다 훨씬 크게 표현돼. 그런데 여기서는 작게 표현돼서 오히려 신의 위대함을 드러내고 있어."

"그리고 무척 정적이고, 고요하고, 대단히 견고해. 게다가 완벽한 대칭이고." 우리는 가만히 서서 작품을 바라봤다.

미술관이 문을 닫을 시간이었다. 나는 세라와 함께 정문으로 걸어가다가 참지 못하고 그 근처에 있던 좋아하는 작품을 또 가리켰다. 단단한 사람의 맨발 위에 놓인 작고 둥근 적갈색 그릇이었다. 마치 안에 든 것을 조심스럽게 내미는 듯, 그릇이 앞으로 기울어 있었다.

"이 작은 그릇이 정말 마음에 들어. 개성 있잖아." 내가 말했다.

"멋지네." 세라가 대답했다. "이건 우리가 시간을 통해 어떻게 연결되는지 보여 주는 작품이야. 네가 이 작품을 바라볼 때 작품을 만든 사람도 널 보고 있어. 작가도 그걸 흥미롭게 여겼을걸, 너처럼."

"이 조각가가 정말 재미있다고 생각했을까? 지금 우리가 보기엔 흥미롭지만, 작가가 그렇게 의도하지는 않았을 것 같은데." 내가 물었다.

"확실해." 세라가 자신 있게 말했다. "발의 방향을 봐. 재미있으라고 만든 거 맞아. 어디 보자, 제작 연도가…." 세라는 안내 표지를 살폈다. "기원전 3,700년경이네."

우리는 마지막으로 실제 이집트 무덤에서 옮겨 온 설치물 페르네브의 무덤(Perneb's Tomb)에 갔다. 예전에는 별다른 관심 없이 여러 번 지나친 구조물이었다.

"정말 멋진 공간이야. 회화, 조각, 건축이 모두 어우러져 있거든." 세라가 말했다. 이야기를 나누며 바라보니 무거운 돌의 우아한 선과 벽면을 가득 메운 세밀한 상형문자가 눈에 들어왔다.

"모든 예술의 주제는 사실 죽음이야. 그렇다고 나쁜 뜻은 아니야. 지금 우리는 무덤 앞에 서 있고 알고 보면 메트로폴리탄 미술관 전체가 무덤이잖아. 우리가 인간으로서 지구에 존재한다는 증거고 살아 있다는 뜻이기도 해."

모든 예술의 주제는 죽음이지만 그렇다고 나쁜 뜻은 아니다. 나는 그 말을 곰곰이 되새겼다. 그때 박물관 경비원이 끼어들었다. "이제 미술관 문을 닫습니다." 그가 우리 뒤를 가리키며 말했다. "출구 방향으로 이동해 주세요."

이제 정말 돌아갈 시간이었다.

## 내 손으로 빚는 시각 세계

제이미의 동료가 부탁을 들어줘서 고맙다며 커다란 난초를 선물했다. 나는 난초를 현관 옆 보관함에 올려놓고 지나갈 때마다 멈춰 서서 바라봤다. 넓게 퍼진 꽃잎은 짙고 옅은 자홍색과 흰 줄무늬가 어우러졌고, 밝은 주황빛이 도는 암술, 초록색 잎과 대비되며 반짝였다. 이런 색 조합을 보니 일본 전통 기모노의 숨 막히게 아름다운 색 배합이 떠올랐다. 눈을 뗄 수가 없었다.

이 단순한 화분만으로도 훨씬 아름다워진 집을 보면서 이런 생각이 들었다. 감각 경험을 형성할 수 있는 간단한 활동은 또 뭐가 있을까? 나는 이 목표를 양방향으로 달성할 수 있다는 사실을 깨달았다.

좋은 것을 더하거나 *나쁜 것을* 빼면 된다. 난초처럼 아름다운 것을 추가하고 눈에 거슬리거나 산만한 요소를 제거하는 것이다.

우선 기분 좋은 광경을 더하는 방법을 고민했다. 문제는 내가 평소에 물건을 잘 사지 않는다는 점이었다. 왜 꽃을 사야 하지? 어차피 시들고 말 텐데. 양초에 불을 붙여 봤자 곧 다 타 버릴 텐데. 하지만 이제는 아름다움을 더하기 위해 작정하고 조금 사치를 부리기로 했다. 예를 들어 사무용품을 임시로 보관하던 통 대신 예쁜 흰색 바탕에 금색 무늬가 있는 크고 튼튼한 상자를 샀다. 선반 위에 놓자 훨씬 보기 좋았다.

꼭 새것을 사야 아름다워지는 게 아니라 조금만 신경 쓰면 충분했다. 부엌 조리대에 귤 봉지를 툭 던져 놓기보다, 유리그릇에 담아 식탁 중앙에 올려놓았더니 훨씬 나았다.

하지만 아름다움을 알아차린다는 건 지저분함이 더 눈에 띈다는 뜻이기도 하다. 알고 보니 기분을 띄우는 데는 좋은 광경을 추가하기보다 불쾌한 광경을 없애는 편이 더 효과적이었다.

몇 년 전, 외적 질서가 내면의 평화에 도움이 된다는 사실을 깨닫고 나서 주변 환경을 정리하고 잡동사니를 없애려 노력했다. 하지만 시각에 신경을 쓰다 보니 앞으로 읽을 책들을 여기저기 쌓아 둔 것이 눈에 들어왔다.

이 눈엣가시를 치우기로 했다. 가장 간단한 방법은 책을 눈에 띄지 않는 곳으로 옮기는 것이다. 하지만 어디에 보관할까?

집 안을 이리저리 돌아다니다가 작업실 문밖에 놓인 철제 선반을 다른 용도로 쓸 수 있겠다는 생각이 들었다. 벽장에 공간을 만들려고 힘들게 큰 물건을 치우고 철제 선반을 들여 넣은 다음 책을 수평으로 깔끔하게 정리했다. 벽장에 꽂힌 책들은 보기 좋았고 책이 사라진 다른 방은 훨씬 쾌적해졌다.

제이미가 퇴근해 집에 들어오더니 천천히 주변을 둘러봤다. "집이 좋아 보이네. 뭐가 달라진 거야?"

"널브러진 책을 책장에 정리했어."

"그 책들이 빛을 가리고 있었구나. 진짜 확 달라졌다." 제이미가 말했다.

배치를 바꾸자 거슬리던 두 가지 문제가 해결됐다. 첫째, 보기 싫은 책더미를 치우자마자 방이 더 넓고 예뻐 보였다. 둘째, 책을 모아 보기 좋게 배열해 놓으니 선반을 보러 벽장에 갈 때마다 즐거웠다.

영감을 얻은 나는 금방 성과가 날 만한 일을 또 찾았다. 내 스마트폰 화면은 매일 수십 번씩 마주하는 아수라장이었다. 그래서 몇 분 동안 화면을 정리했다. 사용하지 않는 앱은 지우고 '여행', '사진 및 동영상' 같은 폴더를 만들고, 가장 많이 사용하는 앱은 홈 화면으로 옮겼다. 그러자 마음이 한결 편안해졌다.

홈 화면을 정리한 다음 잠시 휴대폰에 관해 생각했다. 내가 오감과 단절된 이유가 휴대폰 때문이라는 생각이 들었다. 이 기계는 무엇과도 비교할 수 없을 만큼 다채로운 사진과 이야기, 정보로 눈길을 사로잡고 현실적인 경험에서 멀어지게 하는 힘을 지녔다.

어느 날 한 남자가 휴대폰을 보며 모퉁이를 돌다가 그대로 차가 다가오는 3차선 도로에 들어서는 장면을 목격했다. 나를 포함한 몇몇 사람이 소리쳤지만 그는 계속 전진했다. 남자가 고개를 들었을 때 앞

차가 끼익 소리를 내며 멈춰 섰다. 사고로 이어질 뻔한 상황을 보고 나는 너무 놀라서 속이 울렁거렸지만, 그 남자는 잠시 멈추더니 다시 휴대폰을 들여다보며 인도로 걸어갔다.

(아직은) 붐비는 차도에 발을 들인 적은 없지만 분명 휴대폰 화면에 묶여 있는 시간이 많긴 했다. 예전부터 사람들은 늘 새로운 기술의 부작용을 걱정했다. 글을 쓰면 기억이 망가지고, 전깃불은 눈을 해치며, 빠르게 질주하는 기차는 뇌를 손상한다는 말이 있었다. 요즘은 스마트폰과 이메일, SNS, 비디오 게임, 인터넷이 걱정의 대상이다. 이런 새로운 매체는 지속적으로 관심을 끌고 계속 업데이트로 최적화하면서 시선을 붙잡는다.

나는 기술을 이해하는 것도 중요하지만 그보다 자기 통제가 더 중요하다고 믿는다. 그래서 스마트폰에 의존하지 않으려고 화면 색상을 흑백으로 바꾸는 '회색조'로 설정했다. 색의 유혹이 없으면 휴대폰을 내려놓기 쉬울 것 같았다.

내 예상은 맞았다. 변화를 시도하자마자 휴대폰을 사용하는 시간이 줄었다. 흑과 백만 존재하는 화면은 좀 더 실용적이고 덜 재미있었다. SNS나 내 사진에도 눈길이 덜 갔다. 앱을 찾으려면 더 신경 써야 했고 검색할 때는 특정 경로를 안내하는 색이 없어서 조금 불편했다. 이메일을 확인하거나 문자에 답하는 등 구체적인 업무는 휴대폰을 사용했지만 다른 산만한 콘텐츠로 넘어가지 않고 그대로 내려놓았다.

게다가 놀랍게도 며칠이 지나자 주변 색채가 더 밝아 보였다. 휴대폰 화면에서 반짝이고 과도하게 선명한 이미지를 계속 보다 보니 실제 색상은 상대적으로 어두워 보였던 모양이다. 나는 세라가 한 말을 떠올렸다. "모든 색은 다른 모든 색을 바꾼다."

한 친구가 어깨 너머로 휴대폰 화면을 힐끗 보더니 물었다. "화면 왜 그래?"

"색이 안 보이게 회색조로 설정했어."

"좀 봐도 돼?" 친구는 홈 화면을 유심히 살폈다. "이게 맘에 든다고? 너무 밋밋한데."

"그래서 바꾼 거야. 오래된 흑백 TV 같아서 휴대폰을 덜 보게 되더라고."

"나도 바꿀까 봐. 설정하기 어려워?" 친구가 휴대폰을 돌려주며 말했다.

"아니, 간단해. 넌 아이들도 있잖아. 회색조로 하면 휴대폰이 훨씬 덜 재미있어." 나는 친구에게 설정 방법을 알려 줬다.

"천재네."

그렇게 며칠 회색조로 지내다가 다시 컬러 화면으로 바꿨다. 세상에! 색이 돌아오니 스마트폰 경험이 얼마나 다채로운지 새삼 느꼈다. 감각을 다시 일깨우는 데는 박탈보다 더 강력한 자극도 드물다. 때로는 무엇인가에 덜 빠질 때 더 즐길 수 있다.

컬러 화면으로 사용하는 편이 더 좋긴 하지만 빛나는 화면에 너무 넋이 나간다는 느낌이 들면 언제든 되돌릴 수 있다. 그리고 전반적으로 중요한 교훈을 얻었다. 주어진 풍경을 그냥 받아들이기보다, 더 아름다운 것을 보고 거슬리는 장면은 줄이며 스스로 감각 환경을 만들어 갈 수 있다는 사실이다.

# 본다는 것의
## 　　　새로운 의미

겨울이 지나면서 내 오감 실험이 효과를 내고 있다는 사실을 실감했다. 세상이 더 선명하게 보였고 더 많은 것을 인식했다.

친구를 만나 커피를 마시면서 친구의 복고풍 패션을 유심히 관찰했다. 화장할 때는 콤팩트에서 희미하게 빛나는 분홍빛 파우더가 보였고, 진한 마스카라를 바를 때 내 옅은 속눈썹이 도드라져 보였다. 집 안을 걸어 다닐 때 유리그릇 안에서 반짝이는 진홍색 물건을 보면 기분이 좋아졌다. 제이미가 옷매무새를 다듬는 일상적인 습관은 늘 보던 장면인데 이제 그 모습이 진짜로 눈에 들어왔다. 제이미는 거울 앞에서 이제 나갈 준비가 됐다고 말하는 것처럼 어깨를 펴고 가슴을 몇 번 두드렸다.

매일 보는 제이미를 뭐 하러 관찰하냐고? 언젠가 *그 얼굴을 한 번만 더 바라볼 수 있다면 뭐든 줄 수 있겠다고* 생각할 날이 올 테니까. 내게 가장 중요한 사람들이 배경 화면처럼 흐릿해지는 건 원하지 않았다. 시각을 예리하게 다듬자 사랑하는 이들에 대한 감정도 더욱 또렷해졌다.

메트로폴리탄 미술관에서 *시각 경험*은 인식으로, 인식은 *감사*로 이어졌다. 예를 들어 처음에는 고대 그리스와 로마 미술에 별로 관심이 없었고 그저 '몸이 없는 머리와 머리 없는 몸', 검은색과 붉은색이 섞인 다 비슷비슷한 화병 정도로만 보였다. 하지만 자세히 들여다보니 몇몇 작품에 관심이 갔다. 첫째, 몸이 없는 머리는 세련되고 다양한 헤어스타일을 자랑했다. 고대인의 기록에 따르면 '짧게 자른 곱슬머리', '구불구불한 곱슬머리', '나선형 곱슬머리', 심지어 '달팽이 모양 곱슬머리'도 있었다. 미술관에서 나온 책들의 설명도 특이했다. 한 설명에 따르면 귀족들의 헤어스타일이 자주 바뀌고 충실히 기록되었기 때문에 유물의 연대를 측정할 때 중요한 단서가 된다고 한다. 놀랍지 않은가?

이와 비슷하게, 그리스의 다 비슷비슷해 보이던 검은색과 붉은색 화병을 자세히 들여다보다가 차이점을 발견했다. 해석하는 법을 익히다 보면 놀랄 일이 생기기 마련이다. 예를 들어 한 화병에는 흔한 군인이나 말, 의식을 행하는 신이 아니라 두 여성이 놀라울 정도로 소탈하고 현대적인 자세를 취하고 있었다. 리라 연주자가 앉아서 연주하는

동안 한 여성은 다른 여성의 뒤에서 어깨에 턱을 얹고 있었다. 가끔 내 딸들이 함께 서는 자세와 똑같았다. 이 일상적이고 친숙한 자세 덕분에 갑자기 오래된 과거가 더 가깝게 느껴졌다. 잠시 멈춰서 진짜로 *바라본* 세상은 훨씬 흥미로웠다.

놀랍게도 시각에는 나를 타인과 연결해 주는 힘이 있었다. 나는 엘리너와 함께 재미있는 사진을 찍고 중고 매장을 둘러봤다. 오랜 친구를 만나 메트로폴리탄 미술관을 찾기도 했다. 사람들이 역사 기념물과 경이로운 자연, 쇼핑몰, 오픈 하우스 투어, 천문대 같은 곳을 자주 찾고 다양한 시각적 모험을 떠나는 이유도 이제 이해가 된다. 우리는 시각을 매개로 경험을 공유하고 세상을 대화에 끌어들일 수 있다.

엘리자와는 같은 장소에 있지 않아도 시각으로 소통했다. 우리는 메트로폴리탄 미술관에 갈 때마다 꼭 중세 스테인드글라스 앞에 멈춰

서서 이빨을 드러낸 소가 아기 예수를 보며 익살스럽게 웃는 모습을 감상했다.

이제 나는 그 소를 볼 때마다 엘리자에게 사진을 보낸다. 다른 말 없이 사진만 보내도 지금 이곳에서 널 생각하고 있다는 메시지가 전달된다. 딸은 보통 하트 이모티콘으로 대답했다. 이렇게 말없이 사진을 교환하면서 우리는 더 가까워졌다.

같은 곳을 반복해서 방문하고 그동안 눈여겨보지 않던 것에 관심을 기울이자 상상력도 자라났다. 작가가 책에 나오는 단어 하나하나를 신중하게 다듬지만 저작권 페이지는 기존에 사용하던 문구를 그대로 쓰듯이, 미술관은 정해진 구역은 정성껏 꾸미지만 계단, 화장실, 에스컬레이터 같은 구역에는 소홀했다. 명색이 *메트로폴리탄 미술관*인데 뭔가 특별한 게 있어야 할 것 같은 생각이 계속 들었다. 그래서 혼자 심심풀이로 이런저런 아이디어를 떠올렸다. (예를 들어 《클로디아의 비밀》 팬을 위해 눈에 잘 띄지 않는 구석에 클로디아와 제이미가 들고 다니던 것과 비슷한 케이스와 책가방을 올려 두면 어떨까?)

이런 것이야말로 시각이 내게 안겨 준 위대한 힘이었다. 흘러가는 대로 생각하면서 주위를 둘러보면 자연스럽게 주의가 분산되어 마음이 가라앉고 창의력이 샘솟는다.

내가 안개 속에서 헤매기보다 주변 모든 것을 보려고 노력한다고 말하자 엘리자베스가 물었다. "걷기 명상 같은 거야?"

"그렇지는 않아. 명상할 때는 의도적으로 생각하잖아. 나는 그냥 마음을 풀어 놓는 거야. 걷고, 둘러보고, 그냥 떠오르는 대로 생각하지. 명상적인 느낌도 있지만 명상은 아니야. 어찌 보면 명상의 반대일

수도 있고."

"명상보다 더 매력적이네. 좀 더 쉬워 보여." 엘리자베스가 말했다.

"맞아, 나도 그렇게 생각해."

⟨응고마(북)(Ngoma(drum))⟩
작품 연도 19세기  작가 빌리(Vili)족 또는 욤베(Yombe)족

# 청각

## 소리로 건네는 위안

물 위에 눈이 내린다.
침묵 위에 침묵이 내려앉는다.
_쥘 르나르(Jules Renard),《일기(Journal)》

FIVE SENSE ≫        얼마 전에 굽이 높은 신발을 신고 대리석 바닥 위를 걷다가, 그 굽 소리에 전혀 다른 두 가지 기억이 떠올랐다.

　일곱 살 때 캔자스시티에 있는 백화점 스완슨스(Swanson's)에서 합성 피혁 구두를 신어 본 적이 있다. 백화점 어린이층 통로에는 형형색색의 나무들이 가지를 늘어뜨리고 있었고, 그곳에 갈 때마다 기분이 들떴다. 내가 신발을 신자 엄마는 잘 맞는지 걸어 보라고 했다. 딱딱한 바닥 위로 또각거리는 굽 소리에 어른이 된 듯한 기분이 들었다.

　그로부터 몇 년 후에 겪은 일도 떠올랐다. 당시 뉴욕 아파트에서 나와 엄마, 동생은 아버지의 깜짝 생일 파티를 준비하느라 막판에 정신이 없었다. 그날 미리 주문한 꽃다발을 가져와서 또각또각 굽을 바닥에 굴리며 바쁘게 방을 오갔다. 그때 네 살이던 엘리자가 보모에게 속삭이는 소리가 들렸다. "엄마가 꽃 파티를 하고 있어요." *내가 엄마*

라는 사실, 정말로 꽃 파티를 하고 있다는 사실이 새삼 경이롭게 다가왔다.

그때도 신발이 부드럽게 또각거리는 소리가 들렸다.

청각은 우리를 세상에 붙들어 준다. 뒤에서, 위에서, 어둠 속에서, 심지어 태어나기 전에 무슨 일이 벌어지는지 말해 준다.

소리는 순식간에 나를 흥분시키거나 진정시키고 기분을 바꾼다. 깊이 잠든 나를 깨우거나 다시 잠들게 할 수도 있다(얼마 전에는 바나비가 카펫에 토하는 불길한 소리에 잠에서 깼다가 토사물을 치운 다음 다시 침대에 누워 팟캐스트를 들으며 잠들었다).

알고 보니 인간의 청각은 경이로울 정도로 예민하고 정교했다. 우리는 광범위한 소리를 감지하고 소리가 나는 방향을 파악하며, 소음을 걸러서 흥미로운 소리를 포착한다.

일반적인 기능을 살펴보면 외이와 중이, 내이가 협력해서 공기 중의 진동을 뇌가 해석할 수 있는 신호로 바꾼다. 청각을 결정하는 요인은 두 가지다. 첫째는 소리의 높낮이, 곧 주파수로 헤르츠(Hz) 단위를 쓰며 인간은 20Hz(낮게 웅웅거리는 소리)에서 2만Hz(높게 삑삑대는 소리)까지 들을 수 있다. 둘째는 소리의 크기, 곧 음량으로 데시벨(dB) 단위를 쓰며 0dB부터 인지할 수 있다(나뭇잎이 바스락거리는 소리는 약 20dB이다). 85dB보다 큰 소리(혼잡한 도시 교통)에 계속 노출되면 청력이 손상될 수 있다. 귀는 머리 양쪽에 하나씩 있어서 서로 다른 정보를 받아들이며 이 차이를 활용해서 소리의 위치를 가늠한다.

인간을 비롯한 많은 동물은 갑작스럽고 큰 소리를 경고 신호로,

길고 작은 소리를 평온하고 무해한 상황으로 받아들인다. 우리는 새가 울부짖는 소리와 고양이의 가르랑거림이 어떻게 다른지 직감적으로 안다.

청각은 우리에게 귀중한 정보를 준다. 어느 날 저녁 지하철 회전문으로 나가려는데 두 남자의 고함이 들렸다. 나는 잠시 귀를 기울였다. 소리가 모퉁이 너머에서 들렸기에 위험한 싸움인지 단순한 언쟁인지, 두 사람이 근처에 있는지 선로 반대편인지 확인하려고 귀를 기울였다. 내 귀는 정확히 필요한 정보를 들려줬다. 바로 근처에서 닉스(Knicks, 뉴욕에 기반을 둔 NBA 팀_옮긴이) 경기를 두고 열띤 논쟁을 벌이던 광팬 두 명이었다.

나는 청각을 실험하려고 인터넷을 검색하다가 재미있는 '가상 이발소(Virtual Barber Shop)'를 발견했다. 헤드폰을 끼고 눈을 감고 귀를 기울이자 가위와 이발기, 사람들이 내 머리 주위를 돌아다니는 듯한 환상에 빠졌다. 그다음에는 셰퍼드음(Shepard tone, 인지 과학자 로저 셰퍼드(Roger Shepard)가 발견한 청각적 착각 현상_옮긴이)을 들었다. 음이 터무니없을 정도로 끝없이 높아지는 것 같지만 사실 복잡한 음 8개가 반복될 뿐이었다(줄무늬가 끝없이 올라가는 이발소 간판이나 M. C. 에셔[M. C. Escher, 네덜란드 출신 판화가로 2차원 평면에 3차원 공간을 표현하는 작품으로 유명하다_옮긴이]의 〈폭포[Waterfall]〉를 소리로 표현한 버전이라고 생각하면 된다).

귀에 따라 들리는 소리도 다르다. 나이도 한 가지 요인으로 작용하며, 아이는 어른보다 청각에 민감한 편이다. 또 다른 요인은 사용하는 언어다. 예를 들어 R과 L을 구분하지 않는 언어를 사용하는 사람들은 'red'와 'led'를 듣고 차이를 잘 느끼지 못한다.

사람들이 '그 드레스'를 흰색과 금색으로 보거나 검은색과 파란색으로 보듯이, 모호한 소리로 유명한 '로럴인가 야니인가(Laurel or Yanny)' 오디오 클립의 음성은 '로럴'이라는 의견과 '야니'라는 의견이 반반으로 나뉜다. 주파수 높낮이에 대한 민감도와 음향적 맥락에 따라 다른 단어로 들리기 때문이다.

우리의 눈이 늘 다른 사람을 쫓듯이, 귀는 그들의 말을 들으려 한다. 뇌의 특정 영역은 선택적으로 사람의 목소리를 골라서 활성화한다. 우리는 태어날 때부터 말소리와 비슷한 소리를 선호하며 뇌는 발성 음향보다 비발성 음향에 더 활발하게 반응한다.

사람의 얼굴이 풍부한 정보를 제공하듯 목소리도 마찬가지다. 우리는 수백 가지 목소리를 알아듣고 잘 아는 사람의 목소리는 단어 몇 개만 듣고도 구분하며 기분이 좋은지 나쁜지, 건강은 괜찮은지 판단할 수 있다. 심지어 낯선 사람이 하는 말을 잠깐 듣고서 나이, 건강, 교육, 배경, 성격, 사회적 지위 등을 추측한다. 그 사람이 피곤한지 술에 취했는지, 아픈지도 구분한다. 나는 엄마가 전화로 "여보세요"라고 하는 순간부터 질문을 하고 싶은지, 흥미로운 고향 소식을 전하고 싶은지, 아니면 그저 안부를 물으려고 하는지 알 수 있다.

목소리를 듣지 않고도 누구인지 눈치채기도 한다. 나는 다이어트 콜라를 즐겨 마신다. 몇 년 전에 엘리너가 아기 침대에서 낮잠을 잘 때 까치발로 지나가다가 무심코 탄산음료 캔을 열었다. 특유의 펑 하는 소리가 났다. *"엄마?"* 엘리너가 기대에 차서 나를 불렀다. 망했다.

우리는 목소리와 웃음소리로 소통한다. 웃음은 보편적으로 소리를 활용하는 비언어적 정서 표현이며 인간은 말문이 트이기 훨씬 전부터 웃는다. 전 세계 사람들이 웃음을 터뜨리는 대상은 다양하지만, 우리는 상대가 어떤 문화권 출신이든 코웃음을 치거나 키득대거나, 씨근덕거리거나 끽끽거리는 다양한 형태의 웃음소리를 알아듣는다.

웃음의 주된 목적은 유대감 형성이며 다른 사람이 듣고 참여하게 유도하는 사회적 소리로 작용한다. 우리는 주로 혼자 있을 때보다 다른 이와 있을 때, 낯선 이보다는 친구와 있을 때 웃는다.

정다운 웃음은 유쾌하게 소통하고 싶다는 의도를 나타낸다. 관계가 돈독해지고 긴장을 풀고, 소속감을 느끼고 힘든 상황에 함께 대처하는 데 도움이 되기도 한다. 웃음은 우리를 행복하게 할 뿐 아니라 건강하게 한다. 심장과 폐, 근육을 자극하고 스트레스 반응을 완화하며 각성 상태를 유지하며 면역 기능을 향상하고 통증을 완화해 준다.

안타깝지만 함께 웃는 것이 아니라 누군가를 향한 비웃음은 조롱과 굴욕, 배제의 수단이 된다. 이런 웃음 역시 사회적이다. 주로 사람들이 집단에 순응하도록 강요하거나 집단에서 고립시키려는 욕구에서 비롯한다.

웃음이 워낙 중요하다 보니, 실제 웃음소리를 낼 수 없으면 웃는 척하기도 한다. 수십 년 전부터 TV 프로그램에 녹음된 웃음소리가 삽입되었다. 웃음에는 전염성이 있어서 시청자는 인위적인 웃음소리를 듣고 더 많이 웃는다. 오늘날 사람들은 스마트폰으로 소리를 내지 않고도 웃음을 표현한다. 2021년 기준, 세계에서 가장 인기 있는 이모티콘은 웃음을 못 참고 눈물을 흘리는 얼굴이다. 우리는 'lol'이나 '하하' 같은 단어를 쓰고 재미있는 GIF를 주고받으며 웃음으로 소통한다.

우리는 웃고 말하고 노래하면서 자주 자기 목소리를 듣지만 들리는 소리 자체는 정확하지 않다. 말할 때는 귀로 소리를 들을 뿐 아니라 성대가 떨릴 때 발생하는 두개골의 진동도 감지하기 때문에 목소리가 더 깊고 풍부하게 들린다. 반면 다른 곳에서 나는 목소리는 더 높고 가늘게 들리기 때문에 녹음된 자기 목소리를 별로 좋아하지 않는 사람이 많다.

다른 감각과 마찬가지로 청각 역시 뇌가 선택한 자극만 인지한다. 너무 익숙해서 주의를 끌기 힘든 자극은 걸러 내고 흥미로운 것에 집중하도록 유도한다. 나는 TV를 볼 때 제이미가 말을 걸면 화면에서 나오는 소리는 자연스럽게 차단하고 제이미의 말에 귀를 기울인다.

이 선별 과정이 어떻게 작용하는지 머리로는 알아도 실제로 마주하면 늘 놀랍다. 한 기자가 인터뷰하러 우리 집에 왔을 때였다. 그녀는 녹음을 멈추더니 말했다. "일단 끝날 때까지 기다리죠."

"끝나다니 뭐가요?" 나는 어리둥절해서 물었다.

"사이렌 소리요. 안 들리세요?"

나는 고개를 갸우뚱하다가 끄덕였다. "이제 들려요." 뉴욕에서 사이렌 소리가 워낙 흔해서 내 뇌는 굳이 그 정보를 전해 주지 않았다.

"재미있네요. 뉴욕 사람들은 사이렌 소리를 못 듣네요. LA 사람들은 헬리콥터 소리를 못 듣거든요." 기자가 말했다.

오감을 처음 탐색할 무렵 나는 스스로 청각을 소홀히 여긴다는 걸 알았다. 청각에 의존하면서도 듣는 행위에서 특별한 즐거움을 느끼지 못했다. 소리에 관심이 적다 보니 모차르트의 교향곡과 구슬프게 우는 새 소리, 비욘세의 노래를 구분하지 못했다. 지하철에서 누가 싸우면 알아차리긴 했겠지만 내 소리 환경을 스스로 조성하려 한 적은 없었다.

청각을 전경 감각으로 끌어올리면 큰 즐거움을 얻을 수 있을 것이다. 어떻게 해야 내 주변 소리와 사랑하는 사람들이 내는 소리를 주의 깊게 들을 수 있을까? 침묵의 아름다움을 받아들이려면 어떻게 해야 할까? 방법을 찾아야 했다.

## 마음을 치유하는
### 소리의 힘

내 주변의 소리 환경에 주의를 기울이기로 했다면 시작을 음악으로 하는 게 당연해 보였다.

모든 인간 사회에 음악이 존재하고, 음악은 춤과 육체노동, 군사훈련, 종교 의식 등 다양한 활동에서 중요한 역할을 한다. 모두가 같은 음계를 사용하지는 않지만(사하라 사막 남쪽의 아프리카와 중동, 중국 음악가들은 독특한 음계를 쓴다) 음악인지 아닌지 누구나 들으면 안다. 학자들은 생존에 꼭 필요하지도 않은 음악이 어떻게 이토록 널리 퍼졌는지 궁금해한다. 언어 사용과 관련이 있거나 다른 사람과 조화를 이루고 싶은 욕구, 짝짓기나 공동체 형성과 연관돼 있다는 설도 있다.

진화적으로 음악을 어떻게 설명하든 연구 결과는 우리가 이미 아는 사실을 뒷받침한다. 음악은 몸과 마음, 행동에 극적인 영향을 미친다. 예를 들어 수술할 때 음악을 들으면 환자의 심박수와 혈압, 불안이 낮아지며 통증 관리에도 효과가 있다. 환자뿐만 아니라 의사에게도 도움이 된다. 외과 의사는 집중력을 유지하고 긴장을 풀기 위해 수술실에서 음악을 듣는다. 연구에 따르면 운동하는 동안 음악을 들으면 수행 능력이 향상되고 힘도 덜 든다고 한다.

음악은 건강을 개선하고 기분을 좋게 해 준다. 우리가 '섹스, 마약, 로큰롤'을 외치는 데는 다 이유가 있다. 좋아하는 노래를 들으면 마약, 섹스, 맛있는 음식을 접했을 때와 같은 뇌 화학 물질이 자극된다. 그래서 음악으로 빠르게 기분을 띄우고 스트레스를 해소할 수 있다.

일반적으로 뇌는 패턴을 찾고 그 틈을 찾아내서 유용한 예측을 한다. 반짝이는 표면이 미끄럽다는 사실을 알면 얼음 위를 걸을 때 조심하기 마련이다. 이렇게 우리는 정형성과 비정형성에 관심이 있고, 익숙한 것과 낯선 것을 모두 좋아한다. 익숙한 노래, 좋아하는 간식, 〈오피스(The Office)〉 같은 드라마는 뇌가 쉽게 처리할 수 있어 더 찾게 된다. 반대로 새로운 자극에서 오는 즐거움을 추구하기도 한다. 새로운 것을 받아들이려면 수고롭지만 그만큼 흥미롭기 때문에 낯선 형태의 음악과 예술, 패션이 우리의 관심을 끈다.

음악은 정형성과 비정형성에 대한 관심을 모두 충족한다. 우리는 새로운 노래를 들으며 기분 좋게 다음 음을 예상하고, 예상과 다르면 짜릿함을 느낀다.

익숙함의 안정감과 새로움을 향한 갈망 사이에 존재하는 긴장이 음악의 진화를 이끈다. 1960년대에 비틀스가 폭발적인 인기를 끌었을 때 일부 팬은 반복되는 비트가 거슬린다고 느꼈지만[17] 지금은 그 익숙함 덕분에 같은 노래가 더 가볍고 유쾌하게 들린다. 다만 음악은 항상 진화할지 몰라도 우리는 그렇지 않다. 사람들은 20세 전후나 그 이전에 듣던 음악을 평생 듣는 경향이 있다. 그때 음악 취향이 자리 잡기 때문이다. 25세 이후에는 새로운 음악 장르가 등장해도(1970년대 후반 힙합이 등장한 것처럼) 즐기기 어려워지는 경우가 많다.[18]

예로부터 음악은 보편적인 쾌락의 원천이었지만 나는 어느 시대 음악이든 일부러 찾아서 듣지 않았다. 친구와 있을 때, 돌아다니거나 차를 타고 이동할 때, 그냥 하루를 보낼 때도 마찬가지였다(이렇게 표현해 보면 이해하기 편할 것이다. 내 스마트폰 음악 앱에는 단 36곡만 들어 있다). 엘리너나 제이미가 주방에서 음악을 틀어 놓으면 나도 모르게 껐다. 콘서트에 가지도 않았고 샤워하며 노래 부르거나, 음악에 관해 얘기하지도 않았다.

최근 MRI를 찍으러 갔을 때 음악을 틀어 주겠다는 제안을 거절하자 담당자는 깜짝 놀란 눈치였다.

"정말로요? 다들 음악을 틀어 달라고 하던데요."

"고맙지만 괜찮아요." 나로서는 소리가 들리면 스트레스가 줄기는커녕 더 심해졌을 것이다.

이제 이 강력한 행복의 원천을 제대로 누리고 싶었지만 어디서 시작해야 할지 막막했다. '미국의 위대한 노래들(Great American Songbook)'을 들어야 하나? 특정 음악가를 정해서 파고들어 볼까? 우쿨렐레 연주하는 법을 배워야 하나? 그러다 〈그레첸 루빈과 더 행복해지기〉 팟캐스트의 총괄 프로듀서이자 수십 년 동안 음악가들과 함께 일한 친구 척 리드(Chuck Reed)가 뜻밖의 힌트를 줬다.

어느 날 녹음을 기다리며 나는 척에게 물었다. "음향 쪽에서 일하게 된 계기가 뭐예요?"

"음악 덕분이에요. 어릴 때부터 음악을 좋아했거든요. 어머니와 삼촌이 종종 주방에서 기타를 연주했는데 목소리와 악기가 참 잘 어울렸어요. 들으면 정말 기분이 좋았죠." 척이 대답했다.

"척은 음악과 소리에 민감하잖아요. 다른 사람은 못 듣는 소리를 알아차리기도 해요?" 내가 물었다.

"그럼요! 팟캐스트를 들을 때 한 사람이 상대보다 크게 말하면 못 참겠더라고요. 그리고 항공 노선이 바뀌어서 비행기가 우리 동네 위로 지나갈 때가 있어요. 저는 그런 일이 없도록 민원을 넣지만 이웃 중에는 아예 *눈치 못 채*는 사람도 있죠."

"소리가 있어서 행복한가요?"

"행복하고말고요. 저는 주방에서 음악 듣는 걸 좋아해요. 아내도 음악을 좋아하고, 가수인데 뮤지컬 무대에도 섰어요. 우리는 요리하거나 바비큐를 할 때 항상 음악을 틀어요."

"척이 하는 음악 얘기를 들으니 저도 음악을 좀 더 들을걸 그랬다는 생각이 드네요. 전 음악 듣는 귀가 별로 없거든요." 나는 애석한 마음으로 말했다.

"그렇게 말하지만 제가 보기에는 그레첸도 음악을 들을 줄 알아요. 자기 생각보다 더, 자기만의 방식으로요."

나는 깜짝 놀랐다. "정말요? 왜 그렇게 생각해요?"

"〈더 행복해지기〉 팟캐스트에서 어떤 노래를 듣고 강렬하게 반응한 경험을 자주 이야기했잖아요."

*내가* 음악에 관심이 있었나? 그런 생각은 해 본 적 없었다. 하지만

처음으로 음악에 대한 내 반응을 깎아내리지 않고 그대로 이해하려 노력했다.

척의 말이 맞았다. 음악은 내게 강렬한 감정을 불러일으켰다. 뮤지컬 〈오클라호마!(Oklahoma!)〉에 나온 〈더 파머 앤 더 카우맨(The Farmer and the Cowman)〉이나 나나 시몬(Nina Simone)이 부른 〈필링 굿(Feeling Good)〉을 들으면 목이 메었다. 그렇다면 나는 남들과 어떻게 다르게 음악을 듣는 걸까?

많은 이가 특정 음악 장르 전체를 즐기거나 좋아하는 음악가의 곡을 전부 듣거나, 라디오를 주로 듣거나 직접 재생 목록을 만들어서 감상한다. 그들은 음악을 많이 듣고 늘 새로운 곡을 찾으려 한다.

나는 아니었다. 척의 관찰에서 내 진짜 모습이 드러났다. 나는 *특정한 노래*를 좋아했다. 사람들은 대부분 *음악가*나 *장르*에 초점을 맞추지만 나는 노래에 집중했다. 우연히 마음에 드는 곡을 들으면 몇 번이고 반복해서 들었지만 그 음악가나 장르의 다른 음악까지 찾아 듣지는 않았다.

들자마자 마음에 드는 노래도 있었지만 그런 경우는 드물었다. 우연히 어떤 곡에 익숙해지고 점점 좋아지는 경우가 더 많았다. 예를 들어 엘리자는 조안나 뉴섬(Joanna Newsom, 미국의 하프 연주자_옮긴이)을 좋아해서 한동안 〈81〉을 계속 들었다. 나는 그 곡을 처음 듣고 물었다. "대체 이게 뭐니?" 나는 단순한 반주와 영적인 목소리, 급변하는 멜로디에 귀를 기울였다. 이런 음악은 난생처음이었다.

"조안나 뉴섬이라고 하프 연주자예요." 엘리자는 노래를 따라 불렀다.

"네가 이걸 부르니까 신기하네. 음악이 너무 이상해. 무슨 노래인지 내 머리로는 해석을 못 하겠다." 그러다 〈81〉을 몇 번 듣고 나자 갑자기 노래가 좋아져서 계속 들었다(조안나 뉴섬의 다른 곡을 듣고 싶은 생각은 전혀 들지 않았다).

나는 늘 음악에 대한 내 반응이 미지근하다고 생각했고, 노래를 발견하고 사랑하는 방식이 너무 단순하고 소박해서 '올바르지' 않다고 여겼기에 무시했다. 하지만 옳은 방법도, 그른 방법도 존재하지 않았다. 음악으로 즐거움을 얻고 싶다고 해서 꼭 바뀌어야 할 필요도 없었다. 노래 하나하나를 좋아하는 내 취향을 인정해야 했다.

일단 내가 듣는 방식을 받아들이자 음악이 훨씬 더 즐거워졌다. 마음에 드는 곡이 있으면 곧바로 스마트폰 재생 목록에 넣고 그 *한* 곡을 마음껏 들었다. 그레첸답게 말이다.

점점 늘어나는 재생 목록에 담긴 곡은 대부분 아련한 분위기였고, 그런 느낌이 좋을 때도 있었지만 항상 그렇지는 않았다. 연구 결과와 일상적인 경험에 비췄을 때 밝은 노래를 들으면 쉽고 빠르게 에너지가 차오른다. 그래서 기운을 북돋워 주는 특별한 곡을 모아 소리 치유소(Audio Apothecary)를 만들기로 했다.

그다음 영감을 얻기 위해 유튜브에 접속해서 〈뮬 스키너 블루스(Mule Skinner Blues)〉를 들었다. 경쾌한 요들송을 들으니 기분이 확 밝아졌다. *헤이, 헤이!* 그 노래가 내 소리 치유소의 첫 곡이었다. 그리고 하나둘 곡을 더해 나갔다.

- 노마 타네가(Norma Tanega)의 〈유 아 데드(You're Dead)〉

- 킹크스(The Kinks)의 〈유 리얼리 갓 미(You Really Got Me)〉
- 리애나(Rihanna)의 〈퐁 드 리플레이(Pon de Replay)〉
- 버디 홀리와 크리켓(Buddy Holly & The Crickets)의 〈낫 페이드 어웨이(Not Fade Away)〉
- R.E.M.의 〈샤이니 해피 피플(Shiny Happy People)〉
- 비틀스의 〈아이브 갓 어 필링(I've Got a Feeling)〉
- 낸시 시내트라(Nancy Sinatra)의 〈디즈 부츠 아 메이드 포 워킹(These Boots Are Made for Walking)〉
- 아웃캐스트(Outkast)의 〈헤이 야!(Hey Ya!)〉
- 새비지 가든(Savage Garden)의 〈아이 원트 유(I Want You)〉
- 비치 보이스(The Beach Boys)의 〈굿 바이브레이션(Good Vibrations)〉
- 솔트앤페퍼(Salt-N-Pepa)의 〈푸시 잇(Push It)〉
- 포르투갈 더 맨(Portugal. The man)의 〈필 잇 스틸(Feel It Still)〉
- 조지 거슈윈(George Gershwin)의 〈랩소디 인 블루(Rhapsody in Blue)〉(마지막 2분이 정말 좋다. 엔딩이 웅장한 곡이다.)

소리 치유소에 곡을 추가하면서 내가 선택한 음악이 어떻게 보일지 걱정하지 않았다. '남들은 이 노래를 감상적이라고 할까?', '이 노래가 멋지다고 생각할까?' 따위는 고려하지 않았다. 그 음악을 듣고 행복해지면 재생 목록에 등록했고, 이렇게 소리 치유소를 채우면서 나 자신과 내가 좋아하는 것을 새로운 방식으로 알아 갈 수 있었다. 게다가 어느 곡을 듣든 처음 그 곡을 좋아하게 된 순간이 떠올라서 과거와 소통하는 듯한 느낌이 들었다. 대학 시절 파티에 가기 위해 고민하면서 옷을 차려입던 기분, 몇 년 전 여름에 해변으로 차를 몰고 가던 기억이 되살아났다.

시간이 흐르면서 나는 자신에게 선물을 주는 일이 얼마나 중요한지 깨달았다. 사치스럽고 쓸데없는 행동처럼 보이겠지만 그렇지 않다. 내게 많은 것을 줘야 더 많이 요구할 수 있다. 선물은 도전적인 목표를 이어 가고 해로운 유혹을 떨쳐 내며 사소한 짜증을 잠재우는 데 도움이 된다. 아무런 보상이 없으면 번아웃에 빠지거나 지치고 화나기 쉽다.

그래서 내게 줄 선물을 찾던 중에 소리 치유소라는 새 선물이 생겼다. 여기 담긴 노래를 들으면 도박에서 이기거나 초콜릿 바를 한입 삼킬 때처럼 도파민이 솟구쳤다. 게다가 원하는 만큼 음악에 빠져도 괜찮았다. 아무리 선물을 원한다고 해도 처음엔 *좋았다가* 결국 *나빠질* 것을 받고 싶지는 않았다. 음악은 건강한 선물이었다.

진홍색을 찾아다니면서 더 많은 것을 봤듯이, 노래를 찾으면서 더 많은 것을 들었고 음악을 마음껏 즐길 수 있었다. 친구 집에 있든 약국에 있든 TV를 보든, 소리 치유소에 새 노래를 추가하려고 정신을 바짝 차리고 음악에 귀를 기울였다.

척은 내게 '자기만의 방식으로 음악을 듣는 귀가 있다'라는 말로 나 자신을 다른 시각으로 바라보게 했고, 그 덕분에 내 안에 있던 또 다른 진실을 깨달을 수 있었다.

## 삶의 깊이를 더하는
### 음악의 마법

내가 콘서트에 가거나 앨범을 사고 싶은 마음이 별로 없는 이유는 음악가나 장르가 아니라 노래에 초점을 맞추고 음악을 감상하기 때문이었다.

베토벤 교향곡 7번 가장조 작품번호 92, 2악장 알레그레토에서 처음 3분만 듣고 싶은데 굳이 몇 시간이나 베토벤의 음악을 들어야 할까? 〈라무르 룩스 섬씽 라이크 유(L'Amour Looks Something Like You)〉만 들으면 충분한데 케이트 부시(Kate Bush)의 콘서트에 꼭 가야 할 이유도 없었다.

어쨌든 음악은 감각을 즐기는 가장 오래되고 널리 사랑받는 수단이다. 나는 소리와 음악을 듣는 새로운 귀를 콘서트에서 시험해 보고 싶었다. 하지만 어떤 콘서트에 가야 할까? 사람들은 그런 정보를 어떻게 아는 거지? 내 뇌는 관심이 없다고 생각해서 그런 정보를 주지 않았다. 경기장이나 인디 공연장, 아니면 정식 콘서트홀에 가야 할까?

그러다 맨해튼 거리에서 우연히 흥미로운 곳을 발견했다. 파인스타인/54 빌로(Feinstein's/54 Below)라는 곳으로, 빽빽한 일정 중에 스티븐 손드하임(Stephen Sondheim)의 곡을 공연하는 '손드하임 언플러그드(Sondheim Unplugged)'가 있었다. 소개 자료를 보니 이 시리즈는 10년 동안 이어진 공연으로 브로드웨이와 카바레 무대에서 활동하는 다양한 가수가 피아노 반주에 맞춰 손드하임의 곡을 부른다고 했다. 게다가 이곳은 '브로드웨이의 슈퍼 클럽'이었다. 다시 말해 먹고 마시면서 음악도 듣는 곳이었다.

우리 가족 모두 뮤지컬 작곡가 손드하임을 좋아해서 손드하임 콘서트에 관심이 갔다. 엘리자는 어렸을 때 손드하임의 이름이 스티븐 '송타임(Songtime)'인 줄 알았다고 했다. 정말 그랬다면 이름 결정론(이름과 어울리는 분야에서 일하는 경향이 있다는 이론_옮긴이)의 훌륭한 사례였을 것이다. 하지만 나는 손드하임에 대해 아는 게 별로 없었고 〈스위니 토드(Sweeney Todd)〉나 〈컴퍼니(Company)〉, 〈포럼으로 가는 길에 생긴 재미있는 일(A Funny Thing Happened on the Way to the Forum)〉 같은 대표작도 본 적이 없다.

이거다 싶어서 제이미와 내 표를 샀다. 보통 이런 계획은 제이미가 세웠기에 이번에는 내가 재미있는 저녁 나들이를 준비하게 되어 들떴다. 하지만 공연을 보기로 한 날 제이미가 말했다. "화내지 말아 줘. 아무래도 오늘 못 가겠어."

"뭐? 왜?" 내가 물었다.

"마감일이 거의 다 됐거든. 여섯 명이 대기해야 하는데 다들 가능한 날이 오늘뿐이야. 나도 꼭 가야 해."

"정말?"

"응, 미안해." 제이미가 말했다.

"진짜 속상하다." 내가 실망한 목소리로 말했다. "같이 가면 좋을 텐데. 게다가 '카바레식 좌석(작은 테이블에 여러 사람이 둘러앉는 좌석 배치 방식_옮긴이)'이라 다른 사람들과 함께 앉아야 해서 어색할 거야."

"정말 미안해." 제이미가 나를 안으며 말했다.

몇 시간 후 나는 극장가로 향했고 54번가에서 가파른 계단을 내려가 클럽으로 들어갔다(그래서 클럽 이름이 '54 빌로[54 below]'다). 실내로 들어가자 넓고 낮은 무대에 피아노가 있고, 무대 주변에 테이블과 긴 의자가 빼곡했다. 상당히 아늑한 구조였다.

웨이터에게 자리를 안내받고 보니 이미 자리 잡은 두 남자와 4인용 연회 테이블을 함께 쓰는 상황이었다. 책을 가져오긴 했지만 자리 배치상 자연스럽게 모른 척할 수 있는 분위기가 아니었다.

"미안해요. 오늘 제 파트너가 안 와서 두 분 대화를 제가 방해하겠네요." 내가 자리에 앉으며 말했다.

"괜찮아요, 신경 쓰지 마세요." 두 사람이 함께 말했다. 진심으로 환영한다는 듯 내 옆에 앉아 있던 남자가 중앙으로 자리를 옮겼다. 이제 두 사람과 한 사람이 따로 앉은 게 아니라 세 사람이 앉아 있는 배치가 됐다.

둘은 정말 좋은 사람들이었다. 피터와 찰리는 같은 시기에 뉴욕 생활을 시작한 오랜 친구였다. 그러다 몇 년 전에 찰리가 아내와 함께 댈러스로 이사했고 피터는 여전히 브루클린에 살았다. 이번에 찰리가 일 때문에 뉴욕에 왔고 둘 다 손드하임을 좋아해서 이 콘서트에 온 것이었다.

우리는 술과 저녁을 함께하며 손드하임과 오감, 옛날 라디오 드라마, 영화 얘기를 했다. 식사를 마치자 곧 조명이 어두워졌다. 전문 진행자가 오프닝 곡을 소개한 다음 다섯 명이 나와서 내가 아는 노래를 불렀다. 〈조르주와 함께 일요일 공원에서(Sunday in the Park with George)〉에 나오는 〈일요일(Sunday)〉이었다. 오감을 연구하러 콘서트에 온 나로서는 화가 조르주 쇠라(George Seurat)가 평범한 일요일에 색과 빛, 이미지를 포착하려 애쓰는 과정을 표현한 이 노래가 오늘 여기 온 목적에 꼭 들어맞는다고 느꼈다.

그다음 한 여성이 마이크를 잡고 〈어릿광대를 불러 주오(Send In the Clowns)〉를 불렀다. 언젠가 내가 아버지에게 이 콘서트에 다녀왔다고 하자 아버지는 손드하임 곡을 처음 들은 때가 기억난다고 말했다.

"그 노래를 듣고 *사람들이 오래도록 기억할 명곡*이라고 감탄하셨어요?" 내가 물었다.

"아니. *그렇게* 생각하진 않았지만 그 노래를 들은 기억은 나. 나로서는 드문 일이지." 아버지가 말했다.

곡과 곡 사이에 '진행자'는 다음 노래를 소개하고 손드하임과 그 작품의 맥락과 일화를 들려줬다. 그러자 곡들이 순식간에 멀게 느껴졌다. 다른 관객들처럼 〈바보들(Follies)〉, 〈소야곡(A Little Night Music)〉, 〈집시(Gypsy)〉를 수없이 듣고 가사까지 다 외웠다면 좀 더 즐길 수 있었을 텐데. 그래도 나는 즐겁게 감상했다. 소리 치유소에 추가할 만한 곡이 있을까? 손드하임의 가사는 복잡한 관념과 절묘한 운율로 유명해서 나는 가사에 특히 주의를 기울였다. 평소에는 이런 식으로 음악을 듣지 않았다.

대형 극장에서 거의 연주되지 않던 곡이라 더 감성적이고 진솔하게 들렸다. 뮤지컬 〈숲속으로(Into the Woods)〉에 나오는 사색적인 삽입곡 〈아무도 혼자가 아니다(No One is Alone)〉부터 〈컴퍼니〉의 씁쓸하고도 웅장한 〈산다는 것(Being Alive)〉까지, 관객들과 함께 이 곡을 들으면서 쌓여 가는 감정을 느낄 수 있었다. 그날 저녁 진행자는 손드하임이 이 방에 앉았을 때 있었던 일을 소개하며 극적으로 나를 가리켰다. "바로 저 자리예요!" 나는 짜릿한 유대감을 느꼈다.

공연은 75분 정도 이어졌고 그날 밤 나는 처음부터 끝까지 행복했다. 흔치 않은 경험이라 더 강렬하게 다가왔다. 낯선 사람 두 명과 대화하는 것도, 함께 음악을 듣는 것도 즐거웠다. 무엇보다 폭넓은 정서를 경험하면서 기분이 좋아졌다. 어느 날 밤 손드하임의 음악을 통해 내가 일주일 내내 느끼는 것보다 더 다양하고 깊은 감정을 느꼈다.

다음 날 아침 바나비에게 하네스를 채우고 아침 산책을 나가면서 제이미를 향해 노래를 불렀다. "바나비는/ 나가야 해/ 쉬가 마렵대/ 어때, 이 노래/ 손드하임 같지?"

"그러네." 제이미가 웃으며 말했다.

## 소리에
### 젖어 들다

손드하임 콘서트에서 깨달았듯이 열정은 우리를 모험으로 이끈다. 테니스든 정원 가꾸기든, 태국 요리든 이탈리아어 공부든 열정이 있으면 새로운 장소에 가서 낯선 사람들과 대화할 이유가 생긴다.

한 사람의 열정이 다른 사람의 호기심을 불러일으키기도 한다. 내 동생 엘리자베스는 진정과 치유 효과를 위해 소리에 몰입하는 사운드 배스(sound bath)를 좋아한다. 보통 종이나 징, 가장 흔하게는 싱잉볼을 사용하며 금속이나 크리스털 볼을 망치로 쳐서 풍부하게 공명하는 음을 내는 방식이다. "사운드 배스는 LA에서 인기가 많아. 마사지보다 진정 효과가 좋더라고." 엘리자베스가 말했다.

나도 직접 그렇게 소리에 몰입해 보고 싶었다. 마침 내가 청각에 관심이 있다는 걸 아는 친구가 사운드 배스 명상 관련 웹사이트를 알려 줬다. "고마워, 방금 등록했어. 같이 갈래?"

"당연하지!" 친구가 기꺼이 응했다.

몇 주 후, 나는 친구를 만나러 플랫아이언 지구(Flatiron District)의 유서 깊은 건물에 있는 포토그라피스카(Fotografiska)에 갔다. 포토그라피스카는 스웨덴 사진 박물관의 뉴욕 지점이다. 박물관에서 사운드 배스를 진행한다니 조금 의아했지만 포토그라피스카에서는 사진과 관련 없는 프로그램도 많이 진행했다.

우리는 1층에 있는 기념품점을 지나 엘리베이터를 타고 탁 트인 넓은 방으로 들어갔다. 벽돌 벽과 나무 바닥, 커다란 창문이 있고 스크린에는 거대한 초 이미지가 깜빡이고 있었다. 하얀 크리스털 볼 뒤로 요가 매트 10개가 펼쳐져 있어 우리는 각자 매트 위에 앉아 기다렸다.

"정확히 뭘 하는 거지? 난 이런 거 처음이야." 친구가 소곤거렸다.

"나도 마찬가지야. 그냥… 소리라는 것만 알아." 내가 대답했다.

강사는 짧게 인사한 다음 우리와 다른 참가자 8명과 함께 몇 가지 스트레칭과 짤막한 명상을 진행했다. 그리고 모두 요가 매트에 누웠다. 강사는 스웨이드 같은 천으로 감싼 망치로 볼을 때리거나 가장자리를 둥글리며 계속해서 음을 만들었다.

볼에서는 뚜렷한 패턴 없이 매우 맑고 기분 좋은 소리가 났다. 싱잉볼이 명상에 쓰이는 이유를 단번에 알 수 있었다. 특유의 음색과 울림이 다른 소리보다 확실히 영적인 느낌을 주었다.

그 소리를 들으면서 유튜브에서도 '사운드 배스' 영상을 재생할 수 있지만 이 경험이 강렬한 이유는 바로 *이 순간, 이 장소*에서 소리가 나기 때문이라고 생각했다. 주의를 기울이지 않으면 놓치기 쉬운, 녹음으로는 대신할 수 없는 소리. 공기 중에서도, 내가 누운 바닥에서도 진동이 느껴졌다.

내 모든 감각이 한데 모여 이 순간을 창조했다. 지금 소리가 들리고, 눈을 뜨면 화면 속 촛불과 강사가 싱잉볼 사이를 오가는 모습이 보인다. 바닥에서 풍기는 청소 세제 냄새, 창문으로 들어오는 신선하고 차가운 공기, 눅눅한 요가 매트의 감촉과 다른 사람의 기척을 느꼈다.

하지만 그런 생각도 곧 멈췄다. 시간이 가는 줄도 몰랐고, 40분이 길게 느껴질 줄 알았지만 전혀 지루하거나 초조하지 않았다. 마치 바닷속으로 깊이 가라앉은 기분이었다.

마침내 싱잉볼 연주가 끝나고 서둘러 일어나면서 친구에게 물었다. "어땠어? 기분은?"

"긴장이 풀렸다고 해야 하나? 넌 어땠는데?" 친구가 약간 미심쩍은 투로 말했다.

"흥미롭더라. 마음이 차분해졌어." 내가 대답했다.

우리는 건물을 나와서 인도로 걸어갔다. "커피 마실까?" 내가 물었다.

"마시고 싶은데 안 돼. 결혼기념일이라서 남편과 같이 저녁 먹기로 했거든."

우리는 몇 분 정도 수다를 떨다 지하철로 향했다. 사운드 배스 경험을 돌아보면서, *이 곡이 좋은가? 이다음에는 무슨 일이 생길까?* 같은 생각을 하지 않고도 내 오감 중 하나, 곧 청각의 순수한 즐거움을 만끽했다는 사실을 깨달았다. 패턴을 파악하거나 판단할 필요도, 충족해야 할 호기심도 없으며, 처리해야 할 정보도, 반응할 필요도 없었다. 컴퓨터나 전화, 책 따위가 내 주의를 끌려고 아우성치는 와중에 순수하게 청각에만 집중하자 내 몸에 뿌리를 내린 듯한 안정감이 느껴졌다.

게다가 친구와 함께한다는 것도 흔치 않은 기회였다. 우리가 만날 이유가 생겼고 새로운 감각 경험을 공유했다. 하지만 다음번에 이런 모험을 계획할 때는 끝나고 대화할 시간을 꼭 내기로 했다.

# 결코
## 당연하지 않은 소리

귀의 구조가 워낙 섬세하다 보니 청력은 손상에 취약하다. 인간은 소리를 듣게 해 주는 달팽이관 유모 세포(cochlear hair cells) 약 1만 6천 개를 가지고 태어나며 이 세포는 재생되지 않는다. 예를 들어 너무 오랫동안 시끄러운 소리에 노출되어 치료할 수 없을 정도로 손상되면 청력을 잃는다.

미국에서는 성인 약 3,750만 명이 청력에 문제를 겪는다. 원인은 소음과 유전, 머리 부상, 질병, 건강 상태, 약물 등이며 특히 고령(75세 이상 노인의 절반 이상이 청력 문제를 겪는다)이 큰 비중을 차지한다.

청력을 보완하는 기술은 다양하다. 보청기는 소리를 증폭하고 배경 소음을 걸러 내며, 사용자가 직접 기기를 외이도 안팎으로 조절할 수 있다(나는 에어팟 같은 일반 무선 이어폰이 보청기로 쓰인다는 사실을 알고 깜짝 놀랐다). 한편 달팽이관을 이식하려면 수술해야 하며 청각 신경을 직접 자극하는 방식이다.

몇 년 전 아버지는 보청기를 착용하는 60세 이상 미국인 750만 명의 대열에 합류했다. 손가락이 크고 뻣뻣해서 보청기를 조작하기 어려울까 봐 걱정했지만 생각보다 관리하기 쉬워서 기뻐하셨다.

"보청기를 착용한 이후로 뭐가 달라졌어요?" 내가 물었다.

"신문을 넘길 때 바스락거리는 소리나 커피 따르는 소리처럼 나도 모르게 놓치는 작은 소리가 들리더구나. 내가 TV 소리를 얼마나 크게 했는지도 알았어."

사람마다 감각 경험이 다르다는 사실을 인식하면 남을 배려하기가 쉬워진다. 사소한 예로 한 행사 기획자가 내게 이런 말을 한 적이 있다. "항상 마이크를 사용하세요. 자신은 마이크가 필요 없다고, 목소리가 커서 얼마든지 들린다는 분도 있지만 꼭 써야 해요."

"왜 마이크를 쓰기 싫은지 알 듯해요. 마이크를 안 써야 더 자연스럽게 느껴질 때가 있거든요." 내가 말했다.

"그렇게 생각할 수도 있지만 사실 배려 없는 행동이에요. 당신 말이 잘 들리는 사람도 있지만 그렇지 않은 사람도 있거든요. 마이크가 있고 없고는 천지 차이예요."

그 대화를 나누고 얼마 지나지 않아 나는 회고록을 발간한 친구를 서점에서 인터뷰했다. 청중 앞에 놓인 의자에 앉자 주최자가 말했다. "방이 상당히 작은 편인데요. 마이크를 사용하시겠어요, 아니면 그

냐 하실 겁니까?"

"어떻게 할까?" 친구가 내게 물었다.

"당연히 마이크를 써야지." 내가 말했다. 이제 나는 누가 마이크를 쓰겠냐고 물으면 그러겠다고 대답한다.

물론 소리로 소통하지 않는 사람도 있다. 청각 장애를 안고 태어난 유명한 프랑스 여배우 에마뉘엘 라보리(Emmanuelle Laborit)는 일곱 살 때 '아름답고 매혹적인' 수화를 사용하는 사람들을 처음 본 순간을 이렇게 회고했다.[19]

> 뱅센(Vincennes)에 처음 가서 수많은 손이 현란하게 움직이는 모습에 충격을 받은 기억이 구체적으로 떠오르지는 않는다. (…) 다만 알프레드가 손으로, 빌이 입으로 하는 말을 아버지가 이해하는 모습을 보고 놀란 기억이 난다. 그때만 해도 그들에게서 언어를 배우게 될 줄 몰랐다.

나는 나일 디마르코(Nyle DiMarco)의 자서전 《들리지 않는 자의 천국(Deaf Utopia)》을 읽고 나서 엘리자베스와 함께 〈더 행복해지기〉 팟캐스트에서 그를 인터뷰했다. 나일은 〈아메리카스 넥스트 톱 모델(America's Next Top Model)〉과 〈댄싱 위드 더 스타(Dancing with the Stars)〉에서 우승했고 갤러뎃 대학교(Gallaudet University)의 청각 장애 학생을 대상으로 하는 리얼리티 프로그램 〈데프 U(Deaf U)〉를 제작했다. 그는 헐리우드에서 청각 장애인의 경험을 진솔하게 표현하는 작업을 소개하며 이렇게 강조했다. "오랫동안 좋은 콘텐츠와 이야기를 만들려고 노력했는데 사람들은 늘 우리를 고쳐야 할 존재로 보더군요. (…) 사실 우리는 원 안에 들어가고 싶은 것뿐이에요." 나일은 할리우드에서 포용이 확대되면 이야기도 풍부해진다고 덧붙였다.

우리는 인터뷰에 몇 가지 시각과 청각 기술을 활용했다. 엘리자베스와 나는 수화 통역사의 도움으로 나일과 대화했고 우리 네 사람은 영상 화면으로 연결됐다. 나중에 이 인터뷰는 자막이 나오는 유튜브 영상뿐만 아니라 소리 재생 앱에도 업로드했다. 사람들은 다양한 기술에 힘입어 보기와 듣기, 읽기 중에서 자신에게 가장 적합한 것을 선택할 수 있다.


## 세상을 더 잘 듣는 비밀

말로 의사소통하는 사람에게 발화를 이해하는 건 소리와 말의 의미를 함께 해석하는 복잡한 작업이다. 흔히 개인의 의사소통에서 입말로 전달되는 의미는 7%에 불과하다고 한다. 이 통계는 사실이 아니지만 상대가 무슨 뜻을 전하고 싶은지 파악하려고 입말뿐만 아니라 훨씬 많은 것에 주의를 기울이는 건 사실이다. 우리는 목소리의 높낮이, 말의 속도와 크기, 다른 사람에게 반응하는 속도 등을 살핀다.

내 어머니는 아버지와 함께 보는 새 프랑스 TV 프로그램에 대해 이야기한 적이 있다. "재미있더라고. 자막을 보긴 하지만 프랑스어라도 실제로 말하는 소리를 듣고 싶어서 평소처럼 볼륨을 조절해."

"왜요? 뭐라고 하는지 모르잖아요." 내가 물었다.

"왠지 몰라도 목소리를 듣지 않으면 어떤 상황인지 이해하기 힘들어."

나도 직접 시도해 봤다. 덴마크 TV 프로그램을 켜고 소리를 껐더니 어머니 말이 옳았다. 자막에 단어가 나오긴 했지만 목소리가 없으면 행동을 따라가기 힘들었다. 이 사람은 지금 차분한가, 화났는가, 두려운가? 진지한 걸까, 아니면 농담하는 걸까? 목소리를 듣지 않으면 알아차리기 힘들다.

귀가 말을 처리하지만 눈도 중요한 역할을 한다. 청각 장애가 있는 사람에게 시각은 의사소통에 중요한 역할을 한다. 청력이 일반적인 수준일 때 상대가 말하는 내용의 최대 20% 정도는 입술, 치아, 뺨, 턱, 혀, 머리 움직임을 보고 이해한다.[20]

진정한 경청은 강력한 힘을 발휘한다. 델포이의 아폴론 신전에서는 '네가 듣는 것을 지각하라'라고 가르친다. 요다가 할 법한 말이지만 실천하기 쉽지 않다. 예를 들어 내 딸에게 문제가 생겼을 때 적당한 말을 찾기 어려운 경우가 많았는데, *말하는* 내용뿐만 아니라 듣는 방식을 바꾸면 도와줄 수 있다는 사실을 깨달았다.

몇몇 연구에 따르면 아이들이 문제에 대한 해결책을 설명할 때 엄마가 조언하거나 비판하지 않고 귀를 기울이면 아이의 문제 해결 능력이 눈에 띄게 향상된다고 한다. 어른을 대상으로 한 연구에서도 주의 깊게 들어 주는 상대가 있는 사람은 혼자 생각할 때보다 더 나은 해결책을 떠올릴 수 있다는 결과가 나왔다.[21]

나는 누군가의 말을 들을 때 맥락이나 논점을 놓칠까 봐 걱정했다. 소규모 그룹에서는 사소한 내용도 놓치기 싫어서 한 가지 대화만 하는 편을 선호했고 사람들이 별개의 대화를 시작하면 당황스러웠다. 하지만 이런 상황을 피하기는 힘들다. 이른바 '저녁 식사 문제(dinner party problem)'에 대한 연구 결과, 한 그룹에 다섯 명만 모여도 대화가 두 갈래 이상으로 나뉜다고 한다.[22] 결국 나는 많은 사람을 한 가지 토론으로 묶어 두려는 시도를 포기했다.

하지만 경청자로 살다 보니 더 어려운 문제도 있었다. 말을 안 하려는 사람의 진심은 어떻게 들어야 할까? 나는 평소에 잘 들어 주는 편인 제이미가 더 많이 이야기하길 바랐다.

상대의 말문을 여는 전통적인 전략 두 가지는 제이미에게 효과가 없었다. 하나는 질문하는 것인데 제이미는 질문에 대답하기를 좋아하지 않았다. 또 하나는 자기 이야기를 하도록 유도하는 것인데 제이미는 그것도 싫어했다.

제이미는 내 시도를 회피하고 계속 화제를 돌리거나 농담으로 흘렸고, 결국 나는 참다못해 요기 베라(Yogi Berra, 미국 야구 선수 출신 코치이자 감독으로 명언을 많이 남겼다_옮긴이)처럼 외쳤다. "이제 그만하고 말 좀 해 줄래?" 제이미는 무엇인가 진지하게 말할 기세를 보이다가도, 갑자기 말을 꺼낼 때처럼 주제를 바꾸거나 휴대폰을 들었다.

나는 몇 가지 전략을 세웠다. 제이미가 말하고 싶어 할 때는 귀를 기울여야 했다. 나는 그가 말을 꺼내면 반가운 나머지 마음껏 이야기하도록 놔두지 않고 끼어들었다. 하지만 말할 마음을 먹은 것 같으면 책을 덮고, 휴대폰을 내려놓고 TV도 잠시 꺼야 한다. 제이미가 문자를 보내는 등 말을 미루면 다시 말을 꺼낼 때까지 조용히 기다려야 한다.

우리의 행동 패턴을 세심하게 관찰한 결과, 제이미가 안 듣는 것처럼 보여도 실은 듣고 있다는 사실을 깨달았다. 내 말에 관심이 없는 것 같았지만 나중에 알고 보니 *다* 들은 것이다. 제이미가 시작하는 프로젝트에 도움이 될 만한 사람을 만났다고 했더니 당시에는 별말이 없다가 나중에 후속 조치를 했다. 독서광 친구가 좋아하는 스릴러 소설을 언급했을 때 제이미는 아무 말 없었지만 며칠 뒤에 그 책을 샀다. 이런 흐름을 알아차리자 기대치를 조절할 수 있었다. 제이미는 매 순간 내가 하는 말에 반응하지 않아도 사실 듣고 있었다.

경청은 쉬워 보일지 몰라도 적극적이고 까다로운 활동이다. 나는 시간이 지나면서 버거운 프로젝트를 진행할 때는 생각을 간결한 문장으로 요약하는 편이 효과적이라는 사실을 깨달았다. 생각을 명확하게 표현하려고 행복 선언, 습관 선언, 팟캐스트 선언 같은 '선언 방침'을 활용했고 지금은 경청 선언을 쓰고 있다. 제이미를 포함해 누구든 상대의 말을 경청하기 위해서다.

- 집중하는 모습을 보여 준다: 몸과 눈을 상대방에게 향하고 책이나 휴대폰을 내려놓는다. 고개를 끄덕이고 눈을 맞추며 맞장구를 치고 메모한다.
- 침묵을 깨려고 서두르지 않는다.
- 확인 질문을 한다. 상대의 표현을 바꾸거나 요약해서 내가 이해하거나 이해하지 못한다는 사실을 보여 준다.
- 상대가 하고 싶은 말을 존중한다: 상대가 어떤 주제를 꺼내면 그것에 대해 논의한다. 특정 주제를 회피한다면 꼭 필요하지 않은

한 그 주제를 다시 꺼내지 않는다.
- 성급하게 판단하거나 제안하지 않는다(나는 특정 책을 권하는 습관이 있었다).
- 휴대폰을 집어넣는다(한 연구에 따르면 테이블에 휴대폰이 있기만 해도 둘러앉은 사람들은 거리감을 느끼고 의미 있는 대화를 하지 않는다고 한다[23]).
- *나오지 않은* 말에 귀를 기울인다.
- 고통스러운 주제를 피하지 않는다(나도 모르게 이런 적이 많다).
- 내가 생각하는 해결책을 꺼내기보다 사람들이 스스로 이야기하게 한다.
- 미심쩍을 때는 *말을 멈춘다.*

나는 몇 주에 걸쳐 선언문을 수정하고 인쇄해서 사무실 코르크 판에 붙였다.

얼마 지나지 않아 선언문을 실행에 옮길 기회가 생겼다. 엘리너는 계획 세우기를 좋아한다. 토요일 내내 초콜릿 케이크를 만들 거라며 완벽한 레시피를 찾고 재료를 구입했다. 케이크를 단계별로 만들면서 중간중간 숙제할 즐거운 계획도 세웠다.

일요일 아침, 엘리너는 십 대답게 아주 늦게까지 잤고 제이미가 케이크를 만들었다. 그리고 엘리너는 격분했다.

한참 산책하고 집에 왔더니 봄 방학을 맞아 집에 있던 엘리자가 소식을 전해 줬다.

"전 아빠한테 경고했어요! 케이크를 만들기 전에 미리 물어보는 게 좋을 거라고요. 그런데 아빠가 그냥 만들었어요." 엘리자가 내게 말했다.

"맞아, 엘리너가 엄청나게 화났어." 제이미가 인정했다. "당신이 애랑 얘기 좀 해 볼래?"

"그래. 그런데 왜 안 기다렸어?"

"솔직히 엘리너가 신경 안 쓸 줄 알았어."

엘리너는 자기 방에서 우울한 표정을 짓고 있었다. "어떻게 된 거야?" 내가 물었다.

엘리너가 자기 입장을 설명하는 동안 나는 끼어들고 싶은 유혹을 억눌렀다. 그리고 그저 귀를 기울였다. 단순히 듣기만 하는 것을 넘어 아이가 어떻게 의자 등받이에 머리를 부딪치고 자기 생각을 주장하는지, 화를 가라앉히려 노력하는지 관찰했다.

나는 거의 아무 말도 하지 않고 열심히 들었다. 말하는 것보다 힘든 일이었다. 결국 엘리너는 화를 풀었다. "숙제하다 쉴 때 중고 매장에 갈래요." 엘리너에게는 다른 어떤 조언보다 경청이 훨씬 유익했다.

그때 제이미가 고개를 들이밀고 다시 한번 말했다. "정말 미안해."

"괜찮아요." 엘리너가 누그러진 목소리로 말했다. "하지만 다음번엔 꼭 물어보세요!"

"그래." 제이미는 엄지손가락을 치켜들어 보이고 나갔다. 용서받고 안도한 기색이 역력했다.

두 사람의 대화를 들으며 불현듯 *침묵(silent)*이라는 단어를 다시 배열하면 *경청(listen)*이 된다는 생각이 머리를 스쳤다. 그야말로 절묘한 표현이었다.

# 메트로폴리탄 미술관에서의
## 청각 실험

매일 메트로폴리탄 미술관에 찾아가다 보니 시각뿐만 아니라 청각, 후각, 촉각, 심지어 미각까지 온전히 오감을 탐색할 시간이 있었다. 갈수록 이 시간이 기다려졌고 미술관 유리문을 통과할 때마다 마음이 차분해졌다. 한 시간 이상이든 단 15분만 머무르든, 한 전시실에서 다른 전시실로 이동할 때 무엇이 내 관심을 끌지, 어떻게 희미한 연결고리를 찾게 될지 전혀 예측할 수 없었다.

메트로폴리탄 미술관에 가면 그곳 특유의 조용한 분위기가 좋았다. 아무도 내게 말을 걸지 않았고 많은 전시실이 조용했으며, 사람들이 붐비는 구역도 신기하게 차분한 분위기였다. 삐 소리나 쾅 소리, 고함은 거의 들리지 않았다.

가끔 여러 전시실을 돌아보며 음악을 들었다. 사운드트랙 하나가 영화의 정서적 분위기를 바꾸듯이 노래 한 곡으로 미술관에서의 경험이 바뀌기도 한다. 유독 기운이 없던 어느 날, 기분도 가라앉고 아무런 호기심도 생기지 않았다. 무거운 걸음으로 미술관에 도착해서 기분을 전환하려고 이어폰을 꺼내 더 비 피프티투스(The B-52's) 노래 〈롬(Roam)〉을 반복해서 들었다. 이 곡 덕분에 기운이 솟았다. 또 어느 날에는 제퍼슨 에어플레인(Jefferson Airplane)의 〈투데이(Today)〉와 캣 스티븐스(Cat Stevens)의 〈인투 화이트(Into White)〉를 들었다. 쓸쓸한 두 곡은 깊이 가라앉은 기분과 잘 어울렸고, 나는 음악에 젖어 더 천천히 걸으며 작품을 하나하나 오래 바라봤다.

하지만 보통은 조용히 둘러보는 편이 더 좋았다. 대부분의 미술관(그리고 교회, 식당 등 수많은 공간)들은 좀 더 자연스럽고 시끌벅적하며 편한 분위기를 추구하는 경향이 있지만 나는 메트로폴리탄 미술관처럼 격식을 차리고 절제하고, 명상적인 분위기가 좋았다. 그레이트 홀 발코니를 벗어나 웅장한 불상이 있는 전시실에 들어갈 때마다 사방에 울리던 대화가 끊기고 조용해지면 안도감을 느꼈다.

나는 메트로폴리탄 미술관에 다니면서 9개 분수 중 하나를 꼭 보러 갔다. 평화롭고 자연스러운 물소리는 미술관의 소리 환경에 다채로움을 더했고, 흐르는 물은 작품이 고요히 서 있는 전시실에 신선한 에너지를 불어넣었다.

어느 날 오후 인도에서 제작한 투각 창문 덮개(pierced window screen, 투각은 장식적으로 구멍을 내는 세공 기법을 뜻한다_옮긴이)를 살펴보다가 작은 모로코 안뜰에 있는 나무 벤치에 앉았다. 다른 전시실과 공간을 구분하는 장식 아치와 기둥, 햇볕이 잘 드는 뜰을 떠오리게 하는 머리 위 조명 판이 무척 감탄스러웠다.

중앙에는 밝고 정교한 녹색과 파란색 타일로 장식한 유리 벽이 있었고, 바닥에는 테두리에 물결무늬가 있는 하얀 돌 그릇에서 분수가 솟구쳤다. 수면 바로 밑에서 거품이 일어 물이 튀지는 않았고, 희미하게나마 들리는 물소리가 이 방에 생기를 더해 줬다.

실제 물소리는 꼭 필요한 요소였다. 녹음된 소리를 틀었다면 같은 효과를 내지 못했을 것이다. 물소리도 다시는 반복되지 않을 이 순간 실제 경험의 일부였다. 온라인 링크를 클릭하거나 스크롤을 내리는 것이 아니라 그날 오후 직접 움직여서 그 벤치에 몸을 눕혔다. 물이 돌에 부딪히는 울림을 듣는 구체적인 경험은 그 무엇도 대체하지 못한다. 이 순간 내 *삶*이 주는 느낌, 그 강렬함과 덧없음을 대신할 수 있는 건 없다.

이 실험을 시작하고 매일 메트로폴리탄 미술관에 다니면서 즐겁긴 하겠지만 할 일 목록에서 과제를 지워 가듯이 어느 정도 부담스러울 거라고 예상했다. 하지만 이제 그런 생각은 들지 않는다. 나는 미술관에 가는 게 *좋았다.*

미술관 방문에는 내가 평소에 시간을 보내는 방식과는 전혀 다른 활기가 있었다. 앉아 있지 않고 걸었고, 혼자 책상을 지키거나 누군가와 대화하는 게 아니라 사람들 속에서 침묵했다. 마음의 눈이 아니라 몸의 눈에 집중했고 시간을 최대한 효율적으로 쓰기보다 내가 하고 싶은 일을 했다.

나는 좀 더 집중하기 위해 가끔 손으로 작품 일부를 가리거나, 눈을 가늘게 뜨거나 손거울로 작품을 비춰 보는 등 세라가 제안한 방법을 활용했다. '미술관 룰렛'을 하는 날도 있었다. 메트로폴리탄 미술관 소장품을 소개한 두꺼운 책을 사서 무작위로 펼치고 특정 소장품에 관해 읽은 다음 미술관에 가서 찾아보는 식이다. 하지만 대부분은 그냥 돌아다녔다.

미술관에서 얼마나 머물렀든, 잠깐 쉬고 산책하고 오감을 충족한 후에는 에너지를 채운 상태로 책상 앞에 앉았다. 원래 스스로 끝없이 다그치는 성격이라 그 집착과 야망에 지쳤다. 하지만 자신에게서 벗어나 세상으로 나아가니 마음이 놓였다.

나는 몇 년 동안 스트레스를 줄이고 불안에 대처하는 여러 가지 전략을 실험했다. 좋은 일 하기, 친구와 대화하기, 팔 벌려 뛰기 10번… 안 해 본 것이 없다. 매일 어떤 장소를 찾아가는 건 그런 활동과는 완전히 달랐다. 메트로폴리탄 미술관에서는 부정적인 감정과 씨름하지 않고 옆으로 치워 둘 수 있었다.

사람들은 이런 기분 전환을 위해 공원이나 흥미로운 서점, 낯선 동네를 찾아가기도 한다. 제이미는 어떤 핑계를 대서라도 마트에 가며 하루에 세 번이나 간 적도 있다. 내게는 미술관이 제격이었다. 평온하게 나 자신에게 집중하는 동안 내면과 하나가 된 느낌이 들었고, 현재에 몰입하면서도 해방된 듯한 자유를 경험했다.


## 일상 속
### 소음을 지우다

메트로폴리탄 미술관을 포함해 어디서든 소리와 침묵을 민감하게 인식하는 건 마음에 들었지만 한 가지 단점이 뒤따랐다. 불쾌한 소음에 예민해진 것이다.

소음은 금방 지나가는 사소한 자극으로 생각하기 쉽지만 소음 공해는 건강과 행복에 심각한 영향을 준다. 소음은 고혈압과 심장병, 뇌졸중, 청력 감퇴, 불안, 우울증으로 이어질 수 있다. 어린이의 학습을 저해하고 수면을 방해하며 스트레스 수준을 높이고 염증을 유발하기도 한다. 시끄러운 병원에서는 환자들이 숙면하고 회복하기가 더 힘들다.[24]

사람들이 보편적으로 싫어하는 소리도 있다. 대표적인 예가 아기의 울음소리, 그리고 칠판을 손톱으로 긁을 때 나는 전형적인 소음이다. 연구에 따르면 나이나 성별, 문화에 상관없이 이런 소리를 질색한다고 한다.[25]

소음이 얼마나 거슬리는지는 상황과 통제 가능성에 따라 달라진다. 동네 작은 도서관의 조용한 작업실에서 노트북으로 글을 쓸 때는 누군가 기침하는 소리도 거슬렸지만 북적이는 커피숍에서 일할 때는 주변 사람들의 대화가 집중하는 데 도움이 됐다. 믹서기 소음은 괜찮았지만 제이미가 주방에서 쿵쾅거리고 다니면 신경이 쓰였다.

예상치 못한 소음이 갑자기 들리면 정신이 번쩍 들거나 주의가 흐트러지기 때문에 사람들은 개 짖는 소리나 수다스러운 동료의 말소리를 차단하기 위해 인공 소음을 활용한다. 백색 소음, 분홍색 소음, 갈색 소음, 파란색 소음은 특정 주파수와 진폭에 해당하는 연속적인 신호를 '색상별'로 구분한 것이다.

나는 소음의 색을 비교하려고 온라인 검색을 했다. *흰색* 소음은 모든 가청 주파수를 아우르며 TV가 지직거릴 때의 소음을 연상하면 된다. *분홍색* 소음은 다양한 주파수가 섞여 있으며 고주파 비중이 낮고 파도나 빗소리와 비슷하게 들린다. *갈색* 소음은 더 낮고 거센 바람처럼 우르릉거리는 소리다. *파란색* 소음은 비교적 높고 호스로 물을 뿌릴 때처럼 쉭쉭대는 느낌이다. *초록색* 소음은 자연의 배경 소리에 가깝다고 보면 된다. *검은색* 소음은… 침묵이다. 내가 제일 좋아하는 소음은 분홍색이었고 자연에서 녹음한 소리도 좋았다. 연구에 따르면 '숲에 내리는 가랑비'나 '졸졸 흐르는 개울물' 같은 소리는 마음을 차분하게 가라앉히는 효과가 있다. 나는 소리의 유형에 따라 정신을 특정한 상태로 유도할 수 있다는 사실을 깨달았다.

좀 조용해졌으면 하는 장소를 하나 꼽으라면 단연 식당이다. 그렇게 생각하는 사람이 나뿐만은 아니었다. 소비자 설문 조사에 따르면 사람들이 가장 불평하는 항목이 '지나친 소음'인데, 최근 몇 가지 추세 때문에 식당은 더 시끄러워졌다.

요즘 식당은 옛날처럼 소리를 흡수하는 효과가 있는 두꺼운 카펫, 무거운 커튼, 식탁보, 푹신한 커버를 잘 사용하지 않는다. 주방은 탁 트여 있으며 슬레이트, 스테인리스, 나무 같은 딱딱한 소재를 쓰기 때문에 소리가 내부에서 이리저리 산란한다. 이런 추세가 자리 잡으면서 식당 외관은 현대적으로 바뀌고 관리 비용이 저렴해졌다(딱딱한 표면은 청소하기 쉽고 소리를 흡수하는 재료는 비싸다). 게다가 연구에 따르면 시끄러운 곳에서 식사하는 속도가 빨라진다고 하니 이윤에도 도움이 될 수 있다. 하지만 소음이 미각에 부정적 영향을 미친다는 연구 결과도 있다.[26]

난 원래 시끄러운 식당을 좋아하지 않았지만, 식사 장소를 고를 때 그곳이 시끄러운 곳인지 아닌지 고려하지는 않았다. 하지만 이것은 아주 큰 실수였다!

어느 날 저녁, 친구들과 함께 간 식당은 음식이 맛있었지만 '고함 시험(shout test, 가까운 거리에서 고함을 치지 않고도 서로 대화할 수 있는지 파악하는 시험_옮긴이)'에 통과하지 못했다. 상대가 고함을 쳐야만 말소리가 들리거나 팔 길이 정도의 거리에서 말소리가 들리지 않는다면 소음이 너무 크다는 뜻이고 결국 청력 손실로 이어질 수 있다. 저녁 식사가 끝나고 식당을 나섰을 때 소음이 사라지자 안도감이 밀려왔다. 다음에 식당을 고를 때는 음식뿐만 아니라 소리의 질도 고려하겠다고 마음먹었다.

청각에 주의를 기울이고 보니 상점과 공항, 식당, 심지어 거리에서 끊임없이 울리는 배경 음악이 거슬렸다. 내가 선택한 소리도 아닌데 끄거나 볼륨을 조절할 수도 없다. 어쨌든 이런 배경 음악은 우리를 즐겁게 하기보다 조종하려는 의도가 크다. 식당에서 빠르고 시끄러운 음악을 틀어 사람들이 식사를 빨리 마치게 유도하고, 마트에서는 느린 음악으로 손님이 오래 머물게 유도한다. 매장에 머무르는 시간이 길수록 더 많은 소비로 이어지기 때문이다.

한 친구가 음악 소음을 이용한 방법을 알려 줬다. "대학 때 파티가 끝나면 사람들을 정리하려고 에어 서플라이(Air Supply)의 〈아임 올 아웃 오브 러브(I'm all out of Love)〉를 틀었어. 그러면 다들 얼른 나가더라고!" 같은 맥락에서 일부 세븐일레븐과 라이트에이드(Rite Aid, 미국의 약국 체인점_옮긴이) 매장에서는 사람들이 계산대에 오래 머무르지 않도록 클래식이나 배리 매닐로(Barry Manilow, 1970년대에 감성적인 발라드로 인기를 끈 가수_옮긴이) 같은 음악을 틀었다.[27]

내 삶에도 좋아하는 소리를 추가하고 싫은 소리를 제거해서 청각 환경을 조성할 수 있다. 주기적으로 집과 사무실을 청소하고 잡동사니를 버리듯이 소음도 치워야 했다.

나는 소음을 줄이기 위해 제이미에게 화상 통화를 할 때 이어폰을 쓰라고 부탁했다. 그래야 뜻 모를 소리를 듣지 않아도 되기 때문이다. 또 스팸 전화를 줄이려고 집 전화와 휴대폰 번호를 미국 전화

수신 거부 목록(National Do Not Call Registry)에 등록했다. 휴대폰 벨소리나 진동이 들린다고 착각하는 알람 착각(fauxcellarm), 벨소리 불안(ringxiety)을 떨치기 위해 무음 모드로 전환하기도 했다.

제이미는 침대 옆 탁자에 시계 라디오를 놓아두는데, 어쩌다 설정을 건드렸는지 매일 정오에 소리가 울리기 시작했다. 몇 달 동안 소리가 날 때마다 일일이 알람을 끄다가 알람 자체를 해제하는 법을 알아냈다(4초쯤 걸렸다). 그러자 거슬리는 소음이 사라졌다.

시계 라디오라고 하니 떠오르는 기억이 있다. 결혼 생활 내내 제이미와 나는 밤새도록 라디오 뉴스를 들었는데, 이렇게 계속 소음에 노출되면 귀에 좋지 않을 것 같았다. 게다가 엘리자나 엘리너가 우리 방에 와서 이렇게 말했다. "소리가 너무 커요! 볼륨 좀 줄여 주세요." 그래서 제이미에게 청취 습관을 바꾸자고 했다. 이제 우리는 낮은 볼륨으로 팟캐스트를 듣고 30분 후에 꺼지도록 '취침 타이머' 기능을 사용한다.

나는 소음을 줄일 방법을 끊임없이 고민했다. 그러다 한 콘퍼런스에서 진행자가 하모니카를 부는 순간 참석자들이 조용해지는 장면을 목격하고 깊은 인상을 받았다. 하모니카를 연주한 것도 아니고 그냥 불었을 뿐이다. 조용히 하라고 고함치는 것보다 우아하고, 포크로 유리잔을 두드리는 것보다 기분 좋은 소리였다. 작은 변화가 놀라울 정도로 큰 효과를 가져온다.

# 일상 속
## 침묵을 키우다

예전보다 소리에 주의를 기울이는 만큼, 아름다운 침묵을 마주칠 때는 놓치지 않으려 애썼다. 나는 늘 벽난로에서 재가 후드득 떨어지는 소리, 고양이와 백조가 조용히 움직이는 소리, 머리를 자를 때 머리카락이 떨어지는 소리 등 침묵에 가까운 소리를 좋아했다. 그리고 침묵에 깊은 매혹을 느꼈다. 침묵을 중시하는 종파에 끌렸고 카르멜 수도회(Carmelite Order) 소속인 리지외의 테레사(Saint Thérèse of Lisieux)를 따르는 제자이기도 하다. 평범한 사람들이 침묵을 추구하는 과정을 담은 글도 많이 읽었다.

    센트럴 파크에 갈 때마다 공원 가장자리는 자동차 소리와 공사 소음, 사람들 목소리로 시끄러웠다. 하지만 공원 깊숙이 들어가면 도시의 소음이 잦아들고 새 소리와 나무를 흔드는 바람 소리가 들렸다. 버스가 지나가고, 자동차 엔진이 꺼지고, 에어컨이 마지막 숨을 쉬며 멎는 순간에 절묘한 정적이 찾아온다. 이 도시의 정적은 더할 나위 없이 아름다웠다.

    나는 일상에서도 간절히 침묵을 경험하고 싶었다. 한 가지 이유는 어떤 자연스러운 한계를 넘은 듯 말문이 막혔기 때문이다. 인간은 평생 약 5억 단어를 말하고 남녀 모두 매일 1만 6천 단어를 말한다고 한다.[28] 나는 그 할당량을 초과한 건 아닌지 궁금해졌다. 토스트 조각에 잼을 너무 얇게 바른 것처럼, 내 언어가 끊어질 듯 말 듯 혹사하는 느낌이었다.

동료 작가이며 팟캐스트를 운영하는 지인도 같은 경험을 했다고 말했다. "매일 쓸 수 있는 단어 수가 한정된 것 같아요. 그걸 다 써 버리면 느낌이 와요."

"내 말이 그 말이에요!" 나도 힘주어 말했다.

침묵을 경험하려면 묵언 수행을 떠나는 것도 방법이다. 나는 온라인으로 적당한 곳을 검색했다. 막연히 수도원 같은 곳을 떠올렸는데 조사해 보니 묵언 수행은 대부분 명상 위주였다. 나는 명상보다 침묵 자체를 원했다.

게다가 낯선 장소에 가면 풍경이며 숙소, 음식, 무엇보다 타인에게 신경을 써야 하니 그 자체가 모험이다. 이 수련에서 바라는 건 모험이 아니라 그저 침묵과 고독이었다. 제대로 계획을 세운다면 집에서도 침묵과 고독을 경험할 수 있을 듯했다.

그래서 집을 떠나 다른 곳으로 가려던 계획을 접고, 가족들의 짐을 싸서 시부모님 집으로 보내고 나 혼자 집에 남았다. 밖으로 나가는 걸 좋아하는 사람도 많지만 나는 집에 있는 편을 선호한다.

그렇게 사흘 동안 아무 말도 하지 않고 팟캐스트, 오디오북, TV, 음악도 틀지 않았다. 혼잡한 뉴욕에 살다 보니 밖으로 나가면 음악과 사람들의 말소리가 들렸지만 내게 말을 거는 사람은 없었다.

그래서 좋았다. 나는 침묵으로 가뿐해졌다. 지금까지 경험하지 못한 평온함이었다. 이렇게 고요한 생활이 무척 즐거웠지만 정작 그 순간에는 놀라울 정도로 잘 인식하지 못했다. 생각 자체가 소음을 일으켰기 때문이다. 매일 산책을 나서면서 팟캐스트가 없으면 침묵을 의식했지만 일단 걷기 시작하면 다시는 떠올리지 않았다.

게다가 내가 경험하는 침묵은 무척 시끄러웠다. 아파트 바깥에서는 사이렌 소리와 트럭의 경적, 오토바이가 속도를 올리는 소리, 개 짖는 소리, 지나가는 자동차의 음악 소리가 들렸다. 아파트 안에서는 건물 엘리베이터가 철컹거리는 소리, 이 집 저 집의 가전제품이 딸깍거리고 윙윙대는 소리가 들렸다. 이런 소리는 별로 거슬리지 않았고, 결국 내가 추구하는 침묵은 순수한 정적이 아니라 *사람*의 소리를 차단하는 것이었다. 연구에 따르면 우리가 깨어 있는 동안 말하거나 누군가의 말을 듣는 데 쓰는 시간이 1/3 정도라고 한다. 나는 바로 그 소음을 없애고 싶었다.

집에서의 묵언 수행 덕분에 내 습관을 제대로 파악할 수 있었다. 글을 쓰느라 정신없이 바쁠 때는 보통 새벽 4시 30분이나 5시에 일어난다. 스스로 아침형 인간의 에너지를 활용하기 위한 전략이라고 여겼지만, 사실 가족과 도시가 잠에서 깨기 전에 몇 시간 정도 침묵 속에서 보내고 싶은 마음도 있었다.

나는 역설적인 사실을 깨달았다. 깊은 침묵은 마치 포효하듯 울리고, 침묵에 희미한 소음이 더해지면 더 부드럽고 유쾌해진다. 몇 년 전 미시시피주 투펄로(Tupelo)에 있는 한 호텔에서 잠들었다가 열차의 기적 소리에 잠이 번쩍 깼다. 그 소리와 함께 어린 시절로 돌아가서 네브래스카주 노스플레트(North Platte) 대평원에 있는 할아버지 할머니 댁 침대에 누워 있는 것만 같았다. 그곳에서는 한밤중에 종종 열차 기적 소리가 들렸다. 할아버지가 유니언 퍼시픽 철도(Union Pacific Railroad)에 기술자로 근무했기에 나는 그 소리에 유난히 자부심과 유대감을 느꼈다. 거칠고 자유로우며 안전하고 보호받는 느낌을 주는 소리였다. 그 기적 소리와 어린 시절의 추억 덕분에 호텔 방에 다시 깔린 침묵은 한층 더 포근해졌다.

묵언 수행은 참 즐거웠지만 사흘로 충분했다. 엘리너가 현관문을 두드리며 "우리 왔어요!"라고 외치는 소리에 무척 행복했다.


## 듣는다는 것의 새로운 의미

실험을 시작하기 전에는 전경 감각인 시각과 후각에만 열중했고 청각에는 소홀했다. 이제는 배경 감각에서 청각을 끄집어내어 음악의 즐거움과 대화의 신비, 웃음의 순수한 재미, 침묵의 평온함을 제대로 알게 됐다.

들을수록 더 듣고 싶었다. 펩토비스몰(Pepto-Bismol) 알약 포장지를 뜯을 때 나는 바스락 소리, 매번 깜짝 놀라긴 해도 책상 앞에 앉아 갈매기 울음소리가 들릴 때면 잠시 멈춰 그 순간을 음미했다. 주말에 혼자 있을 때면 침묵이 얼마나 회복에 도움이 되는지 실감했다. 머릿속이 지나치게 시끄러울 때 침묵이 주는 안정감은 소리만이 줄 수 있는 또 다른 힘이었다.

이제는 노래 위주로 음악을 감상하는 법을 터득했고 음악 감상이 훨씬 즐거워졌다. 새로운 음악을 듣지도, 지식을 쌓지도 않았다는 막연한 죄책감 대신 좋아하는 노래를 들을 때마다 신중하게 메모를 남겼다. 어느 날 저녁에는 식당에서 친구를 기다리는데 스티비 원더의

〈슈퍼스티션(Superstition)〉이 흘러나왔다. 무심결에 노래가 좋다고 생각하고 그냥 넘기지 않고, 휴대폰을 꺼내 소리 치유소 플레이리스트에 추가했다.

오랫동안 음악을 외면해 온 나에게 이런 변화는 놀라운 행복이었다. 덕분에 새로운 정체성도 얻었다. 음악을 엄청나게 좋아하지는 않는다고 말하던 과거와는 달리 이제는 노래를 정말 좋아한다고 말할 수 있게 됐다.

음악을 예전보다 많이 듣다 보니 머릿속에 자꾸 선율이 맴돌았다. 이상하게도 최근에 들은 곡보다 프린스(Prince)의 〈키스(Kiss)〉처럼 한동안 듣지 않았던 노래가 자꾸 떠올랐다. 뇌의 음악 관련 영역이 활성화돼서인지, 아니면 머릿속에 떠오르는 음악도 그냥 지나치지 않을 정도로 전반적으로 음악에 관심이 높아져서인지는 확실하지 않았다.

음악과 침묵을 더 즐기게 된 것보다 중요한 변화는 주변 사람들과 유대감이 깊어졌다는 점이다. 그들의 말을 더 잘 듣게 되자 더 사랑하고 이해하고 도와줄 수 있었다. 엘리너가 친구들과 곤란한 일이 생겼다며 한참 동안 얘기할 때도 조언하기보다 (주로) "그래서 뭐라고 했어?", "정말 속상했겠다" 같은 말을 건넸다.

게다가 웃는 일도 늘었다. 최근에 부용(bouillon, 고기나 채소를 끓여 만든 프랑스식 육수_옮긴이)에 푹 빠져, 오후에 엘리너와 제이미에게 그 맛을 한참 설명했다. "그게 뭐예요?" 엘리너가 의아한 표정으로 물었다. "그냥 국물이야." 설명하면서 왠지 계속 웃음이 났다. 발음 자체가 우스웠기 때문이다. "국물, 국물, 국물!" 나는 그 단어를 거듭 외쳤다. "이제 국물이라는 단어가 의미를 잃어버렸어!" 딸과 남편은 내가 왜 웃는지 이해하지 못하는 눈치였고 나도 정확히 알 수 없었다. 하지만 다 함께 웃음을 터뜨린 후부터는 멈출 수 없었다.

시각과 청각을 연구하며 깨달은 점을 되새기다가, 이런 실험이 내 몸에 집중하는 데 도움이 된다는 사실을 깨달았다. 나는 평소 긴장과 흥분이 잦은 성격이었고 쉽게 화를 내고 불안해했다. 불안하면 말이 너무 빨라지고 가만히 있지 못했으며 형편없는 배우처럼 쉴 새 없이 손을 움직였다. 하지만 감각에 집중하면서 평소의 불안에서 벗어나 진정할 수 있었다. 블랙커피에 하얀 크림이 스며드는 모습을 가만히 관찰하거나 폭풍이 몰아치는 도로를 달리는 제설기의 덜컹거리는 소리를 들으며 안도감을 느꼈다. 왠지 모르게 나는 늘 그 소리가 좋았다.

산만한 디지털 세상은 내 정신을 흩트리지만, 일부러 물리적인 환경으로 주의를 돌릴 때마다 활력과 연결감을 되찾았다. 내 몸은 나의 피난처였다. 언제든 그곳으로 돌아가 영혼을 달랠 수 있었다.

〈연꽃 향기를 맡는 메수(Mesu Smelling a Lotus)〉
작품 연도 기원전 1524~1504, 신왕국 아멘호테프 1세 통치 시기

# 후각

## 보이지 않지만
## 삶을 움직이는 향기

그가 처음 인식한 것은
창문으로 들어오는 가볍고 건조한 바람이었다.
뜨거운 햇살과 쑥부쟁이, 달콤한 클로버의 향이
바람에 실려 왔다. 온몸이 가벼워지는 듯했고,
심장은 어린아이처럼 "오늘, 오늘"을 속삭이는 것 같았다.
_윌라 캐더(Willa Cather),
《대주교에게 죽음이 오다(Death Comes for the Archbishop)》

FIVE SENSE ≫    얼마 전에 사무실 건물 로비에 들어섰을 때 식물로 둘러싸인 분수 조형물이 눈에 들어왔다. 1970년대에는 세련되어 보였을 법한 공간이었다. 식물은 다소 초라했고 조각상은 구식이었지만 그건 중요하지 않았다. 나를 멈추게 한 것은 겉모습이 아니라 그 향기였다.

어린 시절에는 매주 동네 도서관을 찾았다. 아동 도서는 아래층에, 성인용은 위층에 있었고 건물 한쪽 유리창 뒤에는 식물로 둘러싸인 2층 분수대가 있었다. 이 독특한 분수는 폭이 좁은 5미터 높이의 수직 관에서 물이 보글보글 끓어오르듯 위로 솟았다가 꼭대기에 이르러 퍼지면서 부드럽게 측면을 타고 흘러내리는 구조였다.

그 도서관 분수에서는 물과 흙이 어우러진 특별한 향이 났다. 좋다 나쁘다 말할 수 없는 독특한 향기였고 마치 야외에서 나는 냄새를 실내로 들여온 듯한 인상을 주었다. (나는 무대 위의 우산처럼 실내와 실외의 경계가 흐려지는 순간에 매료된다.) 도서관을 리모델링하면서 분수는 사라졌고 나 역시 수십 년 동안 그곳을 떠올리지 않았다. 그런데 이 사무실 로비의 향기가 순간적으로 나를 어린 시절의 도서관으로 데려다주었다.

어머니와 동생이 대출 카운터에서 기다리는 동안 나 혼자 느릿한 물줄기를 바라보던 기억이 생생하게 되살아났다. 어린 시절 추운 겨울 날 도서관으로 향하던 그 설렘이 다시 피어올랐다.

그 향기는 내게 평생의 사랑이었고 이제는 사라진 그 도서관을 돌려주었다. 나는 당시 그곳에서 일하던 사서 중에 모르는 사람이 없었고 두 층의 모든 구석을 잘 알고 있었다. 게다가 그 책들은 끝없는 모험을 약속하며 나를 유혹했다. 과거를 떠올리던 나는 심호흡을 몇 번 한 뒤 정신을 가다듬고 엘리베이터 쪽으로 걸음을 옮겼다.

오감을 탐구하기 시작할 때 청각에는 별다른 관심이 없었지만 후각에는 특별한 열정이 있었다. 나는 후각을 *사랑*했다. 후각은 오래 머무르지 않기에 그 순간을 생생하게 느끼게 해 주는 동시에 과거의 기억을 선명하게 불러오는 힘이 있다. 유칼립투스 향은 샌프란시스코에서 보낸 10개월을 떠올리게 했다. 돈이나 시간, 기력을 들이지 않아도 마음껏 아름다운 향에 취할 수 있었다.

후각은 일상 속 자잘한 정보를 전해 주기도 했다. 어느 화창한 수요일 아침, 건물을 나서는 순간 여러 이웃의 상황이 냄새로 전해졌다. 오늘은 쓰레기 수거일이고 길모퉁이 음식 가판대에서 베이컨을 굽고 있으며 지나가던 누군가는 이른 아침부터 대마초를 피웠다.

우리는 보통 냄새가 콧구멍으로 들어온다고 생각하지만 실제로는 코 안쪽 높은 곳에 있는 특수한 감각 수용체 세포가 이를 감지한다. 피자 상자를 열 때 미세한 분자가 콧구멍을 지나 이 수용체를 자극하면, 수용체는 뇌의 후각구(olfactory bulb)로 전기 신호를 보낸다. 이 신호는 다시 뇌의 여러 영역으로 전달되어 냄새를 식별하고 기억 및 감정과 연결하며 다른 감각과 통합된다.

하지만 더욱 놀라운 것은 냄새가 입을 통해서도 후각 신경에 도달할 수 있다는 사실이다. 물론 우리는 주로 코로 피자 냄새를 맡지만 후비강성 후각(retronasal olfaction)은 입안에 있는 음식의 냄새를 감지한다. 숨을 내쉴 때 음식 냄새가 입 뒤쪽의 통로를 통해 코로 전달되는 원리다.

이 과정은 우리가 음식과 음료를 즐길 때 결정적인 역할을 한다. 무언가를 입에 넣으면 냄새와 맛이 결합하여 '풍미'를 창조한다. 복잡한 풍미를 제대로 경험하려면 후각이 필수적이다. 후각이 없으면 단맛, 짠맛, 쓴맛, 신맛, 감칠맛 같은 기본적인 맛만 구분하기 때문이다. 직접 실험해 본 결과 손으로 코를 막고 젤리를 입에 넣었더니 진하고 단순한 *단맛*만 느껴졌지만 손을 뗀 순간 풍부한 *체리* 향이 선명하게 느껴졌다. (참고로 코로 가는 혈류량을 늘리면 후각이 더 예민해진다고 한다. 그래서 연구자와 조향사가 코 감각을 깨우려고 계단을 뛰어오른다.)

후각은 다른 감각과 마찬가지로 주변 환경을 이해하는 데 중요한 정보를 제공한다. 불이나 썩은 음식, 오물 같은 위험 신호부터 새 차나 중고 서점에서 나는 매력적인 향기까지 다양한 냄새가 우리를 깨운다.

나는 육두구 향을 좋아하고 곰팡내를 싫어하는데, 흥미롭게도 맛에 대한 선호는 선천적이지만 후각 취향은 그렇지 않다. 이는 이해할 수 있는 현상이다. 음식은 생존과 직결되기 때문에 갓난아기도 쓴맛을 회피하고 영양분을 동반하는 단맛을 선호하도록 진화했다. 하지만 자연은 특정 냄새로 우리를 위협하지 않는다. 히아신스, 스컹크, 상한 우유 냄새에 대한 평가는 태어나기 전 어머니의 식습관, 문화적 배경, 개인적 경험, 건강, 유행에 따라 달라진다. 기대감도 경험에 영향을 미치기 때문에 '파르메산 치즈' VS '토사물'이나 '소나무' VS '소독 세정제'처럼 같은 냄새라도 맥락에 따라 전혀 다른 반응을 일으킨다.

휘발유 냄새가 좋은지 싫은지도 사람마다 엇갈린다. '신선한' 냄새라 하면 소나무일까, 꽃일까, 바다일까? '시트러스 향을 맡으면 기분이 좋다', '페퍼민트 향을 맡으면 힘이 난다' 같은 연상은 순전히 학습된 결과다. 미국인은 라벤더 향을 '편안하다'고 느끼는 반면 브라질인은 '활기차다'고 느낀다. 미 국방성 인지 심리학자인 패멀라 돌턴(Pamela Dalton)이 악취 폭탄을 개발하는 과정에서 연구한 결과에 따르면 사람들은 같은 냄새에 전혀 다른 반응을 보이기도 한다.[29] 한 부동산 중개인이 내게 말했다. "나는 고객에게 '깨끗함에는 냄새가 없다'라는 말을 자주 해요. 손님이 어떻게 반응할지 모르니까 향을 추가하지 말고 그냥 냄새를 없애라고요."

다른 감각과 마찬가지로 어떤 냄새에 익숙해지면 선호도 달라진다. 〈81〉이라는 노래를 여러 번 듣고 나서 겨우 익숙해졌듯이, 처음에는 카날 플라워(Canal Flower) 향수가 마음에 들지 않았다. 자극적이고 꽃내음이 너무 강하다고 느꼈는데 어느 날 백화점에서 우연히 샘플 향을 맡고 생각이 달라졌다. 향을 들이마시는 순간 갑자기 마음에 쏙 들어서 한 병 구매했고 몇 주 동안 매일 뿌렸다.

하지만 카날 플라워 향을 아무리 좋아해도 원하는 만큼 오래 즐길 수는 없었다. 우리의 코는 본질적으로 차이를 감지하는 기관이고 특정 냄새를 일관되게 인식하기보다 변화를 포착하여 새로운 가능성, 잠재적 위험을 알리는 역할을 한다. 그래서 '냄새 피로(odor fatigue)'나 '후각 순응(olfactory adaptation)' 현상이 발생해 처음에는 선명하던 냄새도 인식하고 나면 금방 사라져 버린다.

단 1분 정도만 깊게 숨을 쉬어도 냄새 강도는 점점 약해진다. 예를 들어 카페에 들어서는 순간 진한 커피 향이 기분 좋게 느껴지지만 금세 그 향은 점차 의식에서 사라진다. 만약 몇 달 동안 바리스타로 일한다면 카페 문을 열고 들어가는 순간부터 후각 적응이 이루어질 것이다. 사실 냄새가 강하고 지속적일수록 후각은 더 잘 적응한다. '향 과학자' 에이버리 길버트(Avery Gilbert)는 "마늘 공장에서 단 10분 동안 작업하면 마늘 냄새를 풍기는 사람과 10분간 대화할 때보다 훨씬 강력한 후각 적응이 일어난다"[30]라고 지적했다.

이런 적응 현상 때문에 내가 느끼는 우리 집 냄새는 손님이 느끼는 냄새와 다르다. 내가 모르는 사이에 집 안에 개 사료 냄새가 배어 있지는 않을까 늘 걱정스럽다. 소리는 배경음을 없앨 수 있지만 의식을 집중하면 다시 들을 수 있다. 하지만 냄새는 그렇지 않다. 이미 적응한 냄새를 다시 감지하려면 그 냄새가 낯설어져야 한다. 내 집의 진짜 냄새를 알기 위해서는 최소한 일주일 정도 집을 떠나야 한다.

2015년 어느 날 밤 후각 때문에 깜짝 놀란 적이 있다. 화장실에 가려고 잠에서 깬 나는 잠결에 침대에 앉아 있다가 연기 냄새에 정신이 번쩍 들었다. "일어나! 불 냄새가 나!" 나는 제이미를 흔들며 소리쳤다. 제이미와 나는 벌떡 일어나 집안을 샅샅이 살폈지만 특별한 이상은 없어 보였다.

제이미가 여전히 누워 있는 침실로 돌아가서 다시 물었다. "정말 냄새 안 나? 뭔가 타는 것 같은데?" 나는 평소 과민 반응이 심한 편이라, 남편이 무심하게 "그래, 냄새나네"라고 대답하자 마음이 놓이면서도 걱정이 밀려들었다. 그러다 문득 창문을 열었더니 냄새가 훨씬 강해졌다.

"라디오를 켜 보자. 냄새가 밖에서 나는 듯해." 제이미가 말했다.

곧이어 뉴저지 허드슨강 인근에서 대형 화재가 발생했다는 뉴스를 들었다. 만약 그 불이 우리 건물에서 났다면 그날 밤 화장실에 가려고 우연히 깬 것이 천운이었을 테다. 연구에 따르면 소리와 달리 냄새만으로는 사람이 잠에서 잘 깨지 않는다고 한다.

선천적 후각 상실은 드물지만 노화와 함께 후각을 잃는 경우는 흔하다. 서양 사회에서는 일반적으로 후각을 과소평가하고 그리 중요하지 않아도 그럭저럭 쓸 만한 감각 정도로 여기지만 다른 문화권에서는 사정이 다르다. 예를 들어 안다만 제도(Andaman Islands)의 옹게(Onge)족은 후각을 훨씬 중요하게 생각한다. 이들의 달력은 특정 계절에 꽃을 피우는 식물의 향기를 기준으로 구성되고 인사할 때 "코는 어때요?"라고 묻는 문화가 있다.

코로나19 팬데믹 이후로 미국을 비롯한 여러 국가에서 후각을 경시하던 태도가 바뀌었다. 바이러스 감염으로 후각과 미각을 상실하거나 감각이 왜곡되자 사람들은 비로소 냄새의 중요성을 실감했다.

한 친구는 코로나19에 감염된 후 몇 달 동안 후각과 미각을 완전히 잃었다. 그리고 이렇게 말했다. "밀실 공포증이 생겼어. 온 세상이 혼탁해지고 숨 막히더라고. 콤부차를 마시면 식초와 거품 덕분에 감각이 좀 살아나는 것 같아서 많이 마셨어. 식감을 살리려고 오트밀에 호두와 말린 과일을 넣기도 했지."

원인이 무엇이든 냄새를 맡지 못하는 사람은 상한 고기 냄새, 연기, 가스 누출 같은 중요한 신호를 놓치기 쉽다. 건강한 식습관을 유지하기도 힘들다. 음식이 맛있다고 느끼지 못해 체중이 줄거나 반대로 아무리 먹어도 만족스럽지 못해 과식하고 살이 찌는 경우가 많다.

사람들은 냄새를 맡지 못하면 세계와 단절된 느낌을 받는다고 한다. 나 역시 심한 감기에 걸렸을 때 이런 단절을 겪었다. 센트럴 파크를 거닐 때면 승객을 태우려고 기다리는 마차의 말이 뿜는 체취, 보트 연못의 물기 섞인 공기가 느껴지지 않아서 마치 영화 속 장면을 보거나 유리창에 갇힌 기분이 들었다.

무엇보다 후각 상실은 고립감으로 이어진다. 한 여성이 보낸 이메일에 이런 내용이 있었다. '코로나19로 후각을 잃었을 때 가장 그리웠던 건 밤에 남편 가슴에 머리를 기대면 느껴지던 냄새였어요.'

후각은 다른 감각에 비해 가장 원초적인 감각으로 여겨진다. 특히 체취나 냄새에 관한 이야기 자체가 어딘가 동물적이고 다듬어지지 않은 느낌이 난다. 기업에서 임원 전용 화장실을 따로 두는 관행은 인간 사회의 이런 측면을 솔직히 인정한다는 면에서 무척 흥미롭다.

일반적으로 공공장소에서 코를 킁킁거리며 냄새를 맡는 행동은 무례해 보인다. 음식 냄새를 맡을 때도 예외는 아니다. 어느 날 뷔페에서 줄을 서다가 커다란 수프 통 앞에서 멈췄다. '해산물 초피노(Seafood Cioppino, 이탈리아식 토마토 스튜_옮긴이)'가 먹을 만한지 감이 잡히지 않아서 몸을 숙여 깊이 냄새를 들이마셨다. 그 순간에도 머릿속으로는 '이건 사회 규범을 심각하게 위반하는 행동 같은데'라고 생각했지만 이미 늦었다. 내 옆에 서 있던 여자가 말했다. "아니, 이게 무슨 짓이에요?" 나는 얼른 사과하고 자리를 피했다. 하지만 정말로 내가 무슨 해를 끼친 걸까? 얼굴을 수프에 닿을 정도로 가까이 대지도 않았는데 그런 식으로 냄새를 맡은 게 잘못이었나? 깊이 향기를 들이마셔도 예의에 어긋나지 않는 곳은 꽃가게나 향수 판매대뿐일 듯하다.


## 코도
### 가르쳐야 한다

나는 후각에 심취해서 더 탐구하고 즐기고 싶었다. 매년 크리스마스 시즌에 맡을 수 있는 수선화 향기를 사랑하지만, 막상 12월이 되면 왜 번거롭게 돈까지 들여 꽃을 사야 할까 싶어 다음 해로 미뤘다. 그러다 결국 한 번도 사지 못했다. 하지만 이제는 그 꽃을 꼭 사야겠다는 생각이 들었다.

생활하다 보면 감각이 배경으로 밀려나고 코가 제공하는 정보를 알아채지 못하는 경우가 너무 많았다. 후각을 소중히 여겼지만 정작 잘 알지는 못했다. 우리는 사랑하는 것에 대해 알고 싶어 하고 경험이 늘어날수록 더 많은 것을 얻는다. 음악, 예술, 영화, 음식, 와인을 연구하는 사람은 많지만 후각을 배우려는 사람은 드물다. 그래서 나는 수업을 듣기로 결심했다.

뉴욕 생활의 장점 중 하나는 어떤 주제든 강좌를 찾을 수 있다는 점이다. 프랫 인스티튜트(Pratt Institute, 뉴욕 브루클린에 있는 사립 예술 및 디자인 대학_옮긴이)에서 '향수 제조 기술과 향의 언어 입문'과 '고급 향수학'이라는 6주 과정을 발견했고, 두 강좌 모두 등록했다.

첫 수업이 있는 토요일 아침, 지하철을 타고 브루클린에 본교를 둔 프랫 인스티튜트의 14번가와 7번가 캠퍼스 건물로 향했다. 회사나 학교를 둘러보며 다른 사람의 일상과 공간 활용 방식을 관찰하는 것을 좋아해서 일부러 일찍 도착했다. 게시판 안내문을 읽고 자판기 간식을 살펴보며 교수들의 사무실을 흘깃거렸다. 마침내 교실로 들어섰다.

우리는 실험실 탁자 주위에 놓인 높고 불편한 의자에 앉았다. 이 수업이 본질적으로 과학 강좌임을 강조하는 분위기였다. 학우들은 연령대가 대부분 20대나 30대, 40대였고 각기 배경과 붙임성, 매력이 다 달랐다. 우리는 교실을 돌며 자기소개를 했다. 많은 이가 향수 제작을 꿈꿨고 어떤 이는 난민 구호 같은 전혀 다른 분야에서 일했으며, 평소 관심 없던 주제를 탐구하고 싶어 했다. 행복에 관한 글을 많이 쓴 나로서는 레이먼드 매츠(Raymond Matts) 교수가 크리니크의 인기 향수 '해피(Happy)'를 디자인했다는 사실이 좋은 징조 같았다.

이후 몇 주 동안 우리는 향수의 역사, 후각의 작용 원리, 향수에 쓰이는 용어, 향수의 구성 요소 등을 배웠다.

수업 때마다 교수님은 조언과 훈계, 당부를 아끼지 않았고 나는 그 가르침을 공책에 꼼꼼히 기록했다.

- 코를 맑게 하려고 커피콩을 사용하지 마세요. 그건 근거 없는 생각입니다. 그보다는 팔꿈치 안쪽 냄새를 맡아 보세요. 그게 여러분의 진짜 체취예요.
- 향을 층층이 쌓지 마세요. 훌륭한 향에는 복잡하고 섬세한 균형이 필요합니다. 분무기로 뿌린 향을 기준으로 판단하지 마세요. 자기 피부에 직접 시험해야 합니다.
- '과일 향'과 '시트러스 향'을 혼동하지 마세요. 둘은 전혀 다른 향이니까요. 공중에 향수를 뿌리고 그 사이로 걸어가지 마세요.
- 아름다운 향을 만들려면 나쁜 향을 첨가해야 할 때가 많아요.
- 향수에 '화학 물질'을 넣기 싫다는 사람이 많은데, 사실 모든 게 화학 물질입니다. 물도 마찬가지고요.
- 모든 냄새를 경험하세요. 부러진 나뭇가지, 가죽 가방 안쪽, 오렌지 껍질, 심지어 구릿한 발 냄새도 맡아 봐요.
- 시향지를 제대로 사용하려면 한쪽 끝을 쥐고 반대쪽을 향수로 적신 다음 완전히 마를 때까지 기다리세요. 그런 다음 양쪽 콧구멍 아래로 왔다 갔다 하며 냄새를 맡으세요. 두 콧구멍에서 다른 느낌이 날 거예요.

두 눈으로 깊이를 감지하고 두 귀로 소리의 방향을 판단하듯이, 콧구멍이 두 개라서 냄새를 더욱 정교하게 인식할 수 있다는 사실을 처음 알았다. 각 콧구멍은 공기를 흡입하는 속도가 미세하게 달라서 뇌에 전달하는 정보도 차이가 난다. 집에 돌아와서 케이퍼(caper, 식초에 절인 꽃봉오리 향신료_옮긴이) 병을 열고 왼쪽 콧구멍, 오른쪽 콧구멍을 번갈아 가며 냄새를 맡아 보니 확실히 차이가 있었다. 양쪽 콧구멍으로 동시에 들이마시자 향이 더 선명하게 느껴졌다.

수업에서 배운 내용에 따르면 향수는 '노트', 곧 인지되는 향으로 구성되고 향수를 뿌린 후 노트가 나타나는 속도에 따라 세 가지로 분류된다. 각 노트의 다양한 범주가 후각 피라미드(olfactory pyramid)를 형성하며 곧바로 느껴지는 탑 노트, 탑 노트가 사라지면 나타나는 미들 노트, 마지막에 나타나고 다른 노트를 유지해 주는 베이스 노트로 구분된다. 이 세 가지 노트가 어우러져 하나의 향을 완성한다.

〈고급 향수학〉 수업에서는 후각 피라미드의 18개 범주를 모두 체험했다. 피라미드 꼭대기의 시트러스로 시작해 신선한 상쾌함(New Freshness)과 아로마(Aromatic) 같은 탑 노트, 그린(Green, 풀잎처럼 상큼한 향_옮긴이), 알데하이드(Aldehyde, 유기 화합물의 일종, 비누 향_옮긴이) 같은 미들 노트를 지나 호박(Amber, 호박석이 연상되는 따뜻한 향_옮긴이), 파우더리(Powdery, 포근한 베이비 파우더 향_옮긴이), 그리고 맨 아래에 있는 머스크(Musk, 동물적이면서 묵직한 향_옮긴이) 등의 베이스 노트까지 맡아 봤다. 내 취향은 (평범하게도) 플로럴(Floral) 계열이었다.

투명한 유리병에 담긴 향료를 시향지에 묻혀 맡아 보는 경험은 말로 표현하기 어려웠다. 수업에서는 "햇볕에 말린 잔디 같아", "주방 세제 향이야", "따뜻한 삼나무 옷장이 생각나" 같은 표현이 오갔고 통조림 옥수수, 젖은 휴지, 익힌 당근, 수영장 등 엉뚱한 연상이 떠오르기도 했다.

매주 토요일, 우리는 의자에 앉아 향을 분석했다. 베이스 노트를 공부할 때 몰약(Myrrh, 나무에서 채취한 고무 수지, 따뜻하고 매콤한 향_옮긴이)은 마음에 들었지만 랍다넘(Labdanum, 깊고 달콤한 수지 향_옮긴이)은 별로였다. 그러다 피라미드 최하층의 머스크를 맡았을 때는 당혹스러웠다. 평소처럼 시향지를 담갔지만 아무런 향도 느껴지지 않았기 때문이다. 〈벌거벗은 임금님〉 이야기처럼 나만 느끼지 못하는 건가? 하지만 다른 학생들은 평소와 다름없어 보였다.

"향이 나요?" 나는 목소리를 낮춰 옆자리 학생에게 물었다.

"그럼요. 냄새 안 나요?" 그가 당황한 목소리로 말했다.

"안 나는데요."

"시향지가 안 젖은 거 아닐까요? 내 걸로 해 봐요." 그가 시향지를 건넸지만 여전히 아무런 향도 느껴지지 않았다.

손을 들고 냄새가 전혀 나지 않는다고 말하려니 괜히 민망했다.

"안 날 수도 있어요. 머스크 향을 못 맡는 사람이 꽤 많거든요." 교수님이 담담하게 말했다.

처음에는 안도감이 밀려왔다. 잠깐, 그런데 내가 냄새를 못 맡는다고? 강의 자료에 따르면 머스크는 1990년대부터 대중적인 인기를 끈 향료였다. 다른 향과 조화하기 쉬웠고 생산 비용도 저렴했기 때문이다. 반 친구들이 진지하게 코를 쿵쿵거리며 암브레톨리드(ambrettolide)나 에틸렌 브라실레이트(ethylene brassylate)에 대해 필기하는 모습을 보니 나만 뒤쳐진 듯한 기분이 들었다. 특정 후각 범주를 감지하지 못할 줄은 미처 생각하지 못했다.

후각 피라미드 전체를 훑어봤을 때쯤 나는 코의 힘을 깊이 이해하게 되었다. 이 강좌를 듣기 전이라면 메틸 이오논 감마(methyl ionone gamma)처럼 딱딱한 화학명이 붙은 향이 이토록 매력적일 거라고 상상하지 못했을 것이다. 메틸 이오논 감마를 맡으면 고급스러운 유럽산 과일의 풍미가 떠올랐다. 스테몬(stemone)은 꽃집에서 날 것 같은 푸르고 싱그러운 잎사귀 향이었고, 가장 마음에 든 페닐에틸 알코올(phenylethyl alcohol)은 새벽에 핀 장미 꽃잎이 떠올랐다.

향수를 연구하면서 점점 더 자주 뿌리게 되었다. 요즘에는 많은 이가 무향을 선호해 회의실이나 식당에서는 자제했지만 집에서 작업할 때는 거리낌 없이 사용했다. 매일 밤에도 뿌렸다. 그 순간만큼은 사치를 누리는 기분이 들었다.

향수 샘플을 사는 데도 적잖은 돈을 들였다. 나는 원래 화가의 팔레트, 플라스틱 알약 통, 장난감 정리함, 린네식 분류법, 재림절 달력, 원소 주기율표 같은 체계적으로 분류된 것을 좋아했다. 질서 정연하게 정렬된 작은 병 속 향수를 하나씩 뿌려 보는 과정이 즐거웠다.

오감 실험을 시작하기 전까지는 후각이 내 전경 감각이라고 생각했지만, 돌이켜보면 생각보다 냄새에 예민하지 않았던 것 같다. 나는 이 수업에서 코를 훨씬 섬세하게 훈련할 수 있었다.

그리고 향수 사업을 시작한다면 브랜드 이름은 후각 공장(Ol' Factory)이라고 지으리라 마음먹었다.

# 이 냄새, 뭐지?

교수님은 수업 내내 주변의 모든 향기에 주의를 기울이라고 강조했다.

SNS에 '당신은 냄새를 얼마나 의식하나요?'라는 질문을 올렸더니 다른 사람보다 냄새에 예민하게 반응하는 사람들이 눈에 띄었다. 특히 전문가들도 답변을 달았다. 예를 들어 한 향료 업계 전문가는 이렇게 대답했다. "저는 향료 전문가라 냄새 맡는 게 일이에요. 누가 향수를 바꾸면 곧바로 알아차릴 정도죠." 한 미생물학자는 병원 실험실에서 동료 연구원들이 후각을 어떻게 활용하는지 설명해 주었다.

> 우리는 배양액의 냄새만으로 어떤 유기물이 들어 있는지 짐작할 수 있어요. 포도, 버터스카치, 초콜릿 케이크, 과일, 표백제, 먼지와 비슷한 독특한 향을 풍기는 것도 많아요. 재미있게도 어떤 사람은 특정 유기물의 냄새를 유독 잘 맡는데 다른 사람은 전혀 감지하지 못해요.

눈치로 냄새를 맡는 아마추어도 있다. 내 친구는 이렇게 말했다. "난 아들이 친구들과 술을 마시면 다 알아. 아들은 내가 어떻게 아는지 전혀 모르더라고! 어디서 땅콩버터로 술 냄새를 가릴 수 있다고 들었나 봐. 얘가 땅콩버터 냄새를 풍기면 나쁜 짓을 했다는 걸 바로 알 수 있지."

나는 후각을 단련하기 위해 냄새에 정확한 이름을 붙이기로 했다.

이 비누 향은 오렌지일까, 자몽일까? 주방에서는 어떤 향신료 냄새가 날까? 로즈메리? 타임? 상당히 재미있는 도전이었다.

냄새에 관한 자료를 찾다 보면 늘 '코끝 현상(tip-of-the-nose-phenomenon)'이라는 용어가 눈에 띄었다. 익숙한 냄새를 맡았는데 출처를 알 수 없으면 그 냄새를 식별하는 데 어려움을 겪는 현상이다. 우리 뇌는 어떤 냄새와 관련된 언어 정보를 쉽게 떠올리지 못한다(하지만 선택지가 주어지면 훨씬 잘 맞힌다). 연구에 따르면 문화에 따라 냄새를 식별하는 능력이 다르다. 예를 들어 말레이시아의 자하이(Jahai)족은 다른 문화권 사람보다 냄새를 묘사하는 용어가 훨씬 정교하며 이름도 정확하게 붙일 수 있다.

어느 날 오후 나는 엘리자와 엘리너에게 재미있는 실험을 하자고 제안했다. "서로 후각을 시험해 보자. 누가 가장 높은 점수를 받을지 대결할까?"

"역겨운 냄새도 맡아야 해요?" 엘리너가 물었다.

"아니, 그냥 집에 있는 평범한 것들이야."

우리는 차례로 눈을 가리고 머스터드, 라임 주스, 커피 등 다양한 향기를 맡았다. 어려울 거라고 예상했지만 대부분의 냄새를 쉽게 구별할 수 있었다. 나는 식초 냄새에서 헷갈렸고 엘리자는 정향을 육두구로, 엘리너는 버터스카치를 캐러멜 소스로 잘못 추측하기도 했다. 생각보다 어렵지 않은 작업이었다.

몇 주 뒤에 나는 냄새 따라잡기(Follow Your Nose)라는 보드게임을 샀다. 익숙한 향기를 식별하는 빙고 형식의 경쟁 게임이었다. 상자 안에는 작은 흰색 플라스틱 용기가 30개 들어 있고 각각 뚜껑을 열면

헤이즐넛, 비누, 풀 등 다양한 향기가 났다. 참가자들은 냄새를 맡고 해당 사진을 찾아야 한다. 엘리자, 엘리너와 나는 번갈아 가며 게임을 하다가 결국 함께 힘을 합쳐 냄새를 맞추려 노력했다. 예상보다 훨씬 어려워서 모두 놀랐다.

엘리자가 한 상자를 들고 말했다. "이 냄새 분명히 맡아 본 것 같은데… 정확히 뭔지 모르겠어요." 엘리자가 상자를 내게 건네며 덧붙였다. "지난번에 집에서 나는 냄새는 왜 그렇게 쉽게 맞혔을까요?"

"글쎄다." 나는 상자 냄새를 맡아 보며 중얼거렸다. "이건 훨씬 더 어렵네. 대체 왜지?"

묘한 기분이 밀려왔다. 분명 아주 익숙한 냄새인데도 어떻게 분류해야 할지 갈피를 잡지 못하다가, 문득 30가지 선택지를 훑어보며 '굴뚝'이나 '장미'라고 판단하면 틀릴 염려가 없다는 사실을 깨달았다. 내가 경험하는 냄새에 단어를 붙이는 순간 뇌와 감각이 맞물려 함께 움직였다.

'냄새 따라잡기' 게임이 특히 즐거웠던 이유는 내가 무척 좋아하는 후각 놀이인 '긁고 냄새 맡기(scratch-and-sniff, 문지르면 냄새가 나는 그림_옮긴이)'가 떠올랐기 때문이다. 향을 그림으로 표현한 것 중 가장 완성도가 높은 놀이였고 내겐 항상 마법처럼 느껴졌다.

어렸을 때 내 동생 엘리자베스는 긁고 냄새 맡기 스티커를 열심히 모았는데, 최근 부모님 집에 갔다가 동생의 오래된 물건이 보관된 버들 바구니를 발견하고 내가 가장 좋아하던 향기를 맡아 보았다. 오랜 세월이 흘렀어도 포도와 피클, 팝콘 냄새는 아직도 생생하기만 했다.

오래된 스티커를 발견한 후, 요즘 나오는 긁고 냄새 맡기 스티커가 궁금해져서 한 세트를 구매했다. 체리 파이, 생일 케이크, 바나나 스티커를 긁으면서 여전히 쾌감을 느꼈다. 나는 엘리너가 해야 할 과제에 긁고 냄새 맡기 블루베리 스티커를 추가했다.

이렇게 냄새를 가지고 놀다 보니 예전부터 궁금하던 '스멜링 솔트(smelling salt)'가 떠올랐다. 나는 스멜링 솔트라고 하면 크리스털 유리병이나 섬세한 빅토리아 시대 여성을 연상했는데, 요즘에는 '암모니아 흡입제'라고 불리며 운동선수에게 판매된다는 사실을 알게 됐다. 궁금증이 생겨 한 상자를 주문했다.

스멜링 솔트가 효과를 발휘하는 원리는 암모니아 가스가 코와 폐 점막을 자극해 흡입 반사를 일으키는 것이다. 약간 무섭게 들리는 건 사실이다. 캡슐 하나를 터뜨릴 용기를 내기까지 며칠이 걸렸지만, 결국 하나를 손에 쥐고 냄새를 맡아 봤다. 끔찍하지는 않았지만 *묘한* 냄새였다. 사실 냄새라기보다 염소 처리된 물이 코를 타고 올라오는 듯한 느낌이었다. 나는 저절로 고개를 뒤로 젖힐 수밖에 없었다.

궁금증 해소 완료.

## 향을 더하고
##       악취를 덜다

행복해지려면 *기분 좋은 것*(예를 들어 긁고 냄새 맡기 파인애플 스티커)을 더하고 *기분 나쁜 것*을 덜어야 한다.

나는 과거에 감각 경험을 지나치게 수동적으로 받아들였다는 사실을 깨달았다. 주변 환경에서 더 많은 기쁨을 얻을 방법을 깊이 고민하지 않고, 기쁨을 키우고 불쾌감을 줄일 방안을 생각하지 않았다. 이제는 삶에 좋은 냄새를 더하고 나쁜 냄새를 없앨 방법을 찾기로 했다.

첫 번째이자 더 즐거운 방법은 좋은 냄새를 더하는 것이다. 연구에 따르면 특정 냄새를 좋아하거나 그 냄새가 좋은 기억과 연결되어 있으면 행복해진다고 한다. 나는 프랑스를 여행하다가 햇볕 아래 펼쳐진 드넓은 라벤더밭을 본 이후로 라벤더 향을 사랑하게 됐다. 이제 어디서든 라벤더를 발견하면 손가락으로 가지를 잡아 매캐하면서도 달콤한 향을 들이마신다. 친구 집에서 맘에 드는 비누 향을 맡고 나서, 우리 집 비누가 다 떨어지자 평범한 비누 대신 더 고급스럽고 향기로운 값비싼 브랜드 비누를 사기도 했다. 나는 가장 좋은 것일수록 '아껴두는' 경향이 있어서 책상 앞에 앉아 있을 때 일부러 제일 아끼는 정원향 향초에 불을 붙였다(매일 그러지는 않았고 익숙해져서 냄새를 못 느낄 때도 있었다).

또 가장 좋아하는 향을 행운의 향으로 지정하기로 했다. 몇 년 전 독특한 향수 회사 CB 아이 헤이트 퍼퓸(CB I Hate Perfume)에서 건초 어코드(Hay accord, 어코드는 여러 향료를 조합해 만든 새로운 향을 말한다_옮긴이)를 구매했다. 묵직하면서도 꿀이 섞인 듯한 건초 향이 마음에 들었다. 탁 트인 들판과 구름 한 점 없는 하늘이 연상됐고 행운이 필요한 순간을 위해 건초 향수를 아껴 두기로 했다.

까다로운 회의에 참석하는 것과 향수를 뿌리는 행위가 별로 연관이 없어 보일 수 있지만, 연구에 따르면 스스로 운이 좋다고 믿는 사람은 자기 효능감(self-efficacy, 목표를 달성할 수 있다고 믿는 자신감_옮긴이)

이 높으며 이 믿음은 실제로 성과 향상으로 이어진다고 한다. 예를 들어 특정한 골프공이 행운의 공이라고 믿은 골프 선수는 그렇지 않은 선수보다 실제로 퍼팅 성공률이 더 높았다고 한다. 나는 건초 향을 맡으며 용기를 얻었다.

그리고 유용한 패턴을 하나 더 발견했다. 한 감각을 충분히 만족하면 다른 감각을 자극하려는 욕구가 줄어들었다. 지루함에 간식을 찾을 때면 향수를 뿌리거나 다른 감각적 자극을 주면 먹고 싶은 충동이 사라졌다.

좋은 향을 더하는 것만큼 나쁜 냄새를 없애는 것도 중요했다. 불쾌한 감각을 제거하니 삶이 더 즐거워졌다. 우리는 냉장고 냄새를 흡수하려고 베이킹소다 상자를 열어 둔다. 상자를 교체할 시기는 냉장고 문을 열 때마다 나는 냄새로 판단했다. 어느 날 오래된 상자를 버리다가 문득 깨달았다. 수년째 사용한 주방용 쓰레기봉투 브랜드에서 나는 '깨끗하고 신선한' 냄새가 오히려 역하게 느껴졌다. 결국 몇 년간 견딘 세월을 뒤로하고 '무향' 제품으로 바꿨다. 물론 '무향'도 사실은 향이다. (소음을 차단하려고 다른 소음을 사용하듯, 원재료의 자연스러운 냄새를 감추려고 *다른 냄새*를 추가하기 때문이다.)

그런데 바나비에게서 평소의 개 냄새 외에 낯설지만 어딘가 익숙한 냄새가 났다.

"엘리너, 바나비한테 이상한 냄새 나지 않아?" 내가 물었다.

"나요. 무슨 냄새죠?"

"이상하게 들리겠지만… 옥수수 칩 냄새 같아. 바나비가 칩을 먹을 리는 없잖아."

너무 특이하고 이상한 냄새라 굳이 찾아볼 생각을 못 했는데 엘리너가 스마트폰으로 검색을 시작했다.

"〈개 발에서 감자 칩 냄새가 난다. 정상일까?〉라는 기사를 발견했어요." 엘리너가 2초 만에 말했다.

"내 착각이 아니었구나!" 나는 흐뭇하게 말했다. "그래서, 정상이래?"

"네, 해롭지는 않대요. 발에 있는 세균 때문이라서 씻기만 하면 된대요."

현미경도, 과학 학위도 없었지만 내 코는 그저 스쳐 지나간 미세한 존재의 흔적을 포착해 냈다. 우리는 바나비를 씻겼고 냄새는 사라졌다.


## 기억을 깨우는 향기의 힘

오감은 세상의 현재 상태(예를 들어 개의 발바닥 상태)를 알려 주는 동시에 과거의 기억을 되살리는 열쇠가 된다. 사진 속에서 오래전에 사라진 방을 보거나 라디오에서 흘러나온 옛 노래 한 소절을 듣거나, 어린 시절 먹고 난 후 다시는 맛보지 못한 음식을 입에 넣거나 낡은 부츠의 무게를 느꼈을 때 기억은 순식간에 밀려온다.

특히 후각에는 유난히 강하게 기억을 불러일으키는 힘이 있는 듯하다. 뇌의 연결 방식 때문이거나, 냄새로 촉발된 기억이 예고 없이 덮

쳐서 더 생생하게 느껴질 수도 있다. 평범하게 길을 걷거나 누군가의 집에 들어서는 순간 맡은 냄새 하나로 옛 기억이 살아나기도 한다.

최근 뉴욕시에서 우리 아파트 근처 거리를 재포장하면서 고등학교 시절 아르바이트했던 아스팔트 공장의 냄새가 났다. 그 냄새를 맡는 순간 끊임없이 울리던 트럭 소음과 기계 경적, 실수할까 봐 긴장하던 때가 떠올랐다. 그동안 잊고 지내던 기억이었다.

앤디 워홀(Andy Warhol)은 후각의 힘으로 기억을 일깨운 인물이다. 그는 특정 향수를 3개월간 사용한 후 영원히 그 향수를 뿌리지 않았다.[31] 향기로 그 시절을 기억하기 위해서였다. 그리고 이렇게 말했다. "잠시라도 완전히 과거로 돌아가고 싶다면 보고, 듣고, 만지고, 맛보는 것보다 후각이 훨씬 강력하다. 향기를 병에 가둬 두면… 원하는 기억을 언제든 꺼낼 수 있다."

나는 워홀의 방식을 따라 티 로즈(Tea Rose) 향수를 샀다. 예전부터 좋아하던 향이지만 지나치게 무겁고 풍성해서 오랫동안 사용하지 않았다. 그러다 대학 졸업반 시절 특별한 파티 때 이 향수를 뿌리던 것이 생각났고, 그 시절을 떠올리고 싶을 때 꺼내 보려고 향수병을 선반에 올려 두었다.

## 메트로폴리탄 미술관에서의 후각 실험

나는 여전히 매일 메트로폴리탄 미술관을 찾았고 오감을 모두 활용해 경험을 풍성하게 누리고 싶었다. 그래서 후각 연구를 미술관으로 확장했다. 메트로폴리탄 미술관에 냄새가 *났던가?* 물론이다. 수많은 냄새가 존재했다.

입구에서는 바깥 공기 냄새가 났고 화장실 비누에서는 무척 상쾌한 향이 났으며, 거의 사용하지 않는 계단의 냄새를 맡자 로스쿨 시절이 떠올랐다. 매주 작업자들은 그레이트 홀을 장식한 석조 화병 다섯 개에 높이 3.7미터에 달하는 꽃을 새로 꽂았다. 나는 지나갈 때마다 꽃과 잎의 향기를 맡으려 애썼다. 각 전시실의 목재와 석재도 미술관의 냄새에 영향을 미쳤을 것이다. 아니, 그렇지 않을 수도 있다. 기대하는 대로 경험하는 경우가 많으니, 시각 정보에 따라 냄새를 인지했는지도 모른다.

가장 좋아하는 전시실의 냄새는 충격적이었다. 전시실들이 미로처럼 복잡하게 늘어선 2층 깊숙한 곳에는 화려한 중국 정원관(Chinese Garden Court)이 있다. 이곳은 실제 정원이며 흙, 식물, 비단잉어가 천천히 원을 그리며 헤엄치는 작은 연못물까지 곳곳에서 놀라운 냄새가 났다. 하지만 이 모든 향은 생각보다 희미했다. 아마 미술관의 환기 장치와 여과 장치가 냄새를 걸러 냈기 때문일 것이다.

어느 날은 미국관(American Wing)에서 에드워드 케미스(Edward Kemeys)의 작품 〈검은 표범과 새끼들(Panther and Cubs)〉을 등지고 손거울로 감상하다가 카페에서 흘러나온 음식 냄새를 맡았다. 식당에서 풍기는 삶의 활기는 좋았지만 음식 냄새는 내가 사랑하는 미술관 분위기와는 어울리지 않았다. 주변 활동으로 주의가 분산되면서 예술 작품이 덜 중요하게 여겨지는 듯했다.

또 다른 날에는 이란과 중앙아시아 전시실의 향로를 바라보며 이 공간을 걸을 때 향기가 나면 좋겠다는 생각이 들었다. 미술관이 햇빛과 물소리로 공간에 생기를 불어넣듯 향기도 활용할 수 있지 않을까? 그러면 정말 좋을 텐데! (잠시 후 싫어하는 사람도 있겠다는 생각이 들었다. 화로를 추가하면 어떨까? 아마 그것도 반대하는 사람이 있겠지만.)

전시실을 옮겨 다니는 동안 후각을 통해 '*실재한다*'는 느낌이 더욱더 강렬해졌다. 이 특정한 향기는 바로 지금 이곳에서만 맡을 수 있다. 미술관의 냄새는 매일 조금씩 달라진다. 관람객의 코코넛 선크림 냄새나 비 오는 날 젖은 코트 냄새, 악기 전시실 근처에서 항상 풍기는 퀴퀴한 냄새도 마찬가지였다.

이런 미묘한 차이는 매일 미술관을 찾는 것이 왜 중요한지 보여 주었다. 예전에는 방문할 때마다 구체적인 목표가 있었다. *이것*을 봐야 하니까 *저것*에 정신이 팔리면 안 된다고 스스로 다짐했다. 이런 태도는 우선순위를 지키는 데 도움이 됐지만 열린 마음으로 탐구하는 즐거움을 누리기에는 방해가 됐다.

매일 미술관을 찾자 시간에 쫓기지 않게 되었고 모든 전시실을 탐험할 수 있었다. 놀랍게도 가장 마음에 드는 공간은 미국관의 전시용 창고였다. 어두운 중이층에 자리한 이 공간에는 주 전시실에 적합하지 않은 물건을 보관하지만 벽장처럼 정갈하게 정리되어 있었다. 북적이는 통로를 오가다 보면 평소에는 지루하다고 여겼을 나무 의자, 반짝이는 유리 화병, 은수저 같은 물건들이 흥미로워 보였다. 항아리와 그림을 하나씩 살펴보고 이 빽빽한 공간의 공기가 넓고 개방된 전시실과는 다르다는 점을 느낄 여유도 생겼다.

작가 헨리 데이비드 소로(Henry David Thoreau)는 이렇게 썼다. "나는 삶의 넓은 여백을 사랑한다."[32] 어떤 이는 '아무것도 하지 말아야 한다'거나 '시간 낭비'를 받아들여야 한다고 주장하지만 사실 우리는 늘 *무언가*를 하고 있다. 나 역시 끊임없이 무언가에 몰두하면서도, 상상력을 키우려면 *무엇이*든 많이 해야 한다는 사실을 안다. 그 순간 하고 싶은 것을 놀이하듯 해야 한다. 미술관을 거닐며 보고, 듣고, 냄새를 맡는 행위가 자유롭게 연상할 수 있는 상태로 이끌었다. 연구에 따르면 주의가 산만할 때 오히려 뜻밖의 연상과 해석으로 통찰과 해결책을 떠올릴 수 있다고 한다.

나는 메트로폴리탄 미술관에서 매일 흥미롭거나 재미있는 것을 찾으려 애썼다. 내가 좋아하는 '이빨을 드러낸 소'를 찾아가고, 당시 읽던 책과 관련된 물건을 찾아보기도 했다(마르그리트 유르스나르[Marguerite Yourcenar]의 《하드리아누스 황제의 회상록[Memoirs of Hadrian]》을 읽은 후에는 그의 동성 연인 안티노우스[Antinous]와 관련된 유물을 찾았다). 백조, 개구리, 해골을 모티프로 한 작품을 찾는 게임도 했다. 마법 지팡이나 부적, *환약(boli)*, 성자의 유물, *사제상(kafigeledjo)*, 주술문처럼 초자연적인 힘이 깃든 물건에 특히 관심이 갔다. 특히 내가 놀랄 만한 물건을 찾으려 했다. 주의를 기울여야만 놀랄 수 있기 때문이다. 놀랍게도 미술관에 감자 으깨는 기구와 안전핀이 전시되어 있었고 부처상에 콧수염이 그려진 것도 여러 번 발견했다.

어느 날 미술관을 거닐다가 관람객에게서 익숙한 향수 냄새를 맡고 기분이 좋아졌다. 디올의 소바쥬(Sauvage) 같았다. 그러다 갑자기 날카로운 시선을 느끼고 깜짝 놀라 뒤로 물러났다. 고대의 청동 눈알

조각품이 튀어나와서 걸어가는 나를 가늠하는 듯했다. 벽옥으로 제작한 입술 조각은 눈알보다 아름다웠고 그만큼 으스스하지는 않았다.

얼굴에서 분리된 데다 지나치게 크고 선반 위에 있긴 했지만 그 눈에는 생명력이 넘쳐 보였다. 이제 나는 그 향수 냄새를 맡을 때마다 청동 눈을 떠올린다.

## 냄새로
### 가까워지는 사이

메트로폴리탄 미술관이든 어디서든 우리는 후각을 간과하기 쉽지만 사실 냄새는 타인과 관계를 맺는 강력한 수단이다.

다른 사람의 냄새를 맡고 싶다고 말하기는 어색하다. 누군가의 머리카락 냄새를 맡거나 바닥에 떨어진 남의 티셔츠를 집어 들고 깊게 숨을 들이마시는 것은 매우 사적인 행동이다. 하지만 그런 냄새는 강한 애착을 불러일으킨다.

다른 동물과 곤충은 *페로몬*을 분비한다. 페로몬은 조용하고 눈에 보이지 않지만 강력한 화학 물질이며 정보를 전달하고 특정 행동을 유도한다. 예를 들어 동물이 짝을 찾을 때, 갓 태어난 새끼에게 젖을 물릴 때, 개미와 벌 같은 곤충이 군집 활동을 조절할 때 관여한다.

과학자, 향수와 사랑의 묘약을 파는 상인, 군사 기관 등 전혀 관련 없어 보이는 집단이 인간의 성적 페로몬을 찾아 헤맸지만 아직 확실한 증거는 없다. 다른 동물과 마찬가지로 인간도 페로몬으로 소통할 가능성이 있지만 연구자들은 지금까지 단 한 건의 사례도 확인하지 못했다.

인간이 다른 동물처럼 페로몬을 사용하든 사용하지 않든, 우리는 냄새에 깊이 영향을 받는다. 한 친구가 나에게 고백한 적이 있다. "사귄 지 얼마 안 됐을 때, 밤에 미래의 남편이 잠들었을 때 냄새가 마음에 드는지 확인하려고 살짝 맡아 봤어."

"확신이 안 섰던 거야?"

"그럴까 봐 걱정했지! 그래도 냄새가 좋아서 얼마나 안심했는지 몰라."

우리는 타인의 정보에 유난히 민감하면서도, 아이러니하게(혹은 당연하게) 자신의 체취는 감추려고 온갖 수단을 동원한다. 타인에게 좋은 향을 풍기려고 데오도란트, 향수, 샤워, 구강 청결제, 구취 제거제 등을 활용해서 '외교적' 체취(diplomatic odor)를 창조하는 것이다. 나도 체취 관리 제품을 수없이 갖고 있지만 '먹는 체취 제거제' 데브롬(Devrom)은 최근에서야 알았다. FDA 승인을 받은 이 비처방 약은 '소변과 대변 냄새를 제거한다'고 한다. (직접 구매하지는 않았지만 존재를 알았다는 것만으로도 유용했다.)

후각이 은밀하고 때로는 *금기시*된다는 사실 자체가 우리가 냄새에서 얼마나 강렬한 자극을 받는지를 잘 보여 준다. 금기와 대담함이 묘한 쾌감을 주는 셈이다. 솔직히 말해 창피하지만 내가 자낫(Jannat) 향수를 좋아하는 이유는 그 향에… 땀 냄새가 뚜렷이 나기 때문이다.

우리는 향의 강력한 영향력을 간과할 때가 많다. 한번은 콘퍼런스에서 만난 남자가 첫눈에 마음에 들었다. 알고 보니 은은하게 풍기는 뉴트로지나 샴푸 향에 제이미를 떠올리고 호감이 생긴 듯했다.

아파트에 처음 이사 왔을 때 묘한 냄새가 나서 무척 불편했다. 복도 끝부터 식기 세척기, 침실까지 악취라기에는 애매하지만 *우리가 생각하는 집과는 다른, 이질적인* 냄새가 났다. 하지만 이제는 정반대 현상을 경험한다. 그 냄새에 너무 익숙해져서 거의 느끼지 못하다가 여행을 다녀오면 냄새가 나를 반기는 듯해 안도감과 애정이 밀려온다.

요즘에는 아침마다 침대를 정리하며 자동으로 모든 것을 제자리에 던지기보다, 잠시 제이미의 베개에 코를 파묻으며 사랑하는 그 향기를 음미한다.

## 맡는다는 것의
### 새로운 의미

봄날 늦은 아침, 야생적이면서도 깨끗하고, 꾸밈없이 풍요로운 센트럴파크 한가운데를 걸으며 이 고요함이 더없이 사랑스럽다고 생각했다. 하지만 막상 귀를 기울이니 전혀 조용하지 않았다. 물론 도로보다는 한적했지만 개 짖는 소리, 새가 지저귀는 소리, 멀리서 들리는 경적, 아이의 노랫소리, 허공에 중얼거리는 남자 목소리가 생생히 들렸다. 공원의 '침묵'은 사실 소리와 풍경, 냄새로 가득했다.

나는 수년째 이 공원을 걸었다. 매번 비슷한 길로 갔기에 길이 무척 익숙했다. 하지만 냄새에 주의를 기울인 후로, 매일같이 30미터쯤 되는 한 구간에서 전혀 어울리지 않으면서도 유쾌한 향을 감지하고 깜짝 놀랐다. 이제 향수 수업 때처럼 걸음을 멈추고 코를 찡긋대며 그 감각을 언어로 옮겨 보려 했다. 그 향은… 진하고 따뜻했다. 사과주 같기도 하고… 정향이다! 주변을 둘러봤지만 이 뜻밖의 향을 설명할 만한 식물이나 음식점은 보이지 않았다. 나만 이 냄새를 맡았나 싶어 검색해 보니 수수께끼가 풀렸다. 공원 관리처에서 뿌린 유기농 정향 오일 제초제였다.

새로운 관심 덕분에 공원뿐만 아니라 다른 곳에서도 냄새를 더 선명하게 느낄 수 있었다. 미용실 앞을 지나가다 문이 열리며 흘러나온 헤어 제품 향을 깊이 들이마셨고, 친구 집에서 친구 아들이 새로 산 플레이도우(Play-Doh, 알록달록한 찰흙 놀이 점토_옮긴이) 통을 열자 짭짤한 밀가루 냄새가 코를 간질였다. 부엌 쓰레기통 위를 떠다니는 냄새, 폭우 후에 지하철의 습한 공기 같은 불쾌한 냄새도 좋았다. 이런 냄새 덕분에 내 감각이 훨씬 깊어졌기 때문이다.

후각은 마법처럼 순간순간 내 몸의 존재감을 일깨웠다. 향기는 본질적으로 덧없는 존재다. 우리는 어떤 냄새를 계속 맡지 못한다. 책갈피처럼 간직하거나 다시 돌이키거나, 쌓아 두거나 나중을 위해 저장할 수 없다. 신발 가게와 딸이 다니는 학교의 로비에서 나는 냄새에 집중하도록 확실히 연습했더니 *바로 그 순간 그 자리에* 온전히 존재한다는 느낌이 들었다. 어딘가로 갈 때면 내 몸도 함께 데려가고 싶었다.

향기가 과거의 문을 여는 열쇠가 된다는 사실도 깨닫고 떠오르는 모든 기억에 주의를 기울였다. 동네를 산책하다가 건설 현장을 지나쳤는데, 그 젖은 듯한 나무 냄새에 여름 캠프가 떠올랐다. 조잡하고 비좁은 오두막에서 즐겁게 놀던 기억이었다.

지금까지 오감을 탐구하면서 나와 타인의 차이가 더 또렷이 보였다. 어떤 이는 감각을 덜 즐기지만 다른 이는 열정적으로 탐닉한다. 누군가의 기준은 엄격하지만 좀 더 느긋한 사람도 있다.

예를 들어 한 음식 평론가는 일반적인 손님보다 요구가 많지만 정말 특별한 식사를 마주하면 진심으로 감탄한다. 미식가도 기준이 높을 수는 있지만 푸아그라 못지않게 핫도그를 좋아할 수도 있다. 엘리자베스는 어떤 음식이든 마다하지 않고 잘 먹었고 입맛이 까다롭지 않았다. 이 프로젝트를 시작할 당시 나는 엘리자베스처럼 특별한 기준은 없었지만 정작 음식을 즐기지는 못했다. 오감을 탐구하며 *더 많이 알아차리고 더 깊이 즐기고* 싶었다. 그리고 지금까지 꽤 실질적인 성과를 이뤘다.

음악에 집중하면서부터 내가 크리스마스 캐럴을 얼마나 좋아하는지 새삼 깨달았다. 예전에는 미각이 미숙해서 테킬라 맛이 다 똑같다고 생각했지만 휴가 중에 제이미와 함께한 테킬라 수업 이후로는 다섯 종류를 구분할 수 있었고 *레포사도(reposado)*가 특히 마음에 들었다. 나를 더 잘 알게 된 지금은 나만의 방식대로 크리스마스 음악을 틀고 좋아하는 테킬라를 즐긴다.

어느 날 오후, 동네를 산책하며 이 순간과 이 장소를 온전히 느끼기 위해 후각에 집중했다. 마트 창고에서 새어 나오는 차가운 공기와 생선 냄새, 과일 진열대 주변의 달콤한 향, 꽃집 밖에 놓인 치자나무의 포근한 향기를 들이마셨다. 사람들로 북적이는 인도를 걸으며 아파트로 돌아오는 길에 생선과 과일, 꽃이 주는 자연의 매력을 만끽하는 게 즐거웠다. 집에서 풍기는 익숙한 냄새도 마찬가지다.

〈에마 반 네임(Emma Van Name)〉
**작품 연도** 1805년　**작가** 조슈아 존슨(Joshua Johnson)

# 미각

## 맛은 기억보다 오래 남는다

이 황홀한 기쁨은 어디에서 왔을까?
차와 케이크의 맛과 관련이 있다는 건 분명하지만,
이 기쁨은 그 맛을 아득히 뛰어넘었다.

_마르셀 프루스트(Marcel Proust),
《스완의 집으로 가는 길(Swann's Way)》

FIVE SENSE ≫　　　　한여름이라 공기가 뜨겁고 답답했다.
건물 그늘만 벗어나면 뜨거운 햇살이 내리쬐었고 인도와 거리에서는
열기가 피어올랐다. 지나가는 차가 일으키는 바람은 전혀 시원하지 않
았고 먼지와 쓰레기만 일으켰다. 하늘이 어찌나 눈부신지 선글라스를
깜빡했으면 다시 가서 가져와야 했다.

　회의를 마치고 지하철역으로 가던 중 갑자기 목이 타는 듯 말랐
다. 멀지 않은 곳에서 편의점이 눈에 띄었고, 얼른 안으로 들어가 냉장
고에 있는 음료를 살폈다. 일반 탄산음료와 에너지 음료 사이에서 '다
이어트 스내플 피치 티(Diet Snapple Peach Tea)'가 눈에 들어왔다. 오랜
만에 보는 상표였다. 계산하고 인도로 나오자마자 한 모금 크게 들이
마셨다.

　달콤하면서도 부드러운 복숭아 맛이 퍼지자 로스쿨 시절이 떠올
랐다. 당시 학생들은 구내식당에서 일정 금액을 반드시 써야 했고 나

는 그곳에서 다이어트 피치 티를 수도 없이 마셨다. 졸업을 앞둔 시기에는 아예 질릴 정도였다.

그런데 오랜만에 이 차를 마시니 기분이 좋았다. 첫 모금을 삼킨 뒤에는 전문가처럼 천천히 맛을 음미했다. 입안에서 음료를 느끼며 강한 복숭아 향과 놀랍도록 텁텁한 맛을 즐겼다. 그 맛은 로스쿨 시절의 강렬하면서도 폐쇄적인 분위기를 불러왔다. 제이미와 함께 로스쿨을 다녔기에 혼자 다 마시려다 간신히 참았다. 제이미도 이 맛과 추억을 공유할 수 있도록 집에 가져갔다.

미각은 무척 인기 있는 감각이며 인류는 오래전부터 엄청난 열정으로 맛을 추구했다. 후추, 정향, 계피 같은 향신료에 대한 갈망이 제국의 형태와 운명을 바꿨을 정도다. 사람들은 요리를 하고 농산물 직판장을 찾아다니며 새로운 식당을 발견하러 시도하고 와인을 시음한다. 심지어 맛에 관해 이야기하고, 관련 글을 읽고, TV 프로그램을 보며 온갖 미각 관련 활동을 즐긴다.

우리가 누구와 무엇을, 어떻게, 언제 먹는지는 정체성과 기억, 문화와 깊이 연결되어 있다. 우리는 오감 덕분에 빠르게 기분을 전환하거나 즐거운 상상에 잠기지만 감각의 유혹에 굴복할 때도 많다. 특히 건강하지 않은 미각의 유혹은 치명적이다. 랩 음악이나 추상적인 표현주의가 좋아서 불만인 사람은 거의 없지만, 도넛을 거부하지 못해 한탄하는 사람은 많다.

나는 맛을 모험적으로 탐구한 적은 없다. 좋아하는 음식은 많지만 다른 사람들처럼 새로운 맛을 찾아다니는 데는 관심이 없었다.

인간은 전형적인 패턴과 예측 가능성, 새로움과 놀라움을 동시에 추구한다. 하지만 전형성과 새로움을 얼마나 원하는지는 사람마다 다르다. 나는 거의 매일 같은 방식으로 조리한 같은 음식을 먹는다. "넌 뉴욕을 헛되게 쓰고 있어. 없는 음식이 없는데 넌 계속 구운 연어만 먹잖아." 한 친구가 나를 나무랐다. 틀린 말은 아니었다.

음식에 대한 사랑이 삶에 대한 열정으로 비치는 경우가 많기에 이런 무관심이 늘 조금은 부적절하다는 생각이 들었다. 유명한 요리사 줄리아 차일드(Julia Child)는 "먹는 걸 좋아하는 사람이 늘 가장 좋은 사람이에요"[33]라고 말했고 음식 수필가 장 앙텔름 브리야사바랭(Jean Anthelme Brillat-Savarin)은 "당신이 무엇을 먹는지 말해 주세요. 그러면 어떤 사람인지 말해 드리죠"[34]라고 했다.

이런 말이 *내게*는 어떤 의미일까? 내게 가장 중요한 원칙은 '그레첸답게!'이다. 나는 무언가를 놓치고 있으며 맛을 더 즐기는 법을 배워야겠다는 생각이 들었다.

알고 보니 맛에 대한 반응은 대부분 선천적이라고 한다. 음식에 포함된 독성이나 영양소처럼 생존에 직결된 정보를 맛으로 감지하기 때문이다. 하지만 우리가 인지할 수 있는 기본적인 맛의 종류는 과연 몇 가지일까? 넷? 다섯, 여섯? 열넷? 놀랍게도 그 숫자는 아직도 논쟁 중이다. *지방, 비누, 금속, 전분* 같은 맛은 아직 널리 인정받지 못하기에 서양에서 표준으로 인정하는 다섯 가지 기본 맛인 *단맛, 짠맛, 쓴맛, 신맛, 감칠맛*에 집중하기로 했다.

단맛이 나는 음식은 대부분 에너지와 양분이 풍부해서 인간은 본능적으로 단맛을 좋아하고 끊임없이 단것을 찾는다. 지난 500년 동안 단맛은 세상을 지배했다.

인간은 짠맛도 좋아한다. 소금을 충분히 섭취하지 않으면 생명을 유지할 수 없기 때문이다. 소금은 인간이 섭취하는 유일한 광물인 셈이다. 또한 단맛을 강화하고 감칠맛을 깊게 하며 쓴맛을 중화하는 만능 조미료다(그래서 자몽이나 커피에 소금을 첨가한다). 우리는 음식에 더 이상 넣을 수 없는 한계점까지 계속 소금을 넣는 경향이 있다.

쓴맛은 대개 독성 물질의 신호로 인식되어 커피나 에스카롤(escarole, 샐러드나 수프에 자주 쓰는 쌉쌀한 잎채소_옮긴이) 맛을 배우기 전까지는 보통 거부감을 느낀다.

신맛은 라임, 크랜베리, 요거트, 와인, 식초 등에 포함된 산성을 알려 주는 신호다. 입안에 침이 고이게 하는 신맛은 무미건조한 음식에 풍미를 더하는 역할을 한다.

우마미(Umami)라고도 하는 '감칠맛'은 놀라울 정도로 최근에 등록된 기본 맛이다. 1908년 화학자 키쿠네 이케다(Kikunae Ikeda)는 육수, 익힌 고기, 토마토 식품, 호두, 피시 소스, 간장, 숙성된 파르메산 치즈, 레드 와인 등에 존재하는 풍부하고 깊은 맛을 설명하기 위해 이 용어를 제안했다. MSG(monosodium glutamate, 글루탐산나트륨)를 첨가하면 감칠맛이 강해진다(일반적인 오해와 달리 건강에 해롭지 않다).

우리는 종종 쓴맛과 신맛을 혼동한다. 아마 두 맛이 함께 나타나는 경우가 많아서 그런 듯하다. 나는 오렌지로 그 차이를 인식했다. 과육은 신맛이 나지만 껍질을 씹으면 쓴맛이 난다.

이런 기본 맛을 적절히 조합하면 음식과 음료의 맛이 훨씬 풍성해진다. 파르메산 치즈에 소금을 넣으면 샐러드의 풍미가 살아나고, 버섯의 감칠맛은 담백한 소스에 깊이를 더한다. 토닉 워터에 설탕을 넣으면 쓴맛이 완화된다. 흥미롭게도 슈웹스(Schweppes) 토닉 워터 한 캔에는 코카콜라와 맞먹는 양의 설탕이 들어 있지만 퀴닌(quinine, 토닉 워터의 쓴맛을 내는 물질_옮긴이)의 쓴맛 때문에 단맛이 거의 나지 않는다. 나는 몇 년 만에 토닉 워터를 다시 마셔 봤다. 작은 병을 열고 조심스럽게 한 모금 마시니 단맛과 쓴맛이 교차하며 탄산이 톡톡 터지는 느낌이었다.

미각을 포함한 감각 전반에서 우리는 예상 가능한 패턴을 선호한다. 수박 맛 오레오, 치토스 립밤, 프리토레이 레모네이드, 요구르트 향 샴푸, 콜게이트 냉동식품을 누가 좋아하겠는가? 말도 안 되는 조합처럼 보이지만 전부 실제로 존재했던 제품이다(물론 이런 괴상한 조합은 장난치기에는 좋다. 크리스마스 양말에 햄 맛 사탕이 있을 거라 예상하는 사람은 없을 테니까).

후각을 연구하면서 알게 된 사실인데 단순한 맛은 맛과 향이 결합한 복합적인 *풍미*와 전혀 다르다. 우리는 단맛 자체를 느낄 수 있지만 초콜릿, 딸기, 캐러멜 같은 구체적인 맛을 경험하려면 후각이 꼭 필요하다. '후각 위치 착각(olfactory location illusion)' 또는 '구강 연관(oral referral)'이라는 현상에서 우리는 입으로 들어오는 음식의 맛을 경험하지만 실제로는 코가 그 맛의 대부분을 구성한다.

유전적 요인에 따라 어떤 사람은 쓴맛, 단맛, 크림 맛 등을 다른 사람보다 훨씬 강하게 감지한다. 예를 들어 내가 향수 수업을 들을 때 페닐티오카바마이드(phenylthiocarbamide) 시향지를 혀에 대고 테스트한 적이 있다. 나는 약간 쓴맛을 느껴 '감별사'로 분류됐다. 한편 '슈퍼

감별사'로 분류된 동료들은 극심한 쓴맛을 느꼈다고 했다.

나이도 미각에 영향을 미친다. 나이가 들면 후각이 무뎌져서 음식 맛을 잘 느끼지 못할 수 있다. 아이들이 단맛을 좋아하는 건 문화적 영향만은 아니다. 아이는 본능적으로 어른보다 진한 단맛과 짠맛을 선호하며 쓴맛에도 더 민감하다. 또 이유는 정확히 밝혀지지 않았지만 아이들은 신맛도 더 좋아하는 편이다. 사탕 판매대를 보면 탄두(Warheads), 유독성 폐기물급 신맛 사탕(Toxic Waste Sour Candy), 눈물을 쏙 빼는 사탕(Tear Jerkers) 등 강렬한 신맛 사탕이 인기를 끌고 있다. 연구에 따르면 5~9세 아이들은 아기나 성인보다 신맛을 훨씬 좋아한다고 한다.

맛에 대한 선호는 순간순간 변할 수 있다. 평소 좋아하던 맛도, 심지어 사랑하던 맛도 계속 먹다 보면 점차 싫증이 나기 마련이다. 어느 날 저녁, 나는 우연히 '감각 특정 포만감(sensory-specific satiety)'과 뷔페 효과(buffet effect)를 직접 체험했다.

제이미는 요리를 좋아하지만, 저녁을 준비하면서 모든 요리를 한꺼번에 차리려고 애쓰지는 않는다. 어느 날 밤 제이미와 엘리너, 나는 식탁에 둘러앉아 제이미가 만든 미트볼을 먹었다. 미트볼 세 개를 먹고 난 뒤 나는 정말 더는 못 먹겠다고 말했다. 그때 제이미는 내가 가장 좋아하는 구운 콜리플라워를 가져왔다.

내가 접시에 콜리플라워를 덜어 담자 엘리너가 물었다. "배부르다면서요?"

"미트볼은 더 못 먹겠지만(감각 특정 포만감) 콜리플라워 들어갈 자리는 있어(뷔페 효과)." 이런 현상 때문에 일부 식당에서는 고객 만족도를 높이기 위해 소량의 다양한 요리를 제공하기도 한다.

우리는 미뢰를 속일 수 있다. 재미 삼아 '기적의 열매(miracle fruit)' 알약을 먹어 본 적이 있다. 서아프리카산 이 열매 추출물에는 산성 단백질이 함유되어 혀가 단맛을 느끼도록 속인다. 레몬을 먹을 때는 달콤한 레모네이드 맛이 났고 덜 익은 딸기를 물자 사탕 맛이 났다.

그리고 쓰촨 후추(Szechuan buttons)를 씹었더니 마치 입안에 전기 충격을 준 느낌이었다. 이 얼얼한 향신료는 삼차 신경을 자극했다. 커다란 삼차 신경은 레드 와인의 톡 쏘는 맛, 고추의 매운맛, 민트의 시원한 맛을 느끼게 해 준다.

음식 선택에는 가정환경, 문화, 가치관도 영향을 준다. 음식 제약이 거의 없는 문화권에서도 영양이 풍부하고 구할 수 있다고 해서 모든 '음식'을 다 먹지는 않는다. 어떤 음식은 허용되지만 어떤 음식은 금기시된다. 왜 우리는 소고기는 먹으면서 말고기는 먹지 않을까? 얼마 전까지만 해도 미국에서 소간이 인기 있었는데, 왜 나는 소의 근육은 먹어도 간은 먹지 않았을까? 귀뚜라미가 영양가도 높고 환경에도 좋으며 맛있다는데 한 번도 먹어 본 적이 없다. 일반적으로 25세까지 특정 음식을 접할 기회가 없으면 그 이후로는 받아들이기 어려운 게 사실이다.

음식을 먹는 경험에서는 미각이 중심이지만 나머지 네 가지 감각도 중요한 역할을 한다. 첫째, 겉모습이 중요하다. 1세기 로마의 미식가 아피키우스(Apicius)는 "첫맛은 눈으로 느낀다"고 했다. 치토스의 선명한 주황색을 보면 우리 뇌는 강렬한 맛을 기대하고, 찐 채소도 선명한 색을 유지해야 더 맛있어 보인다. 미국인은 파란색을 보고 짠맛을, 빨간색에서 단맛을, 초록색에서 신맛을 연상하는 경향이 있다.[35] 실제로 사람들은 파란 그릇에 담긴 팝콘이 더 짜고 빨간 그릇에 담긴 팝콘이 더 달다고 평가했다.

소리도 음식 맛에 영향을 미친다. 살구를 베어 물었을 때 특유의 뭉그러지는 소리가 나지 않는다면 같은 맛으로 느껴질까? 한 연구에 따르면 감자 칩이 바삭거리는 소리가 클수록 사람들은 더 신선하다고 평가했다.[36] 또 다른 연구에서는 같은 와인을 코르크 마개 병과 일반 병에 담아 제공했을 때, 코르크 마개를 따는 소리를 들은 사람들이 와인에 높은 점수를 주고 분위기를 띄우는 데 효과가 좋을 거라고 평가했다.[37] 라이스 크리스피 시리얼(Rice Krispies cereal, 마시멜로와 쌀 튀김을 섞어 만든 시리얼_옮긴이)을 먹을 때 나는 탁탁거리는 소리도 특별한 즐거움을 준다.

물론 냄새도 음식 맛에 중요한 역할을 한다. 그래서 조리된 음식은 직접 요리하는 음식보다 맛이 덜한 편이다. 굽거나 졸이거나, 익히거나 찌는 과정의 냄새를 맡지 못하기 때문이다. 이런 냄새를 맡으면 기대감이 커지고 음식의 풍미도 좋아진다.

음식이 맛있는지 판단할 때 입안의 느낌도 중요하다. 촉촉하거나, 바삭하거나, 부드럽거나, 매끈하거나, 끈적하거나, 물컹하거나, 쫄깃하거나, 거칠거나, 기름지거나, 푹신하거나, 포근하거나, 파삭하거나, 바삭하거나, 질길 수 있다. 나는 *식감*이라는 단어를 좋아한다. 투박하지만 아주 적절한 표현이다. 그리고 문화권에 따라 선호하는 식감이 다르다. 예를 들어 동아시아와 동남아시아 요리에는 서양요리보다 미끈함, 탄성, 질김, 쫄깃함 등 훨씬 다양한 식감이 존재한다.

어느 일요일 아침, 나는 음식이 주는 오감의 즐거움을 만끽했다. 부엌에 들어갔더니 제이미가 조리대에서 분주히 요리하고 있었다. 나는 조리대에 쌓인 재료를 보며 짐작했다.

"프리타타야?"

"맞아."

"멋지다." 제이미의 프리타타는 양파와 붉은 고추를 볶을 때 나는 톡 쏘는 향, 쫄깃하면서도 입안에서 사르르 녹는 식감, 동그란 베이킹 접시에서 반짝이는 노란색과 갈색까지 모든 면에서 최고였다.

제이미가 팬을 데우는 동안 지글거리는 소리를 듣고 싶어 뜨거운 팬에 물을 살짝 뿌렸다. 최근에야 알았는데 나는 이 소리가 좋았다.

나중에 함께 먹으면서 제이미에게 말했다. "자기가 만드는 프리타타는 세상에서 제일 맛있어."

음식을 나누는 행위는 오래되고 보편적인 인간의 관습이자 공동체에서 가장 중요한 표현 방식이다. 우리는 함께 식사하며 관계를 돈독히 하고 손님을 대접할 때 음식을 권하는 건 당연한 예의로 여긴다. 사실 마음에 들지 않는 음식도 자주 먹고, 원하는 양보다 더 많거나 적게 먹기도 한다. 음식을 나누는 건 곧 사랑을 나누는 일이다.

맛을 공유하는 일은 문화권과 가족 내에서 정체성을 확인하는 중요한 방식이기도 하다. 나는 참치 샐러드, 칠리, 스터핑(stuffing, 빵, 채소, 향신료 등을 다져서 섞은 요리. 속 재료로 사용하거나 단독으로 먹는다_옮긴이)을 좋아하지만, 반드시 우리 가족의 방식대로 만들어야 한다. (어떤 사람들은 건포도나 호두처럼 어울리지 않는 재료를 넣는가 하면 데빌드 에그에 양파를 넣거나 미트볼에 버섯을 넣는 등 기본을 벗어난다.) 우리는 슬프거나 불안할 때 각자에게 편안함과 안정감을 주는 위안 음식(comfort food)을 찾는다.

음식을 먹을 때도, 요리할 때도 오감이 즐거워진다. 매년 크리스마스면 가족과 함께 생강 쿠키를 만드는데 시중에서 사는 것과는 비교할 수 없다. 유명 셰프 카를라 홀(Carla Hall)은 팟캐스트 〈더 행복해지기〉에서 이렇게 말했다. "빵을 함께 *나누는* 것과 함께 *만드는* 것은 전혀 다른 경험이에요."

나는 맛을 잘 아는 전문가는 아니지만 사랑하는 사람과 함께하는 식사만큼 행복한 일도 없다고 믿는다.

## 맛의 역사를 기록하다

작가 마르셀 프루스트(Marcel Proust)가 차에 적신 마들렌 쿠키를 먹고 옛 기억이 홍수처럼 밀려들었다는 일화는 아주 유명하다. 오늘날 '프루스트 효과'는 감각이 불러일으키는 강렬하고 감정적인 기억을 뜻한다. 프루스트가 마들렌을 먹던 순간은 보통 향기와 연관 지어 설명되지만, 사실 그는 그 유명한 마들렌의 맛을 더 많이 언급했다.

맛과 관련된 기억을 떠올리니 캔자스시티에 있는 윈스테드(Winstead) 식당이 생각났다. 그곳의 모든 자리에 앉아 봤고 플라스틱 메뉴판도 전부 만져 봤으며 냅킨도 모든 통에서 한 번씩 꺼내 봤다. 어릴 때 어머니가 바쁘거나 요리하지 않는 날이면 윈스테드에 가는 것이

최고의 즐거움이었다. 나는 항상 같은 음식을 주문했지만 시간이 지나자 싱글 윈스테드 버거에서 더블로, 그다음 빵을 뺀 트리플로 바꿨다.

윈스테드 식당은 우리 가족의 정체성과 역사를 상징하는 중요한 공간이다. 우리는 윈스테드를 사랑했다. 엘리자베스나 내가 캔자스시티에 돌아갈 때면 첫날에는 반드시 윈스테드에서 식사한 뒤 초록색 네온사인 앞에서 사진을 찍었다. 우리는 각자 가족들에게 윈스테드를 사랑하는 법을 가르쳤다. 아버지는 이렇게 주문했다. "더블 윈스테드 버거 주세요. 치즈만 빼고 나머지는 다 넣어 줘요." 납작하고 끈적이며 매콤한 그 햄버거를 먹을 때마다 유대감이 깊어지는 것을 느꼈다. 가장 최근에 갔을 때는 기념으로 메뉴판을 몰래 가져왔다.

프루스트와 윈스테드에서 영감을 받아 맛에 대한 기억을 연대표로 정리해 보기로 했다. 기억을 되살리기 위해 가장 익숙한 맛(그 시절에 가장 자주 먹던 음식과 음료)이나 특별한 맛(다른 때가 아니라 바로 그 시기에 가장 즐겨 먹던 음식과 음료)을 떠올리려고 노력했다.

### 어린 시절

- 윈스테드 버거, 프라이, 어니언링, 초콜릿 셰이크: 가족들은 윈스테드에 갈 때면 거의 이 조합으로 주문했고 지금도 그렇게 한다.
- 팝타르트(pop-tart, 얇은 페이스트리 두 장 사이에 달콤한 잼이 든 과자_옮긴이): 동생과 나는 딸기 맛 팝타르트를 좋아했는데 할아버지 집에 갈 때만 먹을 수 있었다.
- 어머니가 만든 미트로프: 지금도 이 미트로프를 정말 좋아한다. 특별한 비밀 재료는 없다.

- 아버지의 스웨덴식 팬케이크: 아버지는 만들 때마다 이렇게 말씀하셨다. "어릴 때 이웃집 바겔 부인이 만든 것과 맛이 똑같아." 내 어린 시절의 맛으로 아버지의 어린 시절을 떠올릴 수 있어 행복하다.
- 골든 그레이엄스(Golden Grahams) 시리얼: 이 엄청나게 달콤한 시리얼은 학창 시절 몇 년 동안 내 아침 식사였다.

**대학과 로스쿨 시절**

- 화이트 러시안(White Russians): 1학년 때 룸메이트와 나는 자주 이 독하고 달콤한 술을 만들었다.
- 나폴리 피자(Naples Pizza)의 라이스 푸딩: 우리 집 건너편에 대학생들 사이에서 아주 인기 많던 이 식당은 라이스 푸딩으로 유명했다.
- 비바 자파타(Viva Zapata)의 상그리아와 토르티야 칩: 다른 대학생처럼 우리도 공짜 음식을 좋아했다. 달콤하고 값싼 상그리아를 주문하면 토르티야 칩을 계속 리필할 수 있었다.
- 요크사이드 피자(Yorkside Pizza)의 그릭 샐러드: 이 샐러드에는 커다란 페타 치즈 덩어리와 검은 올리브가 가득 들어 있었다. 지금도 뉴헤이븐에 가면 항상 주문한다.
- 다이어트 스내플 피치 티: 물론 마셨다.

**두 딸의 어린 시절**

- 아기 음식: 가끔 맛보았다.

- 페퍼리지 팜 골드피시(Pepperidge Farm Goldfish): 아이들은 이 밝은 주황색 생선 모양 과자를 좋아했다.
- 치리오스(Cheerios): 이 동그란 시리얼도 즐겨 먹던 간식이다.
- '건강에 좋은' 사과 머핀: 아이들 유치원 맞은편 카페에서 노트북으로 일할 때면 항상 이 촉촉하고 꾸덕꾸덕한 머핀을 주문했다.
- 잘게 썬 통밀 시리얼과 살사 소스: 내가 개발한 유일한 요리다. 토르티야 칩보다 건강하면서 살사 소스를 찍어 먹을 만한 통밀 시리얼이 좋겠다고 생각한 게 시초였다. 보기에는 별로지만 맛은 있었다.

**오늘날**

- 차플(Chaffle, 치즈 달걀 와플): 매일 아침 전기 와플 메이커를 예열한 뒤 달걀 두 개와 슈레드 체더 치즈를 섞어 무늬가 있는 와플 메이커 판에 붓고 뚜껑을 닫는다. 몇 분 후 갈색으로 익은 바삭하게 구워진 차플이 완성된다.
- 아몬드: 생아몬드, 구운 아몬드, 소금을 뿌리거나 뿌리지 않은 다양한 아몬드를 많이 먹는다.
- 콜리플라워와 브로콜리: 콜리플라워와 브로콜리는 언제 먹어도 맛있는데 콜리플라워를 조금 더 선호한다.
- 콥 샐러드(Cobb salad, 냉장고에 남은 재료를 섞어 만든 샐러드를 말한다_옮긴이): 이것저것 섞은 음식은 별로 좋아하지 않지만 콥 샐러드만은 예외다.

- 냉동 라즈베리: 내가 좋아하는 과일이고 냉동으로 보관하면 더 편리하다.

'특정 시기에 경험한 맛'이라는 구체적인 질문을 스스로 던져 보니 몇 년 동안 잊고 지내던 기억이 되살아났다. 이 음식을 실제로 찾아 먹을 필요는 없었다. 그저 맛을 떠올리는 것만으로도 충분했다.

나는 엘리자베스에게 전화를 걸어 추억을 나눴다. "옛날에 온종일 차를 타고 노스 플랫(North Platte)에 갔을 때 차에서 먹던 휘트 신스(Wheat Thins) 기억나?"

"응, 치즈 잇츠(Cheez-Its)도 먹었잖아. 항상 한 상자씩 챙겨 갔지." 동생이 기억을 덧붙였다.

"또 생각나는 거 없어?"

"엄마가 해 주시던 돼지갈비. 일주일에 한 번씩 먹었는데 정말 맛있었어. 그 이후로는 돼지갈비를 한 번도 안 먹었네."

"맞아, 나도 기억난다."

"할아버지랑 할머니가 커피 케이크를 가져오셨던 건 기억해?"

"응, 노란색 통에 들어 있었지." 수십 년 동안 그 옛날 케이크 통을 생각하지 않았지만 기억 속에 분명히 남아 있었다. 그러다 문득 웃음이 터졌다.

"나 또 하나 생각났어."

"뭐?" 엘리자베스가 물었다.

"넌 버터라면 환장했잖아!"

"지금도 환장해."

"크래커에 버터를 발라 토스터에 넣고 녹이곤 했지. 그러다 토스터에 불까지 났었어! 소리를 지르니까 아빠가 달려와서 순식간에 불을 껐는데, 진짜 대단했어."

"그런 일이 한두 번이 아니었을걸." 엘리자베스가 인정했다.

이렇게 맛을 떠올리며 추억에 잠기니, 내 과거와 동생에게 한층 더 가까워지는 기분이 들었다. 우리만이 공유하는 특별한 기억이기 때문이다. 실제로 연구에 따르면 향수에 젖으면 더 행복해지고 덜 외로워진다고 한다.

어린 시절의 맛을 회상하다가 이번에는 딸들이 어떤 맛을 기억하는지 궁금해졌다.

"너희가 지금보다 훨씬 어렸을 때 말이야. 특히 기억에 남는 맛이 있어?" 점심 식사 자리에서 요즘 제이미가 자주 만드는 양파 타르트를 먹으며 엘리너에게 물었다.

"생일 파티 때마다 푸르트 루프(Froot Loops) 큰 상자랑 빨간색 감초 끈을 사서 프루트 루프 목걸이를 만들었어요. 친구들도 다 좋아했죠." 엘리너가 대답했다.

"그때 참 재미있었지. 다른 건?" 내가 물었다.

"한동안 통밀빵에 땅콩버터를 잔뜩 발라 아침으로 먹었어요. 건포도도 많이 먹었고요."

"건포도?"

"노란색 병에 든 건포도 기억 안 나요? 저는 특별한 컵에 담아서 먹었는데."

"건포도를 잊고 있었네. 끈적끈적해서 다 묻었던 기억이 나."

다음으로는 엘리자에게 전화를 걸어 어떤 기억이 떠오르는지 물었다.

"대학에 갔을 때 집에서 먹은 것 중 가장 그리웠던 맛이 뭐야?"

"파르메산 치즈요. 집에서는 항상 다양한 형태로 먹을 수 있잖아요." 사실이었다. 엘리자 덕분에 우리 집 냉장고에는 늘 온갖 종류의 파르메산 치즈가 가득했다. "그리고 잠이 안 올 때 엄마가 따듯하게 데워 주던 우유 생각이 나요. 여섯 살쯤 되었을 때 잠을 잘 못 잘 때가 많았거든요."

나는 엘리자가 잠을 설치던 시절을 완전히 잊고 지냈는데 그 말을 듣자 전자레인지에 우유를 데워 바닐라와 시나몬을 섞어 주던 기억이 떠올랐다. 잠 못 드는 밤이 많던 그 시절 어린아이들의 엄마가 된 듯한 기분이 다시 밀려들었다.

'회고 절정(reminiscence bump)'은 성인이 15세에서 25세 사이에 겪은 일을 가장 생생하게 기억하는 경향을 뜻한다.[38] 오감에 집중하다 보니 인생에서 더 많은 시기를 떠올릴 수 있었다. 저장은 되어 있었지만 의식하지 않았던 기억에 관심을 기울이자 하나둘씩 수면 위로 올라왔다. 옛날에 즐기던 맛을 떠올리니 행복하면서도 어딘가 아쉬웠다. 내 삶에서 너무 많은 것이 바뀌거나 완전히 사라졌기 때문이다.

프루스트는 차와 케이크의 맛을 음미하며 이렇게 통찰했다.

> 먼 과거의 무엇도 남지 않았을 때, 사람들은 죽고 물건들은 부서지고 흩어진 후에도… 사물의 냄새와 맛만은 영혼처럼 오래도록 자리를 지키며 우리를 깨우려 기다린다. 그 모든 잔해 속에서도 자신

의 순간을 기다리고 소망한다. 아주 작고 거의 만질 수 없는 한 방울의 본질에 담겨, 기억의 거대한 구조를 흔들림 없이 버텨 낸다.[39]

나는 캔자스시티에 갈 때마다 윈스테드에 들른다. 늘 궁금했다. 나는 이렇게 많이 변했는데 왜 이곳은 여전히 그대로일까? 하지만 윈스테드가 문을 닫더라도 감자튀김 냄새를 맡으면 그 시절이 떠오를 것이다.


## 케첩과 바닐라의 마법

제일 좋아하는 식당이 작은 음식점이라는 사실에서 알 수 있듯 나는 미각이 특별히 모험적인 편은 아니지만, 맛을 더 깊이 즐길 방법이 있다는 걸 깨달았다. 바로 우리 집 부엌에 있는 익숙한 맛을 더 음미하는 것이다. 그러면 시각처럼 내가 간과했던 것을 발견할 수 있다. 나는 익숙하면서도 훌륭한 두 가지 맛을 탐구하기로 했다. 둘 다 매우 흔하고 저렴하며 대중적이지만 종종 무시당하거나 심지어 폄하되기도 하는 맛이다. 그 두 가지 맛은 바로 케첩과 바닐라다.

첫째, 토마토케첩을 살펴보자. 사람들은 토마토를 좋아한다. 토마토는 전 세계에서 널리 소비되는 식품이며 한번 토마토를 접한 지역은 예외 없이 요리에 활용했다. 미국에서는 감자 다음으로 인기 있는 채소다. (오래전부터 논란이 이어졌지만 토마토는 과일이자 채소로 분류될 수 있으며 미국 농무부는 채소로 분류한다.)

빨갛고 끈적하며 맛있는 케첩은 토마토를 소비하는 대표적인 방식이다. 케첩의 기원은 수백 년 전 중국의 *케치압(ketsiap)*이라는 생선 발효 소스로, 전 세계를 거쳐 미국에 전해지면서 토마토가 주재료가 되었다. 현재 *매년* 6억 5천만 병이 팔리며 미국인의 97%가 냉장고에 케첩을 보관한다.

우리는 케첩을 깊이 생각하지 않는다. 심지어 대충 먹는 사람이 무분별하게 모든 음식에 뿌리는 소스로 무시하기도 한다. 하지만 케첩의 풍미는 매우 복잡하다. 하인즈 케첩은 단맛, 신맛, 쓴맛, 짠맛, 감칠맛이라는 다섯 가지 기본 맛을 마법처럼 모두 갖춘 드문 식품이다.[40] 이렇게 맛이 다양하기에 케첩은 그 자체로도 많이 먹고 칠리, 미트로프, 볶음 요리와 볼로네즈 소스, 바비큐 소스, 새콤달콤한 소스, 러시안 드레싱, 사우전드 아일랜드 드레싱(Thousand Island dressing) 등 다양한 소스와 드레싱에도 널리 사용된다.

그럼에도 케첩은 여전히 평판이 좋지 않다. 점심 회식 때 동료가 태국 식당에서 저녁을 먹기로 했다기에 내가 말했다. "최근에 알았는데 미국식 팟타이의 주재료가 *케첩*이래요. 팟타이는 기본적으로 케첩으로 맛을 낸 국수예요." 동료의 반응은 썩 좋지 않았다.

나는 케첩 맛을 잘 안다고 생각했지만 조사한 이후로는 좀 더 주의를 기울이기로 했다. 냉장고에서 하인즈 케첩 병을 꺼내 숟가락에 조금 떠서 혀에 올려 보았다. 실제로 다섯 가지 맛이 모두 느껴졌고 강렬한 첫맛만큼 뒷맛이 훌륭했다. 선명한 붉은색과 걸쭉하면서도 흐르는 질감도 마음에 들었다.

다섯 가지 맛을 모두 갖춘 다른 음식은 뭐가 있을까? 답에 가장 가까운 예는 마가리타 칵테일이다. 잔 테두리를 감싼 소금, 아가베 시럽이나 오렌지 리큐르의 단맛, 라임의 신맛, 테킬라의 쓴맛이 섞여 있다. 다만 감칠맛이 빠졌다.

온라인에서 네다섯 가지 맛이 나는 음식을 추천해 달라고 요청하자 여러 사람이 다양한 음식을 추천했다.

- 체더 치즈가 들어간 애플파이
- 탕수육
- 쌀국수(재료에 따라 다르다)
- 꿀과 샤프 치즈(sharp cheese, 숙성된 시큼한 체더 치즈_옮긴이)를 얹은 크래커
- 태국식 레드 커리
- 우스터소스(worcestershire sauce)
- 타마린드 열매(tamarind fruit, 새콤달콤한 열대 과일로 소스로 사용됨_옮긴이)
- 키차리(kitchari, 오트밀과 콩, 채소, 향신료를 넣어 끓인 인도식 죽_옮긴이)

우리 집 찬장에도 그중 하나가 있었다. 갈색 우스터소스를 숟가락에 몇 방울 떨어트리고 맛을 보니, 예상대로 신맛과 단맛, 짠맛, 감칠맛이 느껴졌지만 쓴맛은 희미했다.

케첩(그리고 우스터소스)의 마법을 발견한 후, 나는 다음 맛 탐험을

시작했다. 바닐라, 정확히는 바닐라 추출물은 부엌에서 쉽게 찾을 수 있는 재료로 나 역시 거의 매일 사용한다.

나는 늘 바닐라를 좋아했다. 아이러니하게도 사람들은 무난하거나 단조로운 것을 표현할 때 *바닐라* 같다는 표현을 쓰지만 사실 바닐라는 세계적으로 큰 영향력을 발휘하는 재료다.

보통 바닐라라고 하면 크렘 브륄레(crème brûlée), 타피오카 푸딩, 바닐라 아이스크림, 바닐라 웨이퍼 같은 디저트에 들어가는 맛을 생각하는데, 단맛의 균형을 잡고 쓴맛을 가리며 부드러운 풍미를 더해서 전체적인 맛을 개선하기 때문에 초콜릿, 캐러멜, 코코넛 등의 재료로 자주 쓰인다. 서양에서는 바닐라를 주로 단맛과 연관 짓고 바닐라만 넣으면 음식이 달콤해진다고 생각하지만 사실 바닐라 자체는 달지 않다. 동아시아처럼 짠 음식과 바닐라를 함께 사용하는 문화에서는 이런 단맛 효과가 나타나지 않는다.[41]

바닐라를 연구하다가, 나는 바닐라 맛이 나는 음식을 좋아할 뿐 정작 순수한 바닐라를 맛본 적은 없다는 사실을 깨달았다. 호기심에 부엌에 가서 바닐라 병을 꺼내 혀에 한 방울 떨어뜨렸다. 병에서 흘러나오는 향은 매력적이었지만 혀에는 알코올 맛이 났고(알코올이 바닐라 맛을 낸다) 화끈거릴 정도로 쓴맛이 강했다. 바닐라를 맛본 적 없는 데는 이유가 있었다. 바닐라 자체에는 맛이 없기 때문이다. 요리에서 '바닐라 1티스푼'은 맛이 아니라 향을 더하라는 뜻이었다.

흥미롭게도 바닐라는 *과용*해도 문제없다. 대부분의 향료는 적당량을 넘기면 맛이 오히려 나빠지지만 바닐라는 넉넉히 넣어도 맛이 좋다.[42] 이를 확인하려고 그릭 요거트에 평소처럼 몇 방울이 아니라 순가락 가득 넣어 보았다. 조심스럽게 맛을 봤더니 여전히 좋았다(한 컵 분량을 넣으면 과할 것이다).

1990년대부터 바닐라는 인기 향수 엔젤을 비롯한 수많은 향수의 주요 노트로 자리 잡았다. 내가 가장 좋아하는 향수도 톰 포드(Tom Ford)의 토바코 바닐(Tobacco Vanille)이다. 나는 향수 수업에서 바닐린(vanillin, 바닐라 밀크셰이크와 비슷한 향이다)의 매력에 빠졌다. 어디서나 사랑받는 향이 드물지만 바닐라는 보편적으로 인기다. 어쩌면 모유와 비슷한 향이 나서일까?

일부러 주의를 기울였더니 케첩과 바닐라의 맛이 훨씬 강렬하고 풍성해졌다. 이제 우리 집 부엌에서도 본격적으로 맛 탐험을 시작할 수 있을 것 같았다.

## 각자의 미각, 각자의 세계

우리가 살아가는 동안 오감은 언제 어떻게 행동할지 단서를 던져 준다. 나는 특히 미각에서 다른 사람들보다 경험하는 단서가 적은 편이었다. 미각이 예민하지도 않았고 맛을 탐구하는 데 특별한 관심도 없었다. 한 작가 모임에서 《팔레스타인의 식탁(The Palestinian Table)》과 《아랍의 식탁(The Arabesque Table)》의 저자 림 카시스(Reem Kassis)를 만났다. 림이 맛과 음식에 대해 열정적으로 이야기하는 모습을 보고 내가 얼마나 관심이 부족했는지 깨달았다.

"전 눈으로 보는 건 늘 경험하고 싶었고 맛으로 다른 문화를 탐험하는 걸 좋아했어요. 치마만다 응고지 아디치에(Chimamanda Ngozi Adichie)의 소설 《아메리카나(Americanah)》를 읽고 나서 졸로프 라이스(jollof rice) 같은 나이지리아 요리에 관심이 생겼죠."

"다른 사람이 음식을 먹는 모습을 보면 직접 먹고 싶어져요?"

"그럼요. 사실 누가 바삭한 치킨 텐더를 씹는 모습을 직접 보거나, 소리로 듣거나 글로 읽으면 뇌에서 화학 반응을 일으켜서 먹고 싶어진대요."

"전 그런 적 없는데요."

"정말요? 누군가 뭘 먹는 걸 봐도 전혀 먹고 싶지 않아요?" 림은 놀란 표정이었다.

"네, 저는 안 그랬어요."

이 대화가 끝난 뒤, 우리가 다르게 반응하는 이유를 깊이 생각해 보았다. 아무래도 내가 맛에 별로 민감하지 않은 성격이라는 걸 인정해야 할 듯했다.

하지만 문득 깨달았다. 나도 어떤 맛에는 극도로 민감해질 수 있다. 단것을 무척 좋아해서 쿠키, 사탕, 아이스크림은 물론 흑설탕도 그냥 퍼먹을 정도였다. 어렸을 때 우리 가족은 아버지의 생일마다 독일식 초콜릿 케이크를 구웠다. 그때 어른이 되면 독일식 초콜릿 케이크를 만들어서 반죽부터 크림, 완성된 케이크까지 실컷 먹겠다고 생각한 기억이 난다. 쿠키 앤드 크림 아이스크림이 출시됐을 때 너무 맛있어서 충격을 받았던 것도 생생하다. 브리야사바랭이 한 말이 떠오른다.

새로운 음식의 발견은 새로운 별을 발견하는 것보다 인류에게 더 큰 행복을 준다.[43]

누구나 단것을 좋아하지만 나는 입안에서 단맛을 느끼면 통제가 안 된다는 생각이 들 정도로 *더, 더* 많이 먹고 싶었다. "지금 먹을까, 나중에 먹을까. 두 개만. 아니 세 개, 네 개까지는 괜찮겠지. 내 생일이니까. 오늘은 특별한 날이니까. 그냥 지금 먹자. 조금만. 한 개만 더."

10년도 더 전에, 내 감각 환경을 형성하고 단맛 중독에서 벗어날 간단한 방법이 있음을 깨달았다. 나는 설탕을 끊었다.

원래 끊을 계획은 아니었는데 2012년에 가족 휴가 중에 우연히 게리 타우브스(Gary Taubes)가 쓴 《왜 우리는 살찌는가(Why We Get Fat and What to Do About It)》를 읽었다. 인슐린이 신체에서 하는 역할을 파헤친 책인데, 제1형 당뇨병을 진단받은 엘리자베스 때문에 인슐린에 더욱 관심이 생겼다.

이틀 만에 책을 다 읽었다. 암과 제2형 당뇨병, 고혈압, 심장병 등 전 세계에 퍼진 수많은 질환이 탄수화물의 종류와 양에서 비롯된다는 사실에 큰 충격을 받았다. 그 탄수화물의 대부분이 설탕이었다. 설탕 중독은 실존하는 위협이었다.

이 책의 주장은 번개처럼 내 머릿속을 때렸고 나는 식습관을 바꾸기로 결심했다. 호텔에 머물고 있었기에 메뉴에서 다른 음식을 선택하는 것만으로도 하룻밤 사이에 변화가 가능했다. 첫날 아침, 평소 호텔에서 먹던 밀기울 시리얼과 탈지유, 과일샐러드 대신 노른자가 들어간 스크램블드에그를 먹었다. 그날 이후로 곡물이나 전분이 많은 채소 같은 고탄수화물 식품을 의식적으로 피했다.

처음부터 이 식습관이 마음에 들었다. 음식은 맛있었고 혈액 검사 결과도 개선됐다. 이제 식사 사이에 배고픔을 느끼지 않았으며 무엇보다 설탕을 먹지 않으니 먹고 싶은 충동이 사라지면서 진부하고 소모적인 식탐에서 벗어날 수 있었다. 얼마나 다행인가! 때로는 뭔가 포기해야 더 큰 것을 얻는다.

감각은 순간적으로 기분을 전환하거나 기분 좋게 머리를 식혀 주지만, 우리는 가끔 건강하지 않은 방식으로 쾌감에 굴복한다. 현대인은 맛있는 음식을 폭식하려는 충동을 잘 억제하지 못한다. 인류는 수천 년에 걸쳐 안전하고 맛있고 영양가 있는 음식을 만들기 위해 익히고, 끓이고, 갈고, 굽고, 으깼다. 하지만 과거에는 음식을 구하고 준비하고, 값을 내는 것은 물론 씹는 데도 훨씬 많이 노력해야 했다. 오늘날 우리는 극도로 가공되어 거부하기 힘든 음식을 마주한다. 식품업계 전문가들은 '지복점(맛의 쾌감을 극대화하는 소금과 설탕 등의 이상적 배합 비율_옮긴이)'을 계산해 제품을 설계해서 소비자가 끝없이 먹게 한다.

설탕을 끊으면서 내가 '절제자(abstrainer)' 유형임을 깨달았다. 강한 유혹 앞에서 적당히 즐기기보다는 아예 포기하는 편이 더 쉽다는 뜻이다. 오레오를 전혀 안 먹을 수는 있지만 한 조각을 먹으면 열 조각을 먹게 된다. 차라리 안 먹는 편이 훨씬 쉬웠다. 반면 '조절자(moderator)'는 적당한 선에서 만족한다. 한 친구가 물었다. "가끔 브라우니조차 못 먹는 삶에 무슨 재미가 있어?" 나는 이렇게 대답했다. "모두가 그렇지는 않겠지만 난 브라우니를 안 먹어서 얻는 기쁨이 어떤 브라우니보다 커."

설탕의 유혹이 너무 많아 끊기 어렵다는 말을 자주 듣다 보니, 내가 어떻게 그렇게 쉽게 끊었는지 놀랍기만 하다. 하룻밤 사이에 설탕(사실상 대부분의 탄수화물)을 끊었고, 그 후로도 별다른 노력 없이 그 상태를 유지했다. 단맛을 그토록 좋아하던 내가 어떻게 환경에서 오는 음식의 유혹과 싸우지 않고 버텼을까?

그 답을 찾았다. 나는 오감을 연구하면서 뇌가 객관적 사실을 보고하지 않는다는 사실을 깨달았다. 뇌는 내게 필요한 정보만 골라서 보여 주며, 다른 사람에게는 이 정보가 필요하지 않을 수 있다.

예전에는 빵집에서 풍기는 유혹적인 향기나 진열대에 놓인 먹음직스러운 페이스트리에 시선이 갔다. 냉동실에 있는 아이스크림 통은 그냥 지나치기 어려웠다. 하지만 지금은 어떤지 생각해 보니, *달콤한 냄새나 매력적인 시각 자극에 거의 끌리지 않았다.* 단 음식을 먹지 않으니 뇌와 감각이 재조정되었고 더 이상 그런 신호를 강요하지 않는 것이다. 그렇게 유혹이 사라졌다. 사람마다 미각이 다르고 미각 세계도 각양각색이다. 모두가 다른 현실을 살아간다는 사실이 놀라웠다.

그래도 즐기고 싶은 것에 의도적으로 주의를 기울이면 원하는 대로 경험할 수 있다. 림의 열정에 영감을 받아, 나는 처음으로 맨해튼 시내에 있는 국제 음식 시장인 에식스 마켓(Essex Market)에 들렀다. 콘크리트 바닥으로 된 넓은 통로를 거닐며 실제 음식보다 세계적인 분위기와 문화, 맛, 무한한 *가능성*에 더 큰 흥미를 느꼈다. 특히 화려한 빛깔을 뽐내는 과일과 채소 더미를 바라보며 맡는 싱싱한 흙냄새가 좋았다. 여러 가지 음식을 살피다가 아이스박스에서 낯선 포장 용기를 골라 집으로 가져왔다.

"뭐 드세요?" 먹고 있는데 엘리너가 주방으로 들어오며 물었다.

"양념 오이 절임이야. 오이, 무, 고춧가루. 먹어 볼래? 맛있어." 내가 라벨을 읽으며 대답했다.

"오이 절임이라고요? *피클*을 사셨네요." 엘리너가 상냥하게 말했다.

"피클이라고?" 내가 되물었다. "특별한 걸 찾겠다고 그렇게 애썼는데!"

나는 모험을 시도해도 그다지 멀리 가지는 못하는 듯했다.


## 눈 감고 맛볼 때 알 수 있는 것들

나는 제한적인 미각을 확장하려고 몇 군데 시식 수업에 참석했다. 일리노이주에 있는 포나 인터내셔널(FONA International) 사의 '미식 연구 대학(Flavor University)'에서 이틀간 강의를 듣기도 했다. 함께한 동기생 75명은 대부분 맛 전문가였다. 우리는 몸이 맛을 경험하고 평가하는 방식, 업계의 최신 음식 트렌드를 추적하는 방법 등을 배웠다.

결론은 모두가 차세대 펌킨 스파이스(Pumkin Spice, 스타벅스의 인기 메뉴 펌킨 스파이스 라테로 유명하며 호박 퓌레와 향신료를 혼합하여 다양한 음료와 스낵에 활용된다_옮긴이)를 찾고 싶어 한다는 것이었다.

가장 재미있는 활동은 맛 비교 실험이었다. 평소 식습관은 접어 두고 여러 가지 사과 소스와 아침 식사용 바, 우유, 사탕, 바비큐 맛 감자 칩의 미묘한 차이를 구분해 보았다.

몇 가지는 직접 비교하고 싶어 어느 날 오후 고급 식품점의 치즈 코너를 찾았다. 다른 사람들은 치즈에 조예가 깊었지만 나는 내 취향도, 치즈의 진짜 맛도 잘 몰랐다. 수많은 치즈 종류에 1차로 겁을 먹고, 다음 손님과 계산대 직원의 세련된 대화에 주눅이 들어 결국 처음 보는 치즈를 골랐다. 그뤼예르(Gruyère) 치즈와 염소 치즈였다.

주방에서 연노란빛 그뤼예르를 먼저 맛보았다. 쫄깃하면서 약간 건조하고 짭짤한 고소함이 느껴졌다. 질감은 약간 거칠었는데 가끔 바삭한 입자가 기분 좋게 씹혔다. 순수하게 맛있다는 생각에 몇 입 더 먹고는 미각을 되돌리려고 물을 마셨다. 그리고 다른 치즈로 넘어갔다. 염소 치즈는 얇게 썰어 입에 넣었을 때 식용 껍질을 씹는 식감이 아주 좋았다. 그뤼예르보다 훨씬 부드럽고 끈적한 식감은 마음에 들었지만 흙 내음과 톡 쏘는 맛은 별로였다.

두 치즈 모두 전에도 먹어 본 적은 있지만 어떤 감각을 느낄 정도로 집중하지는 않았다. 이제야 알겠다. 나는 그뤼예르를 좋아하고 염소 치즈는 별로다.

몇 주 후에는 같은 방법으로 올리브를 탐구했다. 평소 올리브를 좋아했지만 구체적인 취향은 몰랐다. 여러 종류가 섞인 작은 팩을 사서 주방 테이블에 늘어놓고 종류별로 구분했다. 반짝이는 매끈한 표면과 우아한 모양, 선명한 색감이 감탄스러웠다.

하나씩 씹으며 느낀 점을 기록했다. 올리브에서 올리브 맛이 나겠거니 생각했는데 다양한 맛에 놀랐다. 큰 체리뇰라(Cerignola) 올리브의 시큼한 뒷맛이 아쉬웠지만 특유의 색깔은 참 아름다웠다. 보통

'올리브그린'이라고 하면 바로 이 체리뇰라의 색을 떠올린다. 쓴맛 나는 작은 갈색 니수아즈(Niçoise)도 취향이 아니었다. 카스텔베트라노(Castelvetrano)의 밝은 초록빛은 눈부셨지만 밀도가 만족스럽지 않았다. 가장 마음에 든 건 진부해도 고전적인 칼라마타(Kalamata)였다. 짙은 보라색의 매끈한 껍질, 탱탱한 '과육', 풍부하고 짭짤한 뒷맛이 인상 깊었다.

감각에 집중하니 '치즈'나 '올리브' 같은 모호한 인상이 선명해졌다. 안경을 쓰자 흐릿하던 주변 풍경이 뚜렷해지던 때처럼. 또한 비교하면서 나에 대해서도 알게 됐다. 내가 진짜 좋아하는 건 뭘까? 다른 사람의 취향에 휩쓸리지 않고 내가 진정 좋아하는 것을 고려했다. 내 취향을 반영할수록 감각 세계는 더 풍요로워진다.

게다가 비교하는 과정에서 아이디어가 떠올랐다. 고대 철학자부터 현대 과학자까지 모두 강한 사회적 유대감이 행복의 핵심이라는 데 의견을 같이한다. 관계를 맺으면 행복이 커지고 수명이 늘어나며 면역력이 강해지고 우울증 위험이 낮아진다. 하지만 이를 위해서는 시간과 노력이 필요하다.

친구들을 만나는 건 좋아하지만 사람을 초대하는 건 늘 부담스러웠다. 이번에는 기존의 만찬 방식을 바꿔서 나도 즐길 수 있는 파티를 열고 싶었다. 맛을 함께 나누며 사람들과 관계를 형성하고 서로를 이해할 수 있는 시식 파티를 열기로 했다. 제이미도 좋은 아이디어라고 해서 한 시간 동안 미각을 즐기는 자리에 두 커플을 초대했다.

손님들이 도착하기 전에 준비를 했다. 작은 컵과 숟가락을 구입해 각각 'A', 'B', 'C'라고 표시하고, 내가 고른 음식과 음료 샘플을 나눠 담았다. 자연적인 맛과 가공된 맛을 섞어 구성했고, 맛을 비교하기 좋은 음식과 특별히 논의할 만한 식품도 포함했다. (이번에는 과학 탐구의 정신으로 평소의 저탄수화물 규칙을 잠시 접었다.)

친구들이 자리에 앉았을 때 각자 앞에 자기 몫이 담긴 접시 두 개와 작은 컵이 놓여 있었다.

"특정한 맛을 시도하고 비교도 해 볼 거야." 내가 설명했다. "테이블 중앙에 있는 건 무염 크래커야. 다음 음식을 먹기 전에 미각을 초기화하고 싶으면 물을 마시면 돼. 먼저 감자 칩부터 비교해 보자. A, B, C가 있으니 A부터 시작해."

여섯 명이 A 칩을 입에 넣고 잠시 씹었다. 곧 토론이 시작됐다.

"맛있네. 전형적인 감자 칩 같고 뒷맛이 깔끔해."

"맞아, 맛있는 감자 칩이야."

"아니, 너무 짜지 않아?"

"확실히 짜긴 해."

"괜찮긴 한데 뭔가 평범해."

"이건 미국에서 1위를 차지한 칩이야. 레이즈 클래식(Lay's Classic)." 내가 알려 줬다.

알고 보니 테이블에 앉은 친구들 모두 레이즈 칩을 선호했다. 세븐일레븐 자체 브랜드인 세븐 셀렉트 케틀 포테이토 칩(7-Select Kettle Potato Chips, 눅눅하고 기름지다)과 미국에서 세 번째로 인기 있고 열성 팬층을 거느린 프링글스(바삭하지만 감자 맛이 안 난다)를 제쳤다.

다음은 생아몬드와 생캐슈넛을 비교했다. 예상외로 다들 아몬드에 열광했고 맛과 질감, 뒷맛을 칭찬했다. 한 친구가 말했다. "아몬드는 하나만 먹을 때 제일 맛있어."

그다음은 두 가지 밀크 초콜릿 바였다.

한 친구가 첫 조각을 입에 넣자마자 소리쳤다. "이거 허쉬다!"

"어떻게 알았어?" 내가 물었다.

"향이 딱 그래. 틀림없어."

모두 고급 초콜릿 바가 더 부드럽고 고소하다는 데 동의했지만 너무 달다고 느낀 사람도 있었다. 나는 아니다. *단 걸 좋아하니까.*

다음 컵 옆에는 작은 숟가락이 놓여 있었다. 내가 설명했다. "이건 케첩이야. 지금까지 미국에서 가장 인기를 끈 하인즈 제품이지. 케첩은 단맛부터 신맛, 짠맛, 쓴맛, 감칠맛까지 다섯 가지 기본 맛을 다 갖춘 대단한 소스야. 다섯 가지 맛이 다 느껴지는지 시험해 보자."

모두가 작은 숟가락에 담긴 케첩을 집중해서 맛보았다. 케첩이 대단하다는 데는 모두 동의했다.

"난 평소에 케첩을 안 먹어. 그런데 맛있네."

"맛이 풍부해. 다양한 맛이 살아 있어."

"사람들이 왜 그렇게 좋아하는지 알겠어."

"이게 케첩인 줄 몰랐더라면 아주 비싸고 정교한 소스라고 생각했을 거야. 진짜 복잡한 맛이야."

나는 속으로 생각했다. '*좋은 생각인데 다음번 시식 파티에서는 불을 끄고 사람들에게 케첩을 맛보게 한 다음 케첩이라는 걸 알아맞히는지 물어봐야겠다.*'

이제 가공되지 않은 음식을 맛볼 차례였다. 사과 샘플 세 개를 비교하며 먹는 동안 나는 맛을 표현할 적절한 형용사를 찾았다.

"꽃 향이 나? 떫어? 익었어, 싱싱해, 즙이 많아, 껍질 맛이 나, 달아, 와인 같아?"

사과를 씹으며 긴 논의 끝에 나는 미국에서 가장 인기 있는 사과 품종 세 가지를 준비했다고 밝혔다. "첫 번째는 1위 갈라(Gala) 품종이야. 두 번째는 2위 레드 딜리셔스(Red Delicious), 세 번째는 4위인 그래니 스미스(Granny Smith)야." 그래니 스미스가 그렇게 인기 있는 줄은 몰랐다. 내 입맛에는 너무 시큼했다. 레드 딜리셔스는 약간 퍼석한 느낌이었다.

"어렸을 때 레드 딜리셔스를 자주 먹었어. 요즘은 사과를 잘 안 먹지만 그때는 매일 학교 수업이 끝나면 하나씩 먹었어." 한 친구가 추억에 잠겼다.

"나도 그랬어. 집에 오면 TV를 보다가 숙제하기 전에 사과를 먹었어." 내가 말했다.

다음 맛도 빨리 선보이고 싶었다. "이 컵에 든 거 마셔 봐." 금빛 액체가 담긴 컵을 들며 말했다.

"난 아직 어린가 봐. 그런 색깔 음료는 꺼려지네." 제이미가 말했다.

"어서 마셔." 나는 제이미를 응시하며 말했다. "맛이 어때? 뭐 같아?" 모두가 한 모금 마셨고 즉각 반응이 쏟아졌다.

"이게 뭐야!"

"으악!"

"너무 맛없어."

"약 같아."

"어찌 보면 신맛이 나고, 단맛도 나는데…. 거의 금속 맛이야."

"괴상한 인공 베리 같은 건가?"

"좋아, 다들 별로라는 거네. 그런데 정체가 뭐게?" 내가 말했다.

아무도 맞히지 못했다.

"레드 불이야! 1987년에 출시돼서 인기를 끌자 식품 과학자들도 놀랐지.[44] 요즘 에너지 음료는 다 저런 '톡 쏘는' 맛이 나."

"맛없어." 한 친구가 말했다. 그러고는 또 한 모금 마셨다. "그런데 좀 흥미로운 맛이긴 해."

"맞아. 난 계속 마시고 싶더라." 내가 말했다.

그날 저녁, 한 커플이 팝 록스(Pop Rocks) 사탕을 가져와서 우리는 그 신기한 사탕으로 파티를 마무리했다. 어릴 적처럼 손바닥 위에 조용히 놓인 사탕 '조약돌'을 바라보다가 입안에서 톡톡 튀는 상반된 느낌을 음미했다.

파티 내내 우리는 다양한 맛에 대한 반응을 나누며 공통점을 발견했다. 누군가는 뒷맛을, 다른 이는 향기나 질감, 본연의 맛, '청량감'을 중요하게 여겼다. 나처럼 단맛을 좋아하거나 극단적으로 단맛에 열광하거나, 신맛을 선호하기도 했다.

가장 놀라운 건 맛이 불러온 기억이다. 연휴에 먹던 음식, 예전 직장 동료의 습관, 여행한 나라, 좋아하는 것과 싫어하는 것을 나눴다. 어린 시절 먹던 사탕 얘기까지 나왔다.

한 친구가 말했다. "내가 사탕을 좋아하는 건 대부분 옛 추억 때문이야. 예전에는 네코 웨이퍼(Necco Wafer)가 분필 맛이 나서 별로 안 좋아했어. 그런데 이 사탕을 보면 엄마가 떠올라. 항상 차에 두고 드셨거든. 보스턴 여름은 정말 더운데도 안 녹더라고."

"그래서 난 지금도 체리 매시(Cherry Mash)를 좋아해. 어릴 때 먹던 사탕이라서." 다른 친구가 말했다. 이 말로 체리 매시의 장점을 놓고 열띤 토론이 벌어졌다.

맛 테스트는 정말 재미있었다. 단순한 사교 모임이 아니었다. 경험을 나누며 웃고 이야기했고 식탁에 둘러앉은 사람들과 어느 때보다 가까워진 느낌이 들었다. 나는 동생이 어렸을 때 종종 피클 국물을 마셨다는 건 알지만, 친구들의 취향과 추억을 알 기회는 흔치 않았다. 그날의 대화는 유독 따뜻하고 친밀했다. 한 친구는 식감에 예민했고 다른 친구는 과일을 거의 먹지 않았다. 이런 세세한 정보를 알게 되어 친구들의 본성을 더 깊이 이해할 수 있었다.

청소하면서 제이미에게 물었다. "재미있었어?" 제이미는 원래 이런 경험을 그리 좋아하는 성격이 아니다.

"재미있었지. 다들 그랬을 거야. 뭔가 색다르더라. 다음에 또 할까?"

"좋지."

다음번에는 저녁 식사 후 차나 커피 시음회를 열어도 좋겠다. 토마토나 머스터드, 마요네즈, 식초를 베이스로 한 소스를 곁들인 바비큐를 내놓을 수도 있다. 디저트로는 다양한 브랜드의 바닐라 아이스크림을 준비해서 무엇이 가장 맛있는지 비교하면 어떨까? 나는 초대할 친구들 명단을 작성했다.

## 맛에 얽힌
### 추억을 나누다

시식 파티와 여러 실험을 하면서 미각을 통해 사람들과 기억을 나눌 수 있다는 사실을 깨달았다. 다시 하고 싶었지만 이번에는 더 의미 있고 친밀한 방식이길 원했다.

맛을 이용해서 시어머니 주디를 더 잘 알 수 있겠다는 생각이 들었다. 몇 번 스쳐 지나가듯 언급했을 뿐, 주디가 어린 시절 어떤 맛을 경험했는지 들은 적이 거의 없다. 그녀가 좋아했던 맛과 기억을 함께 탐구하면 주디를 더 깊이 이해할 수 있을 듯했다.

어디로 갈지는 이미 정해져 있었다. 주디는 전통 유대 음식을 먹으며 자랐고 유대 요리에도 능숙했다. 뉴욕의 로어 이스트 사이드는 다양한 이민자가 많이 사는 곳인데, 특히 유대 문화의 중심지로 유명하며 훌륭한 유대 음식을 맛볼 수 있는 곳이다.

주디에게 함께 맛을 탐험하자고 제안하자 그녀는 반기며 승낙했고 엘리자와 엘리너도 가겠다고 했다. 제이미의 부모님은 우리 집 바로 앞에 살기 때문에 모퉁이만 돌면 길을 건널 필요도 없었다. 덥지 않으면서도 화창한 여름날, 주디를 만나 시내로 가려고 계단을 내려갔다.

건물 밖으로 나오자 주디가 걸어오는 모습이 보였다. 건강하고 활기찬 그녀는 긴 산책을 대비해 좋아하는 카키색 바지에 테니스화를 신고 있었다.

"아침을 안 먹었어. 배가 부를 만한 음식이니까 속도를 조절해야 해." 주디가 말했다.

"네 조각으로 나눠서 먹으면 되겠네요. 그러면 다양한 음식을 맛봐도 너무 빨리 배부르지 않을 거예요." 내가 대답했다.

"어디서부터 시작할까요?" 엘리너가 물었다.

"이스트 휴스턴(East Houston)에 있는 요나 시멀의 크니시 베이커리(Yonah Schimmel's Knish Bakery)부터 갈 거야." 나는 지도를 보며 말했다. 평소에 사람들이 크니시 이야기를 자주 했고 이름을 발음해 보는 것도 재미있었지만, 정작 그 맛이나 모양은 전혀 알지 못했다. 우리는 크니시를 맛보러 로어 이스트 사이드의 북쪽 경계인 휴스턴 가로 향했다.

요나 시멀의 아담한 가게에서 우리 네 사람은 감자와 고구마, 적양배추, 버섯 같은 속이 들어간 반죽을 천천히 살펴봤다. 의논 끝에 채소 크니시를 나눠 먹기로 했다. 거대한 비스킷 위에 야채 조각들이 박힌 듯한 모양이었다.

작은 가게 내부에는 자리가 없어, 우리는 인도에 서서 플라스틱 포크로 페이스트리를 파먹었다. 컵처럼 생긴 얇은 페이스트리 속에 당근, 양파, 깍지 콩, 향신료를 섞은 으깬 감자가 가득했다.

"맛있어요. 전 으깬 감자를 좋아하거든요." 엘리자가 말했다.

"그러게, 감자 맛이 강해. 다른 채소 맛은 잘 안 느껴져." 내가 동의했다.

"괜찮긴 한데 좀 느끼하네. 우리 할머니가 만든 것만 못해. 할머니 크니시는 더 작고 깔끔했거든. 필로(phyllo) 반죽에 짭짤한 치즈나 다진 간을 넣어 만드셨는데, 앵두를 넣으면 달콤해졌지. 정말 맛있었어."

우리는 이스트 휴스턴 가를 따라 러스 앤드 도터스(Russ &

Daughters)로 이동했다. 훈제 생선과 캐비어, 베이글로 유명한 '애피타이징 숍(appetizing shop, 뉴욕 유대인 커뮤니티에서 유래한 음식점으로 주로 베이글과 곁들여 먹는 음식을 판매한다_옮긴이)'이었다. 아까의 작은 크니시 가게와 달리 이곳에는 줄이 길게 이어져 좀처럼 줄어들 기미가 안 보였다.

기다리며 주디에게 물었다. "어머니 가족은 어디 출신이에요?" 그동안 가족 역사에 대해 단편적으로만 들었을 뿐 정확한 계보는 몰랐다. 제이미 쪽은 물론 내 가족도 마찬가지였다.

"할머니는 우크라이나 베르디치우(Berdichev) 출신이야. 증조할머니는 모스크바 출신이라고 들었어. 유대인은 모스크바에 살면 안 된다지만 지체 높은 고객을 상대하는 미용사여서 특별히 허용됐대."

주디는 어린 시절 필라델피아와 애틀랜틱시티에서 먹던 음식들을 이야기해 주었다. "부모님과 나는 외갓집에서 살았고 할머니가 요리를 도맡으셨어. 정말 솜씨가 대단하셨지. 직접 스투르들(strudel, 얇은 페이스트리에 과일을 얇게 싸서 굽는 디저트_옮긴이) 반죽을 하셨거든. 뜨거운 보르시치(borscht, 우크라이나식 전통 수프_옮긴이)도, 차가운 보르시치도 잘하셨어. 닭 지방을 직접 떠서 이런저런 요리에 쓰시기도 했고. 명절이 다가오면 커다란 생선을 욕조 물에 담가 놨다가 요리하셨어."

"생선이 살아 있었나요? 생선을 욕조에 얼마나 오래 담갔어요?" 엘리너가 물었다.

"살았는지 죽었는지 기억이 안 나네. 어쨌든 욕조에 있었어."

"어머니의 어머니도 요리하셨나요? 어머니는요?" 내가 물었다.

"어머니가 가끔 돕긴 했는데, 할머니 요리는 손이 너무 많이 갔어.

뭐 하나 준비하려면 온종일 걸렸거든. 그리고 난 어른이 될 때까지 요리에 관심이 없었어. 우리는 코셔(kosher, 유대인의 식사 규율을 준수하여 허용되는 음식_옮긴이)를 따르지 않아서 규칙을 다 지킬 필요가 없었지. 다른 가족들은 안 하는 걸 했던 것 같아. 금요일 밤마다 이모와 삼촌이 와서 베이글과 훈제 연어를 먹었어."

"어떤 베이글이요?" 엘리자가 물었다.

"그냥 플레인 베이글. 그때는 다른 종류가 없었어."

줄이 짧아지고 문에 가까워지자 진열창 너머로 다양한 말린 과일이 눈에 들어왔다.

"왠지 몰라도 말린 과일은 현대적인 음식 같아. 물론 아닌 건 알지만." 내가 말했다.

"어렸을 때 말린 과일을 많이 먹었어. 자두 졸임! 그게 생각나. 어르신들이 좋아하셨어." 주디가 말했다.

마침내 가게 안으로 들어섰다. 진열대와 유리 케이스에는 다양한 크림치즈와 훈제 생선, 베이글로 빼곡했다. 우리는 카운터 위에 놓인 플라스틱 메뉴판을 훑었다. 주디는 베이글 위에 크림치즈를 바르고 훈제 연어, 대구, 철갑상어를 층층이 쌓아 올린 '메슈게(meshugge, 유대어로 미쳤다는 뜻_옮긴이)' 샌드위치를 골랐다. 재료는 전통적이지만 이름은 현대적이었다. '맛난 훈제(yum kippered)', '화려한 델랑시 거리(fancy delancy)', '슈테틀(shtetl, 동유럽의 작은 유대인 마을을 가리키는 말_옮긴이)' 같은 독특한 이름의 메뉴들도 눈에 띄었다. 나는 직원에게 샌드위치를 네 조각으로 나눠 달라고 부탁했다. 크기가 *커서* 다행이었다. 러스 앤드 도터스에 자리가 없어서 우리는 거리로 나와 동그랗게 모여 각자

몫을 먹었다.

"너무 커서 입에 안 들어가." 나는 턱에 묻은 크림치즈를 닦으며 중얼거렸다.

"맛있어요." 엘리너가 말했다.

"그러게. 짭조름해." 내가 동의했다. 씹으면서 재료를 구분하려 했지만 여러 가지 맛이 뒤섞여서 잘 분간되지 않았다. 어쨌든 맛있었다. 생선 조각이 입안에 달라붙을까 걱정했는데 그렇지 않았다. 진하고 살짝 끈적한 크림치즈의 질감과 쫄깃한 베이글 덕분인 듯했다.

"어릴 때 먹던 맛과 비슷해요?" 나는 주디에게 물었다.

주디는 잠시 생각하더니 대답했다. "글쎄, 별로 비슷하지는 않지만 종류는 같아. 그래서 그때 생각이 나기는 하네."

샌드위치 4분의 1을 해치우고 다시 지도를 폈다.

"이제 어디로 갈 거야?" 주디가 물었다.

"이코노미 캔디(Economy Candy)요. 가 보셨어요?" 로어 이스트 사이드에 있고 나와 엘리자, 엘리너가 자주 가던 곳이다(안 먹어서 그렇지 나는 사탕이라면 다 좋다).

"아니, 처음 듣네."

"진짜 보물 창고예요. 시간 여행이 따로 없죠."

리빙턴(Rivington) 거리를 내려가며 뉴욕에 대한 사랑이 밀려왔다. 수많은 맛과 얼굴, 유니폼과 상품, 직업과 삶이 이 공간에서 교차한다. 나는 거리와 통로를 지날 때마다 모든 문을 두드리며 외치고 싶었다. "더요, 더 보여 줘요!" 도시는 *바로 여기*, *지금*, 내 주변에서 숨 쉬고 있었다.

우리 넷은 이코노미 캔디 매장에 들어섰고 나는 눈앞에 펼쳐진 현란한 광경에 놀라 입구에 잠시 멈췄다. '잇츠슈거(It'Sugar)'와 '딜런스 캔디 바(Dylan's Candy Bar)' 같은 요즘 사탕 가게가 세련되고 깔끔하며 값비싸다면 이곳은 구식이고 저렴하며 정신없었다.

통로를 따라 걸으며 베이컨 맛 민트, 초콜릿 밴드에이드(chocolate Band-Aids) 같은 기발한 사탕과 위성 웨이퍼(Satellite Wafer), 담배 사탕(candy cigarette) 같은 옛날 제품을 구경했다. 그러다 종이에 동그란 사탕이 점점이 박힌 캔디 버튼(Candy Buttons)을 보고 데이미언 허스트(Damien Hirst, 영국의 현대 예술가_옮긴이)의 작품을 떠올렸다. 맛은 형편없었지만 다채로운 색깔만큼은 예술이었다.

"과거에서 튀어나온 사탕 같아! 아주 생생하게 기억나." 주디가 감탄했다.

"어릴 때 제일 좋아한 사탕은 뭐예요?"

"메리 제인스(Mary Janes). 지금 찾는 중이야."

"메리 제인스라면 저도 알아요. 땅콩버터랑 당밀 맛이 나는 쫄깃한 사탕이죠." 내가 말했다.

직원이 계산을 마친 다음 우리는 에식스(Essex)를 지나 그랜드 스트리트(Grand Street)로 향했다. 코사르 베이글 앤드 비알리스(Kossar's Bagels & Bialys)에 들러 초콜릿 바브카(babka, 초콜릿, 시나몬 등을 넣은 꼬임 모양의 빵_옮긴이)와 양파 플레이크를 뿌린 구운 비알리(bialy, 납작한 롤빵_옮긴이)를 맛본 뒤 마지막으로 피클 가이스(Pickle Guys)에 갔다. 짭짤하고 시큼한 냄새가 진동하는 방 하나짜리 가게에는 오크라(okra, 아욱과에 속하는 속씨식물_옮긴이), 셀러리, 당근, 비트, 순무를 절인 피클이 담긴 붉은 통 40개가 들어차 있었다. 우리는 고민 끝에 딜(dill, 허브의 일종_옮긴이)을 골라서 집으로 향했다.

동네에 도착해 주디에게 작별 인사를 건넸다. "정말 재미있었어! 그냥 동네 음식점에서 이것저것 먹는 것과는 달랐어. 진짜로 옛날 기억이 떠오르더라. 옛날 음식을 먹으니 마음이 따뜻해졌어." 주디가 말했다.

우리 네 사람은 모두 이 나들이를 즐겼다. 모두가 함께하는 시간이었다. 주디의 어린 시절 이야기를 들었고 엘리자와 엘리너는 가족의 역사에 대해 더 알게 되었다. 뉴욕의 유서 깊은 지역을 탐험하며 모험 같은 하루를 보냈다.

"진짜 좋았어요. 가길 잘했어요." 저녁 식탁에서 엘리자가 말했다.

"구체적으로 어떤 점에서?" 내가 물었다.

"할머니의 어린 시절 얘기는 들어 본 적 있지만 이렇게 생생하게 들은 건 처음이에요. 욕조에 넣어 둔 생선 얘기도 그렇고요. 할머니의 할머니 얘기도 많이 들었죠. 그분이 할머니께 중요한 분인 건 알았지만 이렇게 자세히 말씀하신 적은 없거든요. 음식도 다 맛있었고요."

"할머니가 어린 시절 어떤 모습으로 어떻게 살았는지 눈에 그려졌어요. 더 현실적으로 다가왔죠." 엘리너가 덧붙였다.

이 모든 게 바로 미각의 힘이었다.

# 메트로폴리탄 미술관에서의
## 미각 실험

매일 메트로폴리탄 미술관을 더 즐겁게 방문하기 위해 오감을 모두 깨우기로 했다. 다행히도 미술관에는 전시실뿐만 아니라 식당과 카페도 있었다. 이런 시설은 늘 붐비고 인기가 많았지만 누군가에게는 불필요한 부대시설로 보일 수 있다. 어쨌든 미술관에 오는 목적은 *미술품*을 보는 것이기 때문이다. 하지만 사람은 배고프고 목마를 수 있고, 그렇지 않더라도 그냥 먹고 마시거나 쉬고 싶을 때도 있다. 가끔은 계속 나아가려면 멈춰야 하는 법이다.

나는 친구나 가족들과 미술관에 가면 종종 음료나 간식을 권했다. 엘리너와 함께 가면 미국관에 들러 라테를 주문했다. 아름다운 공간에 앉아 따뜻한 음료를 마시는 건 정말 기분 좋은 일이었다.

하지만 혼자 미술관에 갈 때는 오감 중 미각이 가장 소외됐다. 무엇보다 별로 쉬고 싶지가 않았다. 미술관에 있는 것 *자체*가 휴식이었다. 집에 있을 때는 지루하면 무엇인가 먹거나 마실 것을 찾았지만 미술관에서는 지루한 순간도 기꺼이 받아들였다.

철학자 가스통 바슐라르(Gaston Bachelard)는 이렇게 썼다. "놀이를 멈추고 다락방 구석에서 지루함을 선택하는 아이들이 있다. 삶이 너무 복잡해져 자유의 싹조차 보이지 않을 때, 그 지루한 다락방을 그리워한 순간이 얼마나 많았던가!"[45] 메트로폴리탄 미술관은 내 다락방이었다. 나는 지루함을 통해 언뜻 칙칙해 보이는 전시실에 흥미를 느꼈다. 고대 키프로스 조각상의 기발한 표현에 끌렸고, 화려한 프랑스 시대 방에서는 구석에 놓인 금박 하프 옆, 벨벳으로 덮인 실크 안감 개집에 시선을 빼앗겼다.

한번은 일이 있어서 엘레우시스 밀교(Eeleusinian Mysteries, 고대 그리스 마을인 엘레우시스를 중심으로 데메테르와 페르세포네를 섬기는 종교_옮긴이) 유적지에서 온 대리석 조각상을 보러 갔다. 나는 오래전부터 엘레우시스 밀교에 관심이 많았다. 사람들은 수백 년 동안 엘레우시스에서 9일간 입문식을 치르며 위대한 비밀을 계시받았다고 전해진다. 흥미롭게도 수 세기에 걸쳐 많은 이가 입문식을 치렀지만 그 *비밀을 누설한 사람이 단 한 명도 없었다*. 오늘날까지도 우리가 아는 건 '무언가를 읊고, 보여 주고, 수행했다'는 사실뿐이다.

나는 데메테르 여신과 페르세포네가 한 소년과 함께 서 있는 대리석 조각상을 바라보며 인간의 이런 본성을 곰곰이 생각해 보았다. 밀주를 파는 가게든 가십이 오가는 모임이든, 애거사 크리스티의 소설이든, 친구의 약장, 우주의 기원 연구, 엘레우시스 밀교든 우리는 비밀을 알고 싶어 한다.

'정보를 비밀로 유지하면 더 흥미로워진다'라는 생각이 들었다. 꽤 괜찮은 명언 같았다. 나는 짧은 문장에 심오한 진실을 담은 명언을 좋아한다. 그러다 문득 깨닫고 흥분했다. '아니, 내가 직접 명언 모음집을 쓸 수도 있겠네!' 나는 명언을 모은 책을 *정말* 쓰고 싶었다.

보통 책을 쓴다고 하면 놀이처럼 들리지는 않을 것이다. 하지만 평소 글을 쓰다가도 '나의 색채 순례', '예언', '행복 연감' 같은 비공식 프로젝트를 틈틈이 진행했다. (가끔은 이런 심심풀이 프로젝트가 《외면의 질서, 내면의 평화》처럼 진짜 책으로 이어지기도 한다.)

예전에는 딴짓을 하면 '진짜' 프로젝트에 쏟아야 할 에너지를 뺏길까 봐 걱정했다. 그냥 *일을 미루는 건 아닐까?* 부수적인 프로젝트에 쓸데없이 열을 올리느라 정작 중요한 일을 놓치면 어떡하지? 어쨌든 일하는 것조차 아주 위험한 형태의 미루기가 될 수 있다.

하지만 시간과 경험은 내게 이 놀이의 가치를 알려 주었다. 연구 결과에 따르면 우리는 많이 창조할수록 가치 있는 무언가를 만들어 낼 확률이 높아진다고 한다.[46] 자주 시도할수록 실수도 늘지만 그만큼 성취도 커진다. 내 경우 감각에 집중하면 이렇게 유쾌하고 생산적인 마음가짐으로 들어설 수 있었다.

마구 질주하는 생각의 속도를 따라가기 위해 전시실을 천천히 거닐었다. 모든 물건의 색채가 대담하게 다가왔다. 좋았어, 명언을 담은 책을 쓰자! 어서 책상 앞에 앉아 새 글을 쓰고 싶었다.

## 눈을 감으면 맛이 깊어진다

오감을 공부하면서 무엇이 가장 흥미로웠냐고? 한 감각이 약해지면 그 공백을 메우려고 다른 감각이 작동한다는 사실이었다.

나는 '어두운 곳에서 저녁 먹기'가 유행한다는 소리를 듣고 직접 체험해 보고 싶었다. 마침 시내에 있는 애비게일스 키친(Abigail's Kitchen)에서 저녁 식사 내내 손님들의 눈을 가리는 행사를 연다는 소식을 들었다. 식당 웹사이트에는 '음식을 먹을 때 시각을 배제하면 다른 감각이 고조되어 냄새와 질감, 소리가 모두 더 강렬해진다'고 설명했다.

궁금했던 나는 서둘러 엘리자와 제이미가 함께 갈 수 있는 날을 잡았다(와인도 식사에 포함되었기 때문에 미성년자인 엘리너는 갈 수 없었다). 약속한 날 저녁, 우리는 식당의 바에 앉아 다른 손님 13명과 함께 모험이 시작되길 기다렸다. "이건 데이트용으로 인기인가 봐." 나는 줄을 선 사람들을 보며 말했다.

"엄마, 탄수화물 먹을 거예요?" 엘리자가 물었다.

"주는 대로 먹어야지. 다 가져오라고 해!"

먼저 애비게일이 눈은 뜰 수 있지만 보이지는 않는 가벼운 안대를 직접 나눠줬다. 우리는 조를 나눠 가파른 계단을 내려가 안대를 착용한 후 식당으로 안내받아 자리에 앉았다. 나는 주변 풍경을 상상했다. 녹음된 새소리가 들렸고, 흰색과 초록색, 격자무늬 장식과 식물이 어우러진 정원을 떠올렸다(나중에 보니 실제 공간은 전혀 달랐다).

자리에 앉자 애비게일은 앞에 놓인 작은 바구니에서 따뜻한 수건을 꺼내 손을 닦으라고 했다. 직원들이 수건을 치운 뒤 본격적인 식사가 시작됐다.

메뉴는 비밀이어서 제이미, 엘리자와 함께 음식이 무엇인지 맞히는 재미가 있었다. 첫 번째는 쉬웠다. 올리브유와 마늘을 넣고 소금을 듬뿍 뿌린 바삭한 삼각 토스트였다. 안대 덕분에 씹는 소리가 또렷하게 들렸다.

다음은 컵에 담은 차가운 수프였다. 맛있었다. 바질이 들어간 토마토수프 같았다. 수프 다음에는 비트와 염소 치즈를 곁들인 파스타

샐러드가 나왔다. 이번에도 맞히기 쉬운 편이었다. 어둠 속에서 파스타의 매끄럽고 단단한 표면과 비트의 달콤한 흙내음, 염소 치즈의 부드러운 식감이 더욱 생생하게 느껴졌다. 미각 시험에서 알게 되었듯이 나는 맛이 강한 염소 치즈를 선호하지 않았는데 다행히 이 치즈는 순한 맛이었다.

"다들 먹으면서 훔쳐보는 것 같지 않아요?" 엘리자가 속삭였다.

"당연히 그렇겠지."

다음 코스가 나왔다. 기름지고 쫄깃한 고기를 몇 조각 입에 넣고 나서 스테이크라는 건 알았지만 살짝 시큼한 맛이 나는 다른 음식의 정체는 도통 감이 잡히지 않았다.

"잘라서 입에 넣기가 힘드네. 포크로 찍기 어려운 사람?" 내가 말했다.

"저요." 엘리자가 대답했다.

"나도 손을 좀 썼어." 고백하며 덧붙였다. "이제야 수건을 준 이유를 알겠다."

"걱정 마, 아무도 못 보니까." 제이미가 말했다.

"직원들은 다 보잖아요! 지저분하게 그러지 마세요!" 엘리자가 외쳤다.

디저트로 바닐라 아이스크림을 곁들인 따뜻한 초콜릿 케이크까지 쉽게 알아내고 나자 애비게일은 다들 안대를 벗으라고 했다. 그러자 밝은 나무로 마감된 미니멀한 분위기의 아늑한 방이 눈에 들어왔다. 상상과는 전혀 다른 풍경이었다. 애비게일이 메뉴를 공개하자 다들 웃으며 소리쳤다. "아, 그거였군요!" 알고 보니 수프에는 완두콩과 민트가 들어갔고 주요리는 오리고기였으며 시큼한 맛은 석류였다. 애비게일의 설명이 끝나고 우리는 박수로 그날 저녁을 마무리했다.

이 식사는 미각 훈련에 제격이었다. 맛과 식감, 입에 넣는 과정까지 한 입 한 입 의식하며 평소보다 천천히 먹었다. 각 요리에 들어간 재료와 양념을 훨씬 깊이 인식할 수 있었다.

그날 저녁은 다른 감각을 위한 훈련이기도 했다. 작은 방은 음악과 대화로 북적여서(식사에 집중하라는 의도였을까?) 소리가 잘 안 들렸고 제이미와 엘리자가 보이지 않아서 더 주의 깊게 들어야 했다. 두 사람이 어디 있는지 확인하려고 계속 손을 뻗어 만졌다. 제이미와 엘리자가 평소보다 가까우면서도 먼 듯한 묘한 느낌이 들었다.

무엇보다 그날 저녁은 *재미있었다*. 내가 종종 여는 미각 파티의 고급 버전 같았다. 제이미와 엘리자, 나는 색다른 모험을 함께하며 유쾌한 시간을 보냈다.

하지만 순수한 미각 훈련이라는 측면에서 본다면 메뉴를 미리 알았으면 맛을 더 잘 느꼈을 것 같다. 식사 후 애비게일은 손님들이 예약하면서 싫어하는 음식을 미리 알려 준다고 했다. 안대는 싫어하는 음식을 속여 먹이려는 수단이 아니라, 시각 이외의 감각에 집중하도록 돕는 도구라고 설명했다. 나로서는 음식 맞히기가 재미있었지만 동시에 경계심 때문에 맛을 완전히 즐기지는 못했다.

'어둠 속에서의 식사'가 즐거웠던 이유는 참신했을 뿐만 아니라 사랑하는 사람들과 특별한 저녁을 함께했기 때문이다. 또 평소에는 개별 재료에 신경 쓰지 않고 요리를 하나의 맛으로 인식했다는 사실을 깨달았다. 어둠 속에서 식사하는 동안 시각이 차단되자 각 요리의 다양한 요소, 특히 염도와 식감을 평소보다 훨씬 예민하게 느꼈고 이런 섬세한 감각이 더 큰 즐거움을 주었다.

나는 제이미와 엘리자에게 선언했다. "이제부터 식당에서 주문할 때마다 무슨 재료가 들었는지 설명을 읽고 하나하나 제대로 맛보려고 노력할 거야."

"좋은 생각이네요. 저도 그렇게 해야겠어요." 엘리자가 말했다.

더 많이 알아차릴수록 더 깊이 즐길 수 있다.

## 맛본다는 것의 새로운 의미

'미각'을 넘어 '촉각'이라는 주제를 준비하면서 내 안에서 더 깊은 변화를 실감했다. 안과에서 집으로 돌아가던 잊을 수 없는 산책길에서 감각을 새롭게 깨닫고 깜짝 놀랐다. 그 순간 처음으로 변화를 느꼈다. 이제 공식적인 오감 활동과 상관없는 일상에서도 자연스럽게 감각에 집중했다. 주류 판매점에서 나무와 유리 냄새를 맡았고, 서점 스피커에서 흘러나오는 〈히얼 컴스 더 선(Here Comes the Sun)〉에 귀를 기울였다. 아보카도 샐러드를 입에 넣으며 희미한 라임 향을 감지했다.

지금까지 얼마나 감각을 무시했는지 새삼 놀라울 정도였다. 사실 감각을 무시할 수는 없다고 생각했다. 좋고 싫음만큼 분명한 것도 없을 테니까. 하지만 혀로 맛보거나 눈으로 봤어도 진정으로 주의를 기울이지는 않았다. 이제 나는 칼라마타 올리브는 좋지만 니수아즈는 싫다는 걸 안다. 브로콜리니(브로콜리와 중국 채소 가이란을 교배한 품종_옮긴이)보다 브로콜리가 더 좋다. 자동차 앞 유리의 와이퍼가 비를 쓸어 내는 모습을 보면 묘하게 기분이 좋았고 튜베로즈보다 장미 향이 더 좋았으며 페이퍼 타월 브랜드가 바뀌면 금방 알아차렸다. 내 삶의 경험, 본성에 대한 인식이 점점 선명하고 뚜렷해졌다. 노력할수록 더 열심히 하고 싶어졌다.

사실 탐험심이 너무 강해서 사회적 관습을 위반한 적도 있다. 잘 모르는 사람과 점심 약속을 한 날이었다. 그의 메뉴에 주키니 칩이 사이드로 나왔는데, 씹을 때 바삭거리는 소리가 유난히 컸다. 깊이 생각하기도 전에 말이 튀어나왔다. "지금 드시는 칩이 엄청 바삭거리네요! 맛있어 보여요. 조금 맛볼 수 있을까요?"

"그럼요." 그가 놀란 표정으로 말했다.

그가 숟가락으로 주키니 칩을 내 접시에 담는 동안, 나는 무례에 가까운 행동을 두 가지 했다는 사실을 깨달았다. 상대방이 먹는 소리가 시끄럽다고 했고 잘 알지도 못하는 사람에게 음식을 나눠 달라고 했다.

"고마워요, 정말 맛있겠네요!" 나는 수줍게 말했다. 뭐, 어쩌겠는가.

나와 맛의 관계를 돌아보면, 설탕을 끊고 나서 내 삶이 훨씬 *달콤해진* 건 사실이지만 재미가 조금 사라졌다는 사실도 부정할 수 없다. 이제 쿠키로 아이들을 놀라게 하거나 디저트를 주문하지 않는다. 설탕을 넣으면 음식이 확실히 더 흥미로워진다. 만약 금지된 게 양배추였다면 아담과 이브가 유혹을 느꼈을까?

나라면 금방 포기했을 것이다. 작가 새뮤얼 존슨(Samuel Johnson)은 말했다. "삶은 온갖 장식이 있어도 척박하기 그지없다. 그러니 장식을 벗겨 낼 때는 조심해야 한다."[47] 오감 실험을 시작한 이유에는 내 수도사 같은 성향을 중화하고 싶은 마음도 있었다. 설탕 없는 삶을 원했지만 동시에 소금과 노래, 진홍빛을 더한 삶을 살고 싶었다.

미각을 더욱 깊이 탐구할수록, 이 감각이 내게 특별한 영향을 준다는 사실을 깨달았다. 맛(정확히 말하면 맛과 음식)은 나를 이 순간에 붙잡아 둘 뿐만 아니라 과거의 기억과도 이어 주었다. 앞으로는 이런 연결고리에 더욱 주의를 기울이기로 했다.

메인주에서 주말을 보낼 때 제이미가 퍼지(fudge, 설탕, 버터, 우유 등으로 만든 사탕과 비슷한 디저트_옮긴이)를 많이 먹었다는 사실을 어렴풋이 기억만 하기보다, 그 퍼지를 행복한 순간을 떠올리게 하는 매개체로 삼았다. 추운 겨울이 오면 제이미에게 퍼지 한 봉지를 건네며 이렇게 말할 수 있을 것이다. "여름에 그 작은 해변 마을에 있을 때 퍼지를 얼마나 많이 먹었는지 기억나?"

맛은 사람들 사이를 더 깊고 단단하게 이어 주기도 한다. 시어머니가 어린 시절에 먹었던 음식 이야기를 들으며 그녀와 가까워졌고, 친구들과 좋아하는 음식과 싫어하는 음식 이야기를 나누며 서로를 더 잘 알게 되었다. 나는 친구들은 물론 처음 만난 사람에게도 맛에 얽힌 기억을 물었다. "초등학교 때 점심으로 뭘 먹었어요?", "제일 좋아했지만 부모님이 사 주지 않으셨던 불량 식품은 뭐예요?", "다른 데는 없고 고향에만 있는 최고의 향토 음식이 있었나요?", "한때 좋아했는데 지금은 싫어하게 된 음식 있어요? 그 반대는요?" 사람들은 이런 질문에 추억을 떠올리며 즐거워했고 나는 그들의 삶을 엿볼 수 있었다.

맛이 순간을 특별하게 만들고 과거를 불러오며, 사람 사이의 유대감을 키울 수 있다는 사실을 깨닫고 나서 수많은 추억과 전통이 왜 맛을 중심으로 돌아가는지 이해하게 되었다. 그리고 맛과 연결된 연상 작용에 더 관심을 기울이기로 했다. 블루베리와 과일 맛 셔벗을 보면 늘 시아버지 밥(Bob)을, 청량음료 프레스카(Fresca)를 보면 독서 모임 친구들을 무심코 떠올리는 데서 그치지 않고 원할 때마다 이 연관성을 이용해 유대감을 적극적으로 일깨우기로 했다.

무엇보다 맛을 중심으로 한 전통을 정성껏 지킬 생각이다. 예를 들어 제이미의 생일에는 아이스크림 케이크를, 추수감사절에는 고구마를 꼭 먹는다. 그저 재미로 그치지 않고 우리 가족을 하나로 묶어주는 중요한 의식이기 때문이다. 그리고 다시는 케첩을 당연하게 여기지 않을 것이다.

〈버팔로 악마 마히샤수라를 퇴치하는 두르가 여신
〈Durga as Slayer of the Buffalo Demon Mahishasura〉〉
**작품 연도** 14~15세기  **작품 출처** 네팔

# 촉각

## 피부로 느끼는 마음의 평온

내 실험실은
뇌를 꺼내 손가락에 올려놓고
이것저것 해 보는 곳이다.
_호프 자런(Hope Jahren), 《랩 걸(Lab Girl)》

**FIVE SENSE** ≫   안타깝게도 제이미는 자주 악몽을 꾼다. 단순히 불편한 꿈(내가 자주 꾸는 안경을 못 찾는 꿈처럼)이 아니라 정말 고통스러운 악몽에 시달린다. 땀에 흠뻑 젖은 채 기진맥진해서 잠에서 깨기 일쑤다. 어느 날 아침, 화장실에서 나오는데 제이미가 침실 문가에 서 있었다. 그리고 내게 팔을 뻗었다.

"악몽 꿨어?" 나는 다가가며 물었다.

"응."

"그래, 그냥 흘려보내." 나는 제이미를 두 팔로 감싸 안고 어깨에 머리를 기댄 채 말했다. 우리는 한참 동안 아무 말 없이 그 자리에 서 있었다. 나는 제이미의 익숙한 냄새를 들이마셨다. 매일 아침 샤워 전에 가장 진하게 나는, 내가 사랑하는 향이었다. 말없이 따뜻한 등을 부드럽게 쓰다듬으며 위로했다.

제이미가 깊은 한숨을 내쉬며 말했다. "괜찮아."

때로는, 말이 오히려 전달하고 싶은 감정을 왜곡한다.

시각, 청각, 후각, 미각 없이 살아가는 건 상상할 수 있을지 몰라도 촉각이 없는 삶은 거의 불가능에 가깝다. 사람은 보이는 대로 믿는다지만 만지는 것은 현실 그 자체를 직접 마주하는 감각이다. 가톨릭 전통에 따르면 의심 많은 제자 도마는 예수의 상처를 직접 만지기만 하고도 부활을 확신했다.

나는 촉각을 처음 연구할 때 청각이나 미각처럼 그저 배경에 깔린 감각이라고 여겼다. 하지만 실제로는 내가 촉각에 꽤 민감했다는 사실을 뒤늦게 깨달았다. 이유는 몰라도 예전에는 눈치채지 못한 면이었다.

벨벳 베개를 쓰다듬거나, 매끈한 삶은 달걀에서 껍질을 벗기거나, 시원하고 축축하며 탱탱한 이끼 바닥에 손을 얹거나, 엘리너의 길고 풍성한 머리카락을 손가락으로 부드럽게 만지는 게 얼마나 좋은지 제대로 인식한 적이 없었다. 선인장을 보면 꼭 가시를 살짝 만져 보았다. 마사지를 받는 것도 무척 좋아한다(누가 내 귀 뒤를 긁어 주면 강아지가 된 기분이다). 메트로폴리탄 미술관에 가면 작품을 만질 수 없기에, 벤치의 매끈한 나무 표면이나 계단 난간의 차가운 금속처럼 만질 수 있는 것을 찾는다.

촉각은 다른 네 감각과는 다르다. 눈, 귀, 코, 혀는 모두 머리에 있지만 피부는 온몸을 덮고 있다. 눈은 보려고, 귀는 들으려고 존재하지만 피부는… 뭐랄까, 마치 포장지 같다.

피부에 대해 생각해 본 적은 거의 없지만 다른 신체 기관처럼 놀라울 정도로 정교하게 설계되어 있다. 피부는 몸에서 가장 큰 장기로 무게는 4~7킬로그램에 달하고 펼치면 트윈 사이즈 매트리스만큼 넓다. 유연하며 필요에 따라 투과성을 띠기도 한다. 형태도 다양하다. 발뒤꿈치 피부는 가장 두껍고 눈꺼풀은 가장 얇으며(20%쯤 투명해서 아침 햇빛이 생체 시계를 조정하는 데 도움을 준다), 털이 많은 곳과 매끈한 곳이 있다. 어떤 부위는 미세한 자극을 감지하고 어떤 부위는 아주 희미하게만 인식한다. 또한 여러 지점에서 마치 뫼비우스의 띠처럼 *외부가 내부로* 자연스럽게 뒤집히기도 한다.

피부에는 다양한 촉각 수용체가 있다. 이들은 온몸에서 정보를 수집해 뇌로 전달하는 복잡하고 다층적인 감지 체계다. 입술이나 손끝처럼 수용체가 빽빽하게 분포한 부위는 등에 비해 훨씬 더 민감하다.

이런 수용체 층은 무척 정교해서 쾌감을 느끼고 통증을 피하고, 급격한 온도 변화를 회피하며 가려움과 진동, 장력과 질감을 감지한다. 다른 감각을 보조하기도 한다. 우리 몸에서 촉각에 가장 민감한 부위는 손이고 입술과 혀가 뒤를 잇는다. 생식기가 쾌락의 원천인 이유는 민감성이 아니라 뇌의 보상 회로와 연결된 방식 때문이다.

모든 감각은 변화에 민감하다. 촉각도 마찬가지다. 정보를 예측할 수 있으면 감각은 점차 인식에서 사라진다. 거미가 발목을 스쳐 지나가면 놀라지만 내 몸을 스스로 간지럽히는 건 불가능하다. 가장 좋아하는 모직 모자를 눌러쓰면 처음에는 조이는 느낌이 들지만 곧 그 감각은 사라진다.

촉각은 다른 감각 정보를 대체하거나 보완할 수 있다. 보도의 격자형 방지턱은 도로로 이어지는 지점을 보행자에게 알려 준다. 진동 알람은 소리가 아니라 진동으로 잠을 깨우는 원리다. 요즘은 촉감을 이용해 사용자의 참여를 유도하는 기술 '햅틱(haptic)'이 주요 개발 분야로 떠오르고 있다. 집사가 목청을 가다듬듯이, 내 스마트 워치는 정중하게 진동을 울려 약속을 알려 준다. 비디오 게임 컨트롤러가 진동하면 가상 폭발이 더 생생하게 느껴진다.

촉각은 특정한 물체에 즐거움을 더해 준다. 서로 어울리지 않는 많은 커피 머그잔 중 내가 제일 좋아하는 건 갈색과 흰색 줄무늬가 있는 긴 컵이다. 손에 닿는 감촉이 정말 좋기 때문이다. 너무 무겁지도 가볍지도 않고, 커피를 따르면 따뜻하지만 뜨겁지는 않고 모서리에 잔물결이 일면서 매끄러운 광택이 난다. 몇 년 전, 내 시아버지 밥은 차마 블랙베리 휴대폰을 포기하지 못했다. 평평한 화면을 터치하는 것보다 물리적인 버튼을 누르는 촉감이 더 좋았기 때문이다.

우리는 온몸으로 촉감을 느끼지만 손은 특별한 역할을 한다. 보통 누군가를 묘사할 때 얼굴이 아니면 손을 떠올리기 마련이다. 지금까지 남아 있는 것 중 가장 오래된 인공 이미지는 돌벽에 새긴 손자국이다. 오늘날 우리는 지문과 손 글씨로 개인을 식별하며 얼굴이나 손 모양 이모티콘으로 생각을 전한다. 또한 '모두가 손을 보태는' 회의, 곧 전원이 참여하는 회의를 원한다.

우리는 손으로 세상을 탐색한다. 작가 조지 오웰은(George Orwell)은 "손을 쓰지 않으면 의식의 상당 부분을 잘라낸 것과 같다"[48]라고 했다. 일반 동물원과 동물을 만질 수 있는 동물원은 확연히 다르다. 나는 나무 그루터기를 보며 만지고 싶다는 생각은 잘 안 들지만, 음식은 손으로 먹는 것을 좋아한다. 상점 직원이나 교사, 어린 자녀를 둔 부모는 사람들이 만지는 것을 얼마나 좋아하는지 잘 안다. 미술관 경비원도 마찬가지다. 언젠가 메트로폴리탄 미술관에서 한 방문객이 매끄럽고 검은 돌로 된 유명한 하르케빗(Harkhebit, 기원전 664~기원전 525년경 고대 이집트 시대 인물로 고위 관료나 귀족으로 추정_옮긴이) 석관을 만지는 모습을 보고 충격을 받았다. 경비원에게 알려야 하나 고민했지만 그 마음이 이해되긴 했다. 나 역시 같은 충동을 느꼈기 때문이다. 새, 물고기, 바다표범 등을 쥐고 있는 인간의 손을 묘사한 유픽(Yup'ik, 서부 알래스카와 극동 러시아에 사는 에스키모 민족 _옮긴이)족의 가면을 볼 때마다 그 나무 틀을 만지고 싶어 손이 근질거렸다.

손은 독창성과 창의력을 자극한다. 작가이자 수도자인 요시다 겐코(Yoshida Kenko)는 이렇게 썼다. "붓을 잡으면 글을 쓰고 싶은 마음이 든다. 악기를 손에 들면 연주하고 싶어진다."[49] 나는 키보드를 만지면 글을 쓰고 싶어진다. 우리는 디지털 시대에 살고 있고, '디짓(digit)'이라는 단어에는 두 가지 뜻이 있다. 하나는 디지털 정보, 다른 하나는 손가락으로 키보드를 두드리는 행위다.

우리가 상점에 직접 가는 이유는 손으로 탐색하는 것을 좋아하기 때문이다. 온라인으로 주문하면 시간이 절약되지만 여전히 많은 이가 물건을 직접 만지며 쇼핑의 즐거움을 느낀다. 영리한 영업사원은 제품을 만지도록 유도한다. 손에 물건을 쥐면 실제로 선택하거나 심지어 더 많은 돈을 낼 가능성이 커지기 때문이다.[50]

어느 날 방대한 그림책 더미를 정리하다가 도로시 쿤하르트(Dorothy Kunhardt)가 1940년에 쓴 고전 《토끼 팻(Pat the Bunny, 유아

용 그림책으로 토끼의 털, 아빠의 수염 등을 직접 만지고 느끼며 상호작용할 수 있는 책_옮긴이)》을 꺼내 들었다. 낡은 종이를 천천히 넘기자 어린 시절 토끼의 부드러운 '털'을 쓰다듬고 아빠의 까칠한 얼굴을 만지고 엄마의 반지에 손가락을 끼우며 느꼈던 기쁨이 되살아났다. 네 살밖에 안 된 나도 《토끼 팻》이 다른 책과 다르다는 것을 알았다. 종이의 시각적 한계를 넘어선 책이었기 때문이다.

이제 나는 더 많은 것을 만지고 싶어졌다.

## 손길에 담긴 애정을 느끼다

촉각은 많은 일을 하지만 그중에서도 가장 중요한 기능은 타인과 유대감을 형성하는 것이다. 엘리너는 어렸을 때 나와 함께 걸을 때마다 손을 꼭 잡았고 내 손에 자주 뽀뽀했다. 작고 따뜻한 손이 내 손에 닿던 감촉은 그 시절의 가장 소중한 기억이다.

많은 이가 만지고 싶어 하고 누군가 만져 주길 바란다. 특히 아기는 만지지 않으면 제대로 발달하지 않는다. 피부를 접촉한 아기는 체중이 빨리 늘고 잠도 잘 자며, 덜 울고 감염도 적게 겪는 편이다. 반면 사회적 접촉이 일어나지 않으면 끔찍한 결과로 이어질 수 있다. 1980년대와 1990년대 루마니아의 극도로 인력이 부족한 보육원에서 자란 아기들은 대부분 성장 속도가 느렸고 행동과 인지 발달에 문제가 생겼다.

엘리자는 예정일보다 일찍 태어나는 바람에 병원에서 일주일을 보낸 뒤에야 집에 올 수 있었다. 나는 매일 아침 삐 소리를 내는 모니터와 지독한 병원 냄새, 분주하게 오가는 간호사들 사이에서 손과 팔을 소독한 뒤 인큐베이터 속 아이를 조심스레 꺼내 맨살로 안아 주었다. 작고 따뜻한 그 몸을 품에 안고 온 신경을 아이에게 집중했다. 너무 작아서 이름조차 아이에겐 버거워 보였다. 어떤 신비로운 이치인지, 나는 내 애정 어린 손길을 통해 아이에게 에너지를 쏟아붓는다는 느낌을 받았다.

성인에게도 사람의 접촉은 스트레스와 혈압, 통증을 줄이고 면역 체계와 기분을 개선하며 수면의 질을 높인다. 다른 사람의 손길을 받으면 뇌에서 천연 진통제가 분비되기 때문에 마사지를 비롯한 신체 접촉은 오래전부터 건강 증진과 안정, 통증 완화에 효과가 있다고 여겨졌다. 나는 생일 선물로 전기로 작동하는 전신 마사지 베개를 받았다. 등과 어깨에 닿는 감각이 좋긴 했지만 사람의 손길이 주는 느낌과는 비교할 수 없었다.

우리는 사람의 손길에서 도움을 받을 뿐만 아니라 특별한 힘도 부여한다. 축복이나 치유를 위한 '안수(laying-on of hands)'는 널리 퍼진 관습이다. 예를 들어 중세 유럽에서는 '왕의 손길'이 결핵성 림프절염(scrofula)을 치료한다고 믿었다. '포옹하는 성자(hugging saint)'로 알려진 힌두교의 영적 지도자 아마(Amma)는 포옹으로 사람들을 축복했다.

적절한 접촉은 감사, 신뢰, 공감 같은 감정을 키우는 데 도움이 된다. 우리는 신체를 접촉하는 의사가 더 정성스럽다고 평가하는 경향이 있고 실제로 치료 결과도 더 좋은 편이다. 나는 동네에서 건설 작업자들이 일을 시작하기 전에 커피를 마시며 이야기하는 모습을 자주 본다. 어느 날 한 무리에 새 작업자가 들어와서 모여 있던 사람과 한 번씩 간단히 악수했는데, 함께 일하는 사람들 사이에 존중과 유대감을 쌓기에 아주 좋은 방법으로 보였다.

이렇게 접촉이 유익할 수도 있지만 해가 되기도 한다. 부적절하거나 원치 않는 접촉은 매우 고통스럽고 명백히 불법이 될 수 있으니 경계를 존중하고 자제해야 한다. 문화에 따라 사람들이 서로 접촉하는 정도는 크게 다르며, 같은 문화권 안에서도 포옹이나 등을 두드리는 정도, 어느 거리에서 편안함을 느끼는지에 대한 기준은 제각각이다. 이런 이유로 미국은 다양한 맥락에서 신체 접촉이 점점 줄어드는 추세다. 아마 그래서 공항 마사지, 척추 지압, 네일 아트 같은 서비스가 인기를 끄는지도 모른다. 이들은 통제된 환경에서, 사회적으로 용인된 방식으로 접촉하며 편안함을 느끼게 해 준다.

당연한 말이지만 애정 어린 손길은 친밀한 관계에서 중요한 요소가 될 수 있다. 하지만 전형적인 중서부 사람으로 자란 나는 그렇지 않았다. 우리 가족은 늘 애정이 넘쳤지만 그 애정을 스킨십으로 표현하지는 않았다. 예를 들어 요즘 부모님이나 엘리자베스와 만나면 짧게 포옹하고 작별 인사를 할 때도 잠깐 안아 줄 뿐 그 사이에는 거의 접촉하지 않는다.

제이미와는 더 자주 접촉하는 방법을 배웠다. 제이미는 첫인상과 달리 알고 보면 아주 다정한 사람이다. 로맨틱 코미디를 좋아하고, 정성껏 고른 선물을 주며 자주 사랑한다고 말한다. 손을 잡거나 오랫동안 포옹하고 팔짱 끼는 것을 좋아한다.

나는 접촉의 힘을 뒷받침하는 과학적 근거를 접하고 제이미에게 접촉이 얼마나 중요한지 알게 된 후, 더 의도적으로 접촉하고 노력해서 제이미와 가까워지고 싶었다. 아침에 바나비와 산책할 때 제이미의 손을 잡거나 팔짱을 꼈고, 매번 포옹할 때마다 형식적으로 하지 않고 진심을 담아 꼭 안아 주었다.

서로에게 짜증이 날 때도 스킨십으로 감정을 누그러뜨리려 했다. 이를테면 껄끄러운 대화를 나눠야 할 때마다 반드시 접촉했다.

어느 날 저녁, 나는 제이미에게 말했다. "좀 복잡한 일정 문제를 해결해야 해."

"나중에 하면 안 돼?"

"지금까지 계속 미뤘잖아. 힘들지만 그냥 해 보자."

"그래."

달력을 펴 놓고 머리를 맞대어 계획을 세우는 동안, 나는 제이미의 등에 손을 얹었다. 평소 같으면 이런 대화를 하며 둘 다 언성이 높아졌겠지만 이렇게 신체적으로 연결되니 훨씬 부드럽고 따뜻하게 대화를 이어 갈 수 있었다. 나는 경청 선언에 새 항목을 추가했다. '껄끄러운 대화를 나눌 때 기회를 봐서 살짝 스킨십을 한다.'

또한 가족 간에도 평소에 신체적으로 자주 교감하려고 노력했다. 첫 번째 행복 프로젝트를 시작한 이후로 '더 많이 키스하고, 안아 주고, 만지기'를 목표로 삼았다. 이제는 더 의식적으로 노력해서 가족 모두 하루에 두 번씩 꼭 포옹하기로 했다. 아침 인사로, 외출했다 돌아왔을 때, 자기 전, '네가 최고야'라고 말하며, 혹은 기분이 안 좋을 때 위로하는 뜻으로…. 매일 자연스럽게 포옹할 핑계가 최소한 두 가지는 있었다. 하지만 내가 가장 좋아하는 건 다 함께 포옹하는 우리 가족의 전통이었다. 가끔 내가 "가족 사랑 샌드위치!"라고 외치면 다들 모여서 함께 껴안는다.

이렇게 자주 온몸을 맞대고 따뜻하게 접촉하면 당연히 더 가까워진 기분이 들었다. 분위기가 안 좋을 때는 긴장을 풀어 줬고, 즐거운 순간은 더 오래 음미할 수 있었다.

게다가 꼭 사람의 손길이 아니어도 사회적 접촉은 여러모로 유익하다. 예를 들어 동물과의 다정한 접촉은 큰 위안을 주고 건강에도 긍정적인 영향을 준다. 한 연구에 따르면 응급실에서 환자가 치료견과 10분 동안 함께 있었을 때 통증 완화에 도움이 됐다.[51]

우리 반려견 바나비는 다양한 방식으로 우리를 행복하게 해 줬다. 그중 하나가 바로 물리적인 접촉이었다. 제이미는 바나비와 함께 소파에 앉는 걸 좋아했다. 처음에 바나비는 자기 침대에서 잤지만, 어느 순간부터 우리는 바나비가 원하는 곳에서 자게 내버려뒀다. 침대 발치에서 개가 자고 있으면 얼마나 위안이 되는지(물론 가끔 불편할 때도 있지만) 놀라울 정도였다.

## 촉감으로 전하는
### 위로와 기쁨

사람과 동물 간의 접촉에서만 위로와 기쁨을 찾을 수 있는 건 아니다.

예를 들어 사람들은 대부분 다양한 수단으로 불안을 다스린다. 불안해서 건강 검진 일정을 잡고, 오타를 꼼꼼히 확인하고, 은퇴 자금을 마련하려고 저축하는 등 다른 감정과 마찬가지로 불안에도 나름대로 가치가 있다. 하지만 불안은 집중을 흐트러뜨리거나 파괴적인 영향을 미치기도 하며 촉각은 이를 가라앉히는 데 도움이 된다.

아이들은 봉제 장난감이나 부드러운 담요에서 위안을 얻는다. 어른들도 마찬가지다. 내 동생 엘리자베스는 지금도 낡은 담요를 덮고 잔다. 한 친구는 이렇게 말했다. "이모가 완화 치료 병동에서 일하는데, 요즘 들어 가볍고 포근한 담요를 많이 주문했대. 부드럽고 따뜻한 걸 안고 있으면 정말 위로가 된다고 하더라."

묵직한 담요도 일종의 촉각 도구로 인기가 많다. 이 방법이 효과적이라는 연구는 많지 않지만, 무게감 있는 담요를 덮으면 불안이 줄고 잠도 잘 온다고 말하는 사람이 있다. 아이들이 갓 태어났을 때 속싸개로 진정 효과를 본 적이 여러 번 있다. 그래서 나도 묵직한 담요를 사서 몇 번 사용했다. 내게는 전혀 효과가 없었지만 제이미와 엘리너는 즐겨 덮었다. 특히 제이미가 몸이 좋지 않을 때는 담요 덕분에 잠들 수 있었다. 우리가 이렇게 다르게 반응하는 걸 보면서 생각했다. '모든 손에 잘 맞는 도구는 없구나(명언 목록에 추가해야겠다!).'

손톱을 물어뜯거나 손가락을 까딱거리는 습관은 손으로 뭔가 할 일을 만들어 주는 셈이다. 나도 평생 머리카락을 꼬는 습관이 있어서 잘 안다. 손가락으로 머리를 감고 살짝 당기면 아주 기분이 좋고, 마음을 가라앉히고 집중하는 데도 도움이 됐다. 하지만 아무리 좋아도 지난 몇 년 동안은 참으려고 애썼다. 내가 왼손잡이다 보니 왼쪽 머리카락이 상했기 때문이다. 그렇다면 그 대신 뭘 하는 게 좋을까?

나는 이 문제를 고민하며 촉각의 힘을 탐색하다가 우연히 배우 앤드루 매카시(Andrew McCarthy)의 회고록《악동들: 80년대 이야기(Brat: An '80s Story)》을 읽었다. 매카시는 영화 〈세인트 엘모의 열정(St. Elmo's Fire)〉을 촬영하면서 까다롭고 민감한 장면을 연기하는 게 무척 두려웠다고 한다. 그래서 마지막 순간에 세트장에 봉고 드럼(bongo drum)을 가져갔다. 소품을 싫어하는 배우도 있지만 매카시는 자신에게 꼭 필요하다고 생각했다. "커피 한 잔, 분무기 같은 소품은 배우가 작품에 뿌리를 내리고 내면의 초점을 자아에서 행동으로 옮기게 해 줍니다. 자유로운 연기를 도와주죠." 그는 봉고를 연주하며 그 장면을 멋지게 소화했다.

이 이야기를 읽고 나서야 나도 부담스러운 상황에서 소품을 사용한다는 사실을 깨달았다. 어떤 날은 머리카락을 꼬고 또 어떤 날은 펜을 쥔다. 중요한 회의에 참석하거나 파티 같은 사회적 상황이거나, 그냥 책상 앞에 앉아 있더라도 어떻게든 손에 펜을 쥐었다. 그러면 기분이 좋아졌으니까.

사람들에게 물어보니 많은 이가 소품을 이용해 불안을 조절하고 집중력을 높인다는 사실을 알게 됐다. 한 친구는 이렇게 말했다. "난 회사에서 손가락 사이에 스카치테이프를 끼워서 굴리는 버릇이 있어. 하루가 끝나면 책상 위에 테이프 조각이 수북하지."

사례를 더 모으려고 온라인에 질문을 올리자 생각할 거리를 주는 답변이 많이 쏟아졌다.

저는 와인을 찍는 브랜드 사진작가예요. 와인 제조자나 포도밭 관리자, 직원 등 제 피사체는 사진을 찍을 때 뭔가 손에 쥐고 있어야 안심하더라고요. 그래서 저는 와인 잔 같은 소품을 꼭 쥐여 줘요.

행사를 진행할 때 긴장을 덜려고 파일을 손에 들고 있어요.

약속이나 회의, 대화를 할 때 불안해요. 특히 화제가 제게 집중되면 더 심해지죠. 평소에 저는 물병에 차가운 물을 채워서 들고 다녀요. 불안해지면 몸이 뜨겁고 빨갛게 달아오르는데, 제 몸이 아닌 것처럼 느껴질 정도예요. 차가운 걸 들고 있으면 그나마 현실 감각을 유지할 수 있어요.

몇몇 교사는 수업 중에 머그잔을 소품처럼 사용한다고 했고, 나는 특히 한 교사의 해결책이 인상 깊었다.

코로나19 팬데믹 기간에 영상 강의를 해야 해서 불안했어요. 어느 날 책상 근처에 있던 반질반질한 돌을 집어 든 순간 세상이 바뀌었죠. 그 매끄러운 촉감과 무게감, 손에서 손으로 굴리는 동작 덕분에 마음이 진정됐거든요. 수업을 시작하기 전에 꼭 그 돌을 수업 자료와 함께 챙겨요.

또 다른 교사는 학습 속도가 느린 학생에게서 유용한 도구를 발견했다.

> 한 학생에게 하루에도 여러 번 집중하라고 말해야 했어요. 그러다 진정 스티커(Calm Strip)라는 걸 알게 됐죠. 표면이 울퉁불퉁해서 문지르거나 뜯을 수 있는 스티커예요. 그 아이 노트북에 몇 개를 붙여 줬더니 수업을 들을 때 문지르며 집중하더군요. 불안증이 있는 제 성인 딸에게도 이 스티커를 줬더니, 딸은 마음이 아주 편안해진다고 했어요.

나는 흥미가 생겨서 '부드러운 모래(Soft Sand)'와 '강돌(River Rocks)' 진정 스티커 상자를 구매했다. 스티커를 책상에 올려놨더니, 놀라울 정도로 자주 그 가벼운 스티커를 집어 들고 엄지손가락으로 볼록한 면을 쓰다듬었다. 머리카락을 꼬지 않고도 끊임없는 에너지를 발산하고 집중하는 데 도움이 됐을까? 그런 듯하다. 아직은 연구 초기 단계지만, 감각을 자극하는 피젯 토이(fidget toy, 만지작거리면서 노는 촉감 위주 장난감_옮긴이)가 자폐 스펙트럼 장애나 주의력 결핍, 과잉 행동 장애가 있는 사람 등 많은 이에게 도움이 된다고 한다.

요즘 불안하거나 긴장되는 순간에 사람들은 스마트폰에 손을 뻗는다. 스마트폰 사용 시간을 줄이려는 사람도 있지만 누군가에게는 이런 기기가 실제로 도움이 된다. 한 친구가 말했다. "십 대 때 스마트폰이 있었으면 담배는 시작도 안 했을 거야. 어색한 기분이 들면 그냥 뭔가 할 일이 필요해서 담배에 불을 붙였거든. 지금이라면 그냥 휴대폰을 꺼내면 되잖아."

촉각은 위로가 될 뿐만 아니라 기쁨을 주기도 한다. 그래서 질감 환경을 개선할 기회를 찾기 시작했다. 어느 날 오후 정리할 기운이 솟구처서 잘 안 입는 옷을 기부하려고 옷장을 뒤졌다. 그중 마음에 드는 셔츠 세 벌을 거의 입지 않았다는 사실을 깨달았다. 왜 안 입었을까? 뻣뻣하고 매끄러운 면 질감이 마음에 들지 않아서였다. 앞으로는 겉모습뿐만 아니라 피부에 닿는 느낌도 신경 써야겠다고 생각했다.

나는 실크 질감을 좋아하는데, 엘리자베스를 만났을 때 이렇게 물었다. "네 담요 모퉁이가 새틴으로 돼 있잖아. 그 소재가 좋았어?"

"이제 너무 오래돼서 새틴 테두리는 다 닳아 없어졌어." 엘리자베스가 말했다. "그래도 난 매끄러운 걸 좋아해. 어렸을 때 생일 선물로 실크 베갯잇을 달라고 했던 기억이 나." 동생에게 실크 베개를 사 줘야겠다고 마음속으로 메모해 뒀다.

반면 그런 부드럽고 매끄러운 촉감을 싫어하는 사람도 있다. 한 친구와 나는 포근한 질감이 얼마나 좋은지 이야기를 나눴다. "가운은 포근해야 해. 얇은 면 가운은 가운으로 안 쳐줘." 친구는 이렇게 말하고 덧붙였다. "실크나 새틴 같은 건 싫어. 피부가 간지럽거든."

그때 처음으로 내가 벨벳을 얼마나 좋아하는지 깨달았다. 사실 우리 집에서 내가 제일 좋아하는 방에는 벨벳 제품이 몇 가지 있다. 초록색 벨벳 베개 두 개, 셔닐(chenille) 커버를 씌운 의자 두 개, 벨벳 느낌의 코듀로이 커버를 씌운 소파 하나다.

어느 날에는 약국에서 라바 비누(Lava soap) 브랜드 진열대를 지나쳤다. 철도 기술자였던 할아버지는 손에 기름때를 묻힌 채 집에 올 때가 많았고, 그래서 돌가루가 들어 있는 거친 비누를 썼다. 나는 라바 비누 하나를 사서 집에 와 포장을 뜯었다. 거칠고 투박한 비누의 질감을 느끼자 어린 시절의 기억이 바로 떠올랐다.

촉각을 탐구할수록 내가 이 감각을 얼마나 소중히 여기는지 알게 됐다. 이렇게 큰 즐거움을 주던 촉각이 어쩌다 배경 감각으로 사라졌을까? 나도 몰랐다. 하지만 의식적으로 주의를 기울이자 손끝에서 기쁨을 주는 것이 정말 많았다.

친구가 여는 디너파티에 갔다가 분홍 모란꽃으로 장식한 테이블 앞에 멈춰 섰다. 그 빛나는 색감과 은은한 향기에 기분이 좋아졌고, 부드럽고 촉촉한 꽃잎에 자연스레 손이 갔다. 그때 뒤에서 날카로운 목소리가 들렸다. "와! 꽃이 참 예쁘네요." 나는 죄책감을 느끼며 얼른 손을 거뒀다.

어렸을 때는 늘 만지지 말라는 말을 들었는데 지금 나는 오히려 어느 때보다 많은 것을 만지고 있다. 내가 세상을 얼마나 사랑했던가! 잃어버리고 잊어버린 채 그 모든 것이 손가락 사이로 스르르 빠져나가게 두고 싶지 않았다.

## 촉감은
## 그 자체로 황홀하다

가을이 오면 늘 추수가 떠오른다. 우리 동네에 실제 추수의 흔적이라곤 길모퉁이 마트뿐이지만 말이다. 호박 더미 아래 축축한 건초 더미가 깔려 있고 공기에는 퀴퀴한 냄새가 맴돈다. 나는 그 앞을 지날 때마다 손을 뻗어 차갑고 매끄러운 호박 껍질을 쓰다듬었다.

조사를 통해 감각을 일부러 차단했다가 다시 활성화하면 훨씬 더 깊이 경험할 수 있다는 사실을 알아냈다. 그래서 촉각을 탐구하기 위해 감각 차단 탱크(sensory deprivation tank)를 체험하기로 했다. 물론 요즘은 *감각 차단*보다는 *감각 증강*(sensory enhancement)이라고 부르는 게 유행이다. 나는 '부유 치료 센터(floatation therapy center)'에 갔다. 웹사이트 설명에 따르면 이곳을 찾은 사람들은 중력이나 촉각의 영향을 받지 않고 완전한 침묵과 어둠 속에서 물 위에 뜬 채 깊은 이완 상태에 들어간다고 했다. 센터는 우리 집에서 겨우 20분 거리였기에 바로 예약했다.

그날, 서둘러 거리를 걸어가면서 센터가 한산할 거라고 생각했다. '수요일 오전 11시에 누가 감각 증강 탱크에 오겠어?' 그런데 의외로 조용히 붐비는 곳이었다. 자연광과 식물, 잔잔한 음악, 판매용 제품이 놓인 풍경은 여느 스파와 다름없었다.

직원 한 명이 샤워실로 안내해 '부유실(floatation cabin)'을 보여 줬다. 나는 원래 밀폐된 동그란 캡슐 안에 누워 있는 모습을 상상했는데 실제로는 넓은 벽장만 한 공간에 천장이 높고, 바닥에 약 25센티미터 깊이로 따뜻한 물이 채워진 구조였다. 그걸 보고 안심이 됐다.

혼자 남았을 때 옷을 벗고 탱크 문을 열고, 물이 가득 찬 작은 방 안으로 조심스럽게 몇 센티미터씩 내려갔다. 설명서에 따르면 물의 온도는 피부의 감각 수용체가 온도를 인식하지 못하는 정도인 34도였고 몸이 쉽게 뜨도록 엡섬 소금(Epsom salt, 영국 엡섬 지역에서 발견된 염분 없는 소금으로 건강, 미용 목적으로 주로 사용함_옮긴이)이 녹아 있었다. 나는 천천히 물 위에 몸을 눕혔다.

문을 닫고 어둠에 익숙해지자 심장 박동이 느껴졌고 숨소리는 엄청나게 크게 들렸다. 내 몸의 감각은 더 뚜렷해졌지만 기대하던 '해방감'이나 '깊은 이완'은 찾아오지 않았다. 목이 아팠고 밀랍 귀마개에 물이 새어 들어왔다. 복도를 걸어가는 사람들의 발소리도 들렸다. 문을 열어도 되는 시간이 되자 정말이지 반가웠다.

나중에 한 친구에게 감각 차단, 아니 증강 효과가 없었다고 하자 친구가 말했다. "나도 해 봤는데 대체 언제 효과가 나타나는지 모르겠더라고. 너무 지루해서 10분 일찍 나왔어." 나만 실망한 게 아니라는 말에 괜히 위로받았다.

이 감각 차단 목욕 이후 나는 평범한 목욕을 다시 생각해 보게 됐다. 내 시아버지는 목욕을 아주 좋아한다.

"목욕이 어떤 점에서 그렇게 좋으세요?" 내가 질문했다.

"온몸에 뜨거운 물이 닿는 게 좋아."

"허리가 아파서요?"

"아니, 그냥 목욕이 좋은 거지."

"매일 한 번씩 하세요?"

"매일 해. 두 번 할 때도 있어."

*"두 번이나요?"*

"응. 아침에 한 번, 자전거 타고 나서 한 번." (내가 목욕에 대해 궁금해하자 시아버지는 꽤 반기는 눈치였다.)

반면 내 친구는 물에 몸을 담그는 느낌이 싫다고 했다. 가능한 한 짧게 샤워하고 목욕은 절대 하지 않으며 바다나 수영장에 들어가지 않았다. 사람마다 선호하는 감각은 제각각 다르다.

탱크에서 촉각 체험을 한 뒤 집에서도 평범한 샤워로 비슷한 실험을 하기로 했다. 연구에 따르면 샤워나 목욕은 잠에서 깨거나 잠들 때 도움이 되고 기분을 띄우며 사람이나 기기, 신경 쓰이던 일에서 잠시 벗어날 기회가 된다. 정신이 맑으면서도 여유롭고, 방해 요소가 거의 없어 참신한 아이디어를 떠올리기에도 좋다고 한다.

한 감각을 닫으면 다른 감각이 민감해진다는 원리에 따라 어느 날 아침 물을 틀고 전등을 껐다. 우리 집 화장실에는 창문이 없어서 완전히 어두워졌다. 욕실로 더듬거리며 들어가자 따뜻한 물이 온몸을 감싸는 감각, 타일에 부딪히는 물소리, 비누의 백단향 향기, 손에서 거품이 이는 샴푸의 질감까지 놀라울 정도로 강렬한 경험이 밀려왔다. 헬렌 켈러(Helen Keller)의 말처럼 "촉감은 그 자체로 황홀하다."[52]

감각 증강 체험 완료.

# 보이지 않는 것을
## 만지다

우리는 인간으로서 꽤 오랜 시간 추상적인 개념을 생각한다. 하지만, 아니 어쩌면 바로 그 이유로 실제 사물을 다룰 때 깊은 만족감을 느낀다.

사물은 확실한 존재감으로 우리가 사랑하는 사람과 장소, 활동을 떠올리게 해 준다. 뭔가가 내게 중요하다면 보이는 존재를 넘어 만질 수 있는 대상으로 구현하고 싶어진다.

초월적인 생각과 감정은 물리적 형태를 띨 때 힘을 얻는다. 추상적인 개념을 사물이나 예술, 은유를 통해 구체화하면 더 쉽게 이해할 수 있다. 국기에 대한 경례, 판사가 착용하는 가운, 좋아하는 축구팀의 유니폼 등 사물은 보이지 않는 것을 시각화하고 형태가 없는 것을 만질 수 있게 해 준다.

메트로폴리탄 미술관에 다니며 관찰해 보니, 종교와 문화적 전통에서 '구원', '정의', '행운', '승리', '건강' 같은 축복은 물론 '망루', '가축', '회계원' 같은 구체적인 대상도 그 의미를 담거나 실현하기 위해 실체 있는 사물에 의지한다.

사람들은 신성한 물체를 만지고 싶어 하고 그러면 축복이 온다고 믿는다. '감염 주술(contagious magic, 인류학자 제임스 프레이저[James Frazer]가 소개한 개념으로 마법의 한 유형_옮긴이)'에 따르면 영적인 힘이 깃든 물건을 만지면 그 물건이 우리를 보호해 준다. 내가 메트로폴리탄 미술관에서 특히 좋아한 물건은 고요하면서도 수수한 〈옥좌 위의 성모자(Enthroned Virgin and Child)〉나 부처의 유물과 작은 공양물이 담긴 뚜껑 달린 그릇 등 성인의 유품이 담긴 유물함이다.

좀 더 엉뚱한 예로, 사람들은 하버드 대학교에 있는 존 하버드(John Harvard) 동상의 왼쪽 발이나 피렌체에 있는 멧돼지 동상 주둥이를 만지며 행운을 빈다. (미술관에 한마디: 관람객들이 행운을 기원하며 만질 수 있는 조각상을 설치해 주길 바란다. 다들 좋아할 것이다.)

물리적 실체는 초월적 가치를 유형화한다. 물리적 의식도 마찬가지다. 매년 크리스마스 저녁 식사가 끝나면 어머니는 '소원 종이'를 나눠 줬다. 우리는 얇은 종이에 새해에 이뤄지기를 바라는 비밀 소원을 적었다. 그 종이를 하나씩 말아 튜브에 넣고 똑바로 세운 뒤, 성냥으로

튜브에 불을 붙였다. 종이를 잘 말았으면 금세 타면서 재가 공중으로 솟구쳤고, 우리는 모두 환호하며 소원이 이뤄지길 기대했다.

탁자에 둘러앉아 비밀 소원을 적고 종이에 불을 붙이는 행위, 과연 재가 솟아오를지 알 수 없다는 불확실성, 이 과정을 내가 통제한다는 착각…. 모든 요소가 어우러져서 우리의 전통이 더욱 특별해졌다. 다가올 한 해에 희망을 품으며 우리가 할 일이 있었고 손으로 *만질* 무언가가 있었다.

엘리자는 그 소원 종이 전통이 명절에 가장 좋아하는 행사라고 했다. 이유를 묻자 이렇게 대답했다. "특이하잖아요. 과학 실험과 행운을 비는 행위를 재미있게 섞었고요. 뭔가 운을 부르거나 소원을 이루는 일을 하는 게 좋아요."

"생일 케이크의 촛불을 *끄듯이*?"

"그렇죠. 네잎클로버를 찾거나 동전을 분수에 던지는 것도요."

그다음 날 나는 미술관에 가서 로마 조각관(Roman Sculpture Court) 분수에 동전을 던졌다. 내 행운의 동전 주변에 수많은 동전이 있었지만, *내* 동전은 그것 하나뿐이었다.

미신은 우리가 어떤 일에 영향을 줄 수 있다고 믿게 한다. 사람들은 보통 자신이 미신을 믿는다고 생각하지 않지만 사실 다들 조금씩은 미신을 갖고 있다. 아버지는 제물낚시 학원에 다녔는데, 마지막 날 강사가 검은색 벨벳 가방에 부드러운 강돌을 담아 하나씩 나눠 줬다. "낚시는 기술이 필요하지만 운도 따라야 해요. 가방을 열었을 때 손이 가는 돌이 바로 당신의 돌이에요. 그걸 낚시 조끼에 부적처럼 넣어 두세요."

내게는 이미 행운의 건초 향이 있었지만, 손으로 만지는 힘을 연구하다 보니 가족들이 행운을 빌며 만질 수 있는 물건을 찾고 싶어졌다.

아파트 근처에 있는 천연 귀중품 가게에서 완벽한 물건을 찾았다. 황철석 줄무늬가 있는 작고 광택 나는 청금석 큐브였다. 큐브를 집어 들었을 때 그 매끄럽고 단정한 선과 짙은 색이 마음에 쏙 들었다. 드물게도 *바로 이거다* 싶은 느낌이 들었다.

나는 큐브를 집에 가져와 가족들에게 발표했다.

"행운을 비는 돌 큐브야. 현관 옆 책장에 둘게."

엘리너는 손을 뻗어 돌을 가져가더니 양손으로 왔다 갔다 던지며 말했다. "느낌 좋은데요. 묵직해요."

"행운이 필요할 때마다 만져 봐."

가족들이 시큰둥하게 반응할 줄 알았는데 다들 흔쾌히 받아들였다. 며칠 후 엘리너가 등교 준비를 할 때 내가 말했다. "문 열고 나가기 전에 큐브 만지는 거 잊지 마. 오늘 중요한 시험 있잖아!" 엘리너는 눈을 굴렸지만 내 말대로 했다.

## 손끝에서 피어나는 거대한 상상력

촉각은 초월적인 이상에 다가가는 데 유용하듯, 복잡한 개념을 이해하는 데도 효과적이다. '체화된 인지(embodied cognition)' 이론은 육체적 경험이 사고방식을 형성한다고 주장하며, 연구에 따르면 물리적 실체를 다루면 기억력 향상과 추상적인 문제 해결에 도움이 된다고 한다.[53] 교사는 플라스틱 모형을 이용해 학생들에게 이중 나선 구조를 설명하고, 안과 의사는 눈 모형을 사용해 환자에게 진단 내용을 설명한다.

나는 한동안 체화된 인지라는 주제와는 전혀 관련 없어 보이는 일을 했다. 내 심심풀이 프로젝트의 일환으로, 창의적인 해결책을 떠올리는 데 도움이 되는 '간접적 지침' 목록을 작성한 것이다.

그 계기는 글쓰기 생활에서 하나의 패턴을 발견한 데 있었다. 프로젝트를 진행하다 보면 종종 벽에 부딪힌다. 그렇게 답을 찾으려고 애쓰다가 우연히 어떤 말을 듣거나 생각을 자극하는 문장을 접하면 그것이 '간접적 지침'이 되어 갑자기 영감이 떠올랐다.

예를 들어 《처칠을 읽는 40가지 방법(Forty Ways to Look at Winston Churchill)》을 집필할 때 지나치게 많은 정보가 부담스러웠다. 짧고 읽기 쉬우면서도 처칠의 방대한 삶을 잘 전달하는 전기를 쓰고 싶었다. 엄청난 양의 정보에다 삶의 복잡함과 모호함, 유머, 비극까지 대체 어떻게 담아야 할까? 불가능해 보였다.

그러던 어느 날, 한 친구가 박사 논문을 쓸 때 노트북에 '지루함은 금물'이라는 메모를 붙여 놨다는 이야기를 들었다. 논문을 쓰다 지루한 부분에 이르면 그 부분을 건너뛸 방법을 찾았다는 것이다. 나는 이 말에서 큰 깨달음을 얻었다. *지루한 부분은 건너뛰면 된다!* 이 '간접적 지침'은 전기의 구조에 영감을 주었다. 나는 지루한 부분은 과감히 생략하고 처칠의 삶에서 흥미로운 부분에만 집중했다.

이런 무작위적인 방향성이 오히려 분명한 깨달음을 주었기에, '간접적 지침'을 찾을 때마다 문서로 정리했다. '제약을 받아들여라', '기준을 낮춰라' 같은 고전적인 제안부터 작가 제임스 볼드윈(James Baldwin)의 "세상에서 단순함이 가장 어렵다", 안무가 트와일라 타프(Twyla Tharp)의 "영감을 주는 물건과 이미지로 상자를 채워라" 같은 위대한 예술가들의 조언도 포함했다.[54] 나머지는 내 경험에서 나왔다. '새로운 사람과 협업해라', '전할 메시지가 있어야 한다', '그건 오류가 아니라 기능이다(IT 업계에서 자주 쓰는 표현으로 실수나 이상해 보이는 부분을 합리화하거나 유머로 넘기는 말_옮긴이)' 등이 있다. (물론 모든 방향이 모두에게 통하지는 않는다. 예컨대 '연애를 시작해라'는 피카소에게 적절할지 몰라도 내게는 좋은 생각이 아니다.)

나는 이렇게 수집한 간접적 지침을 막힐 때마다 훑어보며 도움을 얻었다. 예를 들어 '조각을 다시 배치해라'는 당혹스러운 문제를 풀 때 유용했고 '케첩을 추가해라'는 항상 유쾌함을 잊지 말아야 한다는 메시지로 작용했다. 하지만 이 목록이 컴퓨터에 저장된 디지털 문서로만 존재한다는 게 어쩐지 허전했다. 게다가 문서를 삭제해 버리거나 시간이 지나면 내가 이걸 썼다는 사실조차 잊을까 봐 걱정되었다. 나는 이 목록에 *현실감*을 부여하고 싶었다.

경험이 가상화될수록 물리적 세계는 더욱 흥미진진해진다. 우리는 좀 더 불편하고 비싸더라도 마음에 드는 물리적 도구를 원한다. 가지고 다니기 힘들어도 직접 손에 쥐는 편을 선호한다. 한 친구는 구식 다이얼 전화기를 쓰기 위해 통신사에 추가 요금을 냈다. 엘리자와 엘리너는 둘 다 작고 가벼운 이어폰 대신 커다란 헤드폰을 쓴다. 나는 사랑하던 파일로팩스(Filofax) 다이어리를 포기하기까지 몇 년이 걸렸다. 디지털 달력이 훨씬 실용적이지만 그다지 성에 차지는 않았다.

간접적 지침 문서를 어떻게 처리할지 고민하던 어느 날 오후, 부모님 댁에 들렀다가 높은 벽장 선반에서 아버지의 오래된 롤로덱스(Rolodex, 회전식 명함첩_옮긴이)를 발견했다. 반가운 마음에 꺼내 보니 그 묵직함과 타자기로 찍은 듯한 고풍스러운 연락처, 손가락 밑에서 부드럽게 넘겨지는 빛바랜 카드가 마음에 들었다. 지금은 실용성은 거의 없지만 여전히 *아름다웠다*.

문득 이런 생각이 들었다. 이 롤로덱스를 내 간접적 지침 카드로 쓰면 어떨까? 실재하는 물리적 카드는 노트북에 저장된 가상 목록보다 훨씬 강력하다. 카드를 채우려면 내용을 정리해야 하고, 무작위로 고른 카드가 예기치 못한 창의적 불꽃을 일으킬 수 있으며 손에 물리적인 카드를 쥐는 느낌 자체가 인상을 깊게 남길 테니까.

나는 회전식 롤로덱스를 하나 사고 좋아하는 색깔의 마커를 가져와서 간접적 지침을 하나하나 카드에 옮겨 적었다. 물리적 형태로 제시된 아이디어를 보자 무척 만족스러웠고, 아이디어 자체가 훨씬 강렬해 보였다. 사실 지침을 다 옮겨 적자마자 당장 롤로덱스를 사용하고 싶었다. 이걸 뭐라고 부르면 좋을까? '간접적 지침'이라는 표현을 이미 쓰고 있긴 했지만 좀 더 나은 이름이 있으면 좋겠다고 생각했다. '아이디어 롤로덱스'? 별로였다.

나는 롤로덱스를 눈앞에 내려놓고 조용히 창의적 도전 과제를 읊조렸다. "이 도구를 뭐라고 부르는 게 좋을까?" 그리고 손잡이를 돌려 아무 카드나 뽑아 읽었다. '신선한 비유를 찾아라.'

몇 분 동안 비유를 고민했지만 아무것도 떠오르지 않았다. 결국 카드를 게시판에 붙여 놓았다. 문제를 해결한 건 아니지만, 우주가 내게 말을 건네는 듯했고 해결을 향해 건설적인 한 걸음을 내디딘 기분이 들었다.

그저 웹사이트 버튼을 눌러 표현을 생성하거나 디지털 파일을 열어 읽었다면 이런 만족감을 느꼈을까? 아니다. 지침을 고르고, 읽고, 책상 옆에 카드를 붙이는 과정에서 주체가 된 느낌을 받았다. 물리적인 행동으로 내가 통제력을 쥐는 동시에 운명이 나를 이끄는 것 같았다. 누구나 자기 손으로 주사위를 던지고 싶어 한다. 게다가 코르크판에 붙어 있는 실물 카드를 보니 그 지침에 무게가 실렸고 다시 그 의미를 곱씹게 됐다.

나는 롤로덱스를 책상 위에 두고 가끔 카드를 뒤적였다. 책상 위에 있다는 건 내 '머릿속'에 있다는 뜻이었다. 비슷한 맥락에서 한 친구는 주방 조리대 위에 레시피 상자를 두고 요리 아이디어를 떠올렸고, 또 다른 친구는 책상 위에 메모 카드를 놔뒀다가 내킬 때마다 친구에게 쪽지를 보냈다. 어떤 지인은 종이 사진에서 디지털 사진으로 바꿨다가 다시 물리적 사진으로 돌아간 이야기를 들려줬다. "디지털 사진은 *진짜* 같지 않아요. 너무 많고, 사실 들여다보지도 않는 데다 허공에서 사라져 버릴까 봐 걱정돼요. 손에 쥘 수 있는 진짜 사진이 있으면 좋겠어요." 그녀가 말했다. 어떤 작업은 가상 세계에 더 잘 어울리지만 어떤 작업은 물리적인 세계에서 더 빛을 발한다.

어느 날 오후, 메트로폴리탄 미술관을 거닐다가 내가 무척 좋아하는 정교한 마이올리카(Maiolica, 이탈리아 르네상스 시대에 유행한 도자기 기법으로 주로 흰색 유약을 바른 도자기에 그림을 그려서 장식한다_옮긴이) 잉크통 앞에서 발걸음을 멈췄다. 이 잉크통은 1584년에 제작된 것

으로 아폴로와 뮤즈들, 유명한 시인들의 형상이 장식된 책상용 소품이다. 그 작품을 보며 이런 생각이 들었다. '뮤즈가 모인 잉크통이라니, 작가에게 아이디어를 불어넣기 딱이네.' 그러다 갑자기 간접적 지침 카드에 붙일 이름이 떠올랐다. 바로 *뮤즈 기계 (Muse Machine)*다.

　이 비유를 떠올리자 기분이 좋아져서 소리 내어 웃었다.

## 메트로폴리탄 미술관에서의 촉각 실험

〈아폴로와 뮤즈들〉 잉크통이 그렇듯 메트로폴리탄 미술관 전시실은 초월적인 이상과 감정을 실제 사물에 구현하려는 인간의 욕망을 반영하는 사례로 가득하다. 이곳의 소장품은 우리가 손에 쥘 수 있는 물건을 얼마나 좋아하는지 보여 준다.

　메트로폴리탄 미술관에서 촉각을 체험하고 싶다면 기념품점으로 가면 된다. 그곳에서 보석, 손가방, 책, 생활용품, 장난감, 문구류 등 다양한 형태로 작품을 직접 만져 보고 심지어 집에 가져갈 수도 있다.

　미술관 기념품점은 대부분 일반 기념품점보다 낫고 나는 미술관 기념품을 좋아하지만, 이 카페 같은 공간은 부차적인 느낌이고 좋은 평가를 받는다고 보긴 어렵다. 1980년에 세상을 떠난 화가 클리포드 스틸(Clyfford Still)은 많은 작품을 남기면서, 미국의 어느 도시든 자신에게 헌정된 미술관을 개관한다면 작품을 기증하겠다고 했지만 조건을 하나 달았다. 바로 카페나 기념품점은 두지 말라는 것이다. 한 미술관이 개장하기 31년 전의 일이다.

기념품점이 이렇게까지 인기를 끄는 건 어쩌면 우리 모두 탐욕스러운 소비 지상주의자라는 뜻일지도 모른다. 〈꽃다발(A Bouquet of Flowers)〉이 그려진 샐러드 접시는 그 걸작을 훼손하는 걸까? 프리다 칼로(Frida Kahlo)를 본뜬 뜨개 열쇠고리는 예술가의 존엄성을 모욕하는 걸까?

나는 그렇게 생각하지 않는다. 물질적 욕망에는 영적인 측면이 있으며 기념품점은 만지고, 사고, 기억하고 싶은 인간의 욕구를 반영한 공간이다. 우리는 감탄스러운 무언가를 보면 간직하고, 사진을 찍고, 한 조각 떼어 내거나 누군가에게 보여 주고 싶어 한다. 냉장고 자석이 하찮은 취급을 받지만 순례자라면 누구나 집에 조개껍데기를 가져가려 한다.

기념품점의 물건이 엉성한 복제품일 수는 있지만 우리는 그렇게 해서라도 작품을 손에 쥐고 싶어 한다. 무엇인가를 소유하거나 재생산하면 그것과 우리의 관계는 달라진다. 내 할머니는 네브래스카의 거실 소파 위에 모네의 〈의사당, 일몰(The Houses of Parliament, Sunset)〉이라는 작품 프린트를 액자에 넣어 걸어 뒀다. 할머니의 작은 집에서 그 그림을 여러 번 봤더니, 나중에 워싱턴 D. C. 국립 미술관에서 원본을 봤을 때 전혀 다른 느낌을 받았다. 그 프린트에 익숙해져서 원본을 다른 시각으로 바라봤다.

기념품점 선반 옆을 지나가다가 새로운 주의 집중 훈련 아이디어가 떠올랐다. 좋아하는 작품 엽서를 몇 장 사서 박물관을 걸어 다니며 엽서와 원작을 비교해 보는 것이다.

　베닌 궁전(Court of Benin, 나이지리아의 고대 왕국인 베닌 왕국의 왕궁_옮긴이)에서 출토된 〈모후의 펜던트 가면: 이요바(Queen Mother Pendant Mask: Iyoba)〉를 직접 보았을 때는 상아로 조각되어 미묘한 색조로 빛났지만, 엽서에서는 그 색과 질감이 평범해졌다. 한편 엽서를 뒤집어 옆으로 들고 보니 작품의 우아한 대칭성이 눈에 들어왔다.

　아버지 브뤼헐(Bruegel the Elder, 16세기 플랑드르 출신의 르네상스 시대 화가_옮긴이)의 〈추수하는 사람들(The Harvesters)〉은 여러 번 봤지만 멀리서 보면 해안에 건물이 줄지어 선 풍경이 눈에 잘 띄지 않았다. 그러나 엽서에서는 그 요소가 뚜렷하게 드러났다. 벽에 걸린 그림이 아니라 손에 든 엽서를 통해 그 구도를 제대로 감상할 수 있었다.

〈반 고흐에 몰입하다〉 전시회에서는 〈밀짚 모자를 쓴 자화상〉을 신선한 시각으로 바라볼 수 있었다. 엽서를 눈앞에 가까이 들었다가 작품 옆으로 옮겨 보자, 반 고흐의 모자와 피부를 표현한 붓놀림이 다른 작품에 등장하는 해바라기 꽃잎과 비슷해 보였다.

이렇게 엽서로 연습하고 나면 작품 앞을 지날 때마다 그 작품이 내게 다가오는 듯한 느낌이 들었다. 비록 인위적이고 축소된 형태라 해도 손에 쥐고 있으니 한층 더 내 것 같았다.

　무언가를 산다는 건 '그곳에 있었고, 직접 봤고, 무언가를 가져왔다'는 사실을 증명하는 행위이기도 하다. 하지만 요즘에는 달력을 사기보다 작품과 셀카를 찍는 사람이 많다. 나는 무언가를 사고 싶다는 충동을 느꼈고 기념품점에서 '윌리엄(William)' 모형을 구매했다. 이 밝은 청색의 소형 하마 조각상은 메트로폴리탄 미술관의 마스코트로 손가방, 장난감 등 다양한 기념품에 등장한다. 이 작은 하마는 매일 미술관을 찾는 내 애정을 물리적으로 표현한 물건이자 미술관을 간직하는 나만의 방식이기도 했다.


## 만진다는 것의 새로운 의미

나는 오감을 탐구하면서 일상적인 경험이 얼마나 깊어지는지 점점 실감했다. 세상이 더 아름답고 매력적으로 보였고, 더 편안하고 편리해졌다.

　예를 들어 주의를 기울이면서부터 예전에는 전혀 알아차리지 못한 촉각 신호에 다소 놀라기도 했다. 나는 타이핑할 때 고등학교 타자 수업에서 배운 대로 항상 양손 집게손가락을 F와 J 키 위에 놓았다. 알고 보니 키보드의 F와 J 키에는 작은 돌기가 있어 눈으로 보지 않고도 손가락 위치를 정확히 잡을 수 있다. 녹음용 헤드폰에도 왼쪽 밴드 부분에 작은 돌기가 있어, 눈에 잘 띄지 않는 L 글자를 굳이 찾지 않아도 똑바르게 착용할 수 있다.

나는 촉각으로 진정과 집중에 도움을 주는 물건을 찾았다. 불안하거나 짜증 날 때 작은 윌리엄 조각상을 쥐고 있으면 메트로폴리탄 미술관식 사고방식, 곧 차분하고 호기심 많고, 서두르지 않고 열린 마음가짐을 되찾을 수 있었다. 장기적인 관점에서 생각해야 한다는 사실을 물리적으로 상기하기 위해 이 조각상을 들고 다니는 습관이 생겼다.

나는 '어떤 물체를 잡고 그 질감, 무게, 색깔에 주의를 기울여라' 같은 조언을 자주 접했다. 이제는 차갑고 둥근 형태를 쥐고 있는 것만으로도 그 순간에 닻을 내리는 듯한 효과가 있다. 그것이 어떤 모양이든 중요하지 않았다. 단지 무게감만으로도 내 생각을 가라앉히는 데 도움

이 되었다.

　게다가 촉각은 아주 큰 즐거움을 안겨 주기도 한다. 출장을 갔다가 한 호텔에 묵었는데 화장실 바닥이 따뜻했다. 그런 고급 기능이 있다는 이야기를 읽은 적은 있지만 실제로 경험한 건 처음이었고 추위를 잘 타는 나는 무척 마음에 들었다. 계속 화장실에 들락날락하며 타일 위에 누웠다. 집으로 돌아와 옷장을 열었을 때, 가장 좋아하는 스웨터가 낡아 보였지만 버리고 싶지는 않았다. 따뜻하고 부드럽고 신축성 있는 완벽한 옷이었다.

　촉각은 순수한 쾌감을 줄 뿐만 아니라 장난기를 깨우는 특별한 힘이 있다. 나는 키네틱 샌드(Kinetic Sand, 모래에 식품 첨가물을 넣어 점성이 있는 모래놀이 장난감_옮긴이)를 사서 특이한 성질을 탐구하고 가장 좋아하는 마커로 컬러링 북에 색칠을 했다. 연구에 따르면 놀이는 자극을 주고 뇌 기능을 향상하며 아이디어를 자극하고 유머 감각과 시야를 넓히는 데 도움이 된다. 나는 특별히 가벼운 성격은 아니고 다소 딱딱하고 실용적인 편에 가깝다. 촉각은 내 본성에 존재하는 장난기를 끌어올리는 데 도움이 됐다.

　장난기가 많다는 건 창의성이 뛰어나다는 뜻이다. 어느 날 아침 샤워하면서 손에 비누 거품을 묻히고 모양을 만들다가 갑자기 깨달음이 찾아왔다.

　불쑥 이런 생각이 들었다. 메트로폴리탄 미술관에는 뮤즈 기계 지침 중 '다른 곳에 있던 온전한 무언가를 통합해라'를 잘 보여 주는 사례가 있다. 나는 화창한 유럽 조각관(European Sculpture Court)을 떠올렸다. 몇 년 전 미술관을 확장하면서 남쪽에 있던 건물 대신 더 큰 새

건물이 들어섰다. 예전 출입구는 온전한 형태로 남아 있지만 건물 내부로 들어가서 조각관 벽으로 활용되고 있다.

이런 연결고리를 떠올리는 일이 무척 즐거워서 뮤즈 기계 설명서를 쓰기로 했다. 각 지침을 정리하고 그에 맞는 예를 적는 것이다. 좋았어! 샤워를 마치자마자 메모를 휘갈겨 썼다(뮤즈 기계 지침 중에는 '기억력을 믿지 말고 모든 아이디어를 기록해라'도 있다). 새 프로젝트를 시작할 때마다 늘 그렇듯 가슴이 뛰었다. 이 설명서의 첫 단어를 쓰기 전에 다짐했다. 파란색 큐브를 쥐고 행운을 빌자.

그래도 촉각의 가장 중요한 힘은 누군가와 더 가까워지게 하는 것이다. 신체적 접촉이 얼마나 큰 위안을 주는지 그 어느 때보다 절실히 깨달았다.

제이미는 함께 걸을 때 내 어깨에 팔을 두르거나 손을 잡는다. 이제 제이미의 그런 습관을 당연하게 여기지 않고, 그 덕분에 얼마나 행복한지 떠올린다. 나도 더 자주 제이미의 손을 잡았다.

하루하루 살아가면서 과거와 현재, 미래를 생각하고, 상상하고, 계획하고, 곰곰이 되새기고, 잊어버리기도 한다. 제이미의 손길은 이 순간, 바로 여기에서 내가 사랑하는 사람에게 손을 내밀어야 한다는 사실을 일깨웠다.

# 오감을 향해

## 육체와 정신은 어떻게 서로를 보살피는가

인간의 육체는 영혼과 따로 존재하지 않는다.
우리가 육체라고 부르는 것은 오감으로 인식하는 영혼의 한 조각이며
오감은 이 시대에 영혼과 세상을 연결하는 주요 통로다.
_윌리엄 블레이크(William Blake),
《천국과 지옥의 결혼(The Marriage of Heaven and Hell)》

FIVE SENSE ≫       최근 어느 날 밤 붐비는 식당에서 친구들과 테이블에 둘러앉아 있다가, 나는 지금 왜 이렇게 즐거운지 잠깐 생각해 봤다.

무엇보다 나는 사랑하는 사람들과 저녁 시간을 보내고 있었다. 우리가 함께하는 이 즐거운 시간을 아무것도 방해하지 않는다. 방의 묵직한 커튼과 푹신한 쿠션 덕분에 분위기는 친밀하고 아늑했고, 다른 사람들이 대화하는 소리는 방에 활기를 더하면서도 그리 거슬리지 않았다. 한 친구가 끼고 있던 묵직하고 고풍스러운 손목시계와 또 다른 친구의 섬세한 금목걸이가 인상적이었다. 우리 식탁 가까이에 놓인 화병에서 풍기는 산뜻한 향이 마음에 들었고, 나는 제이미의 스카치 잔을 집어 들어 향을 깊이 들이마셨다(스카치 맛은 별로지만 향은 좋아한다). 연어를 주문해서 그 풍부한 맛과 온기를 음미하며 첫입을 먹었다. 차갑고 적당히 무게감 있는 식기, 의자를 감싼 부드럽고 낡은 벨벳 커버도 좋았다.

오감을 탐구하기 전에도 나름대로 즐거웠겠지만, 이 요소가 어떻게 어우러져서 오늘 저녁이 특별해지는지 인식하지 못한 채 단지 기분이 좋다는 느낌만 받았을 것이다. 더 많이 알아차렸기에 더욱 깊이 즐길 수 있었다.

일반적으로 나는 일을 할 때 행복이라는 주제를 깊이 생각한다. 우리는 어떻게 하면 더 행복하고, 건강하고, 생산적이고, 창의적일 수 있을까? 바꾸고 싶다면 어떻게 바꿔야 할까? 어떻게 해야 자신을 더 깊이 알 수 있을까?

이런 질문은 *자기 이해(self-knowledge)*와 *의식적 행동(mindful action)*이라는 원칙을 몇 번이고 되새기게 했다. 나는 자기 이해를 통해 의식적인 행동을 요구하고, 이 과정에서 행복한 삶을 추구한다.

이 프로젝트를 시작할 무렵 붉게 충혈된 눈을 보고 예전과 다르게 오감을 존중하게 되었고, 그날 이후 수많은 오감 실험을 진행했다. 발레리노와 대화하면서 바닥을 딛는 감각, 튀튀를 착용한 발레리나를 들어 올릴 때의 위험성 같은 이야기를 들었다. 미각 인식을 바꿀 수 있는지 알아보려고 콧줄을 착용하기도 했다. 인기를 끌고 있는 5-4-3-2-1 접지 훈련(다섯 가지 감각을 단계별로 활용하여 마음을 진정하는 명상 기법_옮긴이)과 냉동요법을 시도하고 라스베이거스 카지노를 둘러보고, 지피 팝(Jiffy Pop, 휴대용 팝콘으로 그대로 튀길 수 있게 프라이팬처럼 생겼다_옮긴이)으로 엘리너를 놀라게 하기도 했다.

가장 대담한 모험은 아야와스카(ayahuasca, 아마존 지역에서 식물을 조합하여 만든 차로 환각 효과를 일으키는 성분이 들어 있다_옮긴이)를 마신 일이었다. 감각을 연구하다 보니 환각을 통해 고조된 지각을 경험하고 싶은 호기심이 생겼다. (최근 연구에 따르면 환각제가 치료에 쓰일 수 있다고 해서 이런 실험이 더 유망하고 덜 무서워 보였다.) 나는 연구자에게 연락해 계획을 세우고 미지의 세계에 들어설 각오를 다졌다. 진하고 텁텁하고 쓴 차를 마신 뒤 세 번이나 토했다. 그다음엔 지나치게 밝은 백화점 같은 시각 효과를 잠깐 경험했고, 그대로 잠들었다가 평소와 다름없는 기분으로 깨어났다. 기대했던 강렬한 감각은 느끼지 못했지만 실험 자체에 들떴던 건 사실이다. 뭔가 평범하지 않고 조금은 두려운 일을 했으니까.

이런 경험은 나 역시 다른 사람들처럼 내 몸과 경험, 문화, 특이성으로 이뤄진 감각 세계에서 살아간다는 사실을 일깨워 주었다. 무엇보다 의식적인 행동을 통해 내 감각으로 경험을 형성할 수 있었다. 감각의 위대한 능력이 내게도 있다! 단 활용하려고 애써야 한다는 전제가 붙는다.

*알아차리기* 위해서는 끊임없는 노력이 필요했다. 예술가 스콧 폴라(Scott Polach)의 작품 〈박수를 권하다 #111415(Applause Encouraged #111415)〉에서 관람객들은 해가 지는 광경을 보며 박수를 쳤다. 내 삶에서는 어떻게 계속 알아차릴 수 있을까? 한 친구가 내게 말했다. "인도 여행을 다녀온 뒤에는 내가 항상 커민을 넣고 요리할 줄 알았어. 그런데 결국 안 하게 되더라." 나는 그 말이 무슨 뜻인지 정확히 알았다. 변한다고 *느끼기*는 쉽지만 *실제로 변하기*는 어려운 법이다. 나는 앞으로도 계속 오감에 집중하고 싶다.

조사를 시작하기 전에는 미처 몰랐는데 나는 많은 것을 보면서도 충분히 듣지 않았다. 이제는 오감 하나하나에 귀를 기울이고 있다. 그리고 내게 환경을 직접 설계할 수 있는 큰 힘이 있다는 사실도 깨달았다. 자기 전에 향수를 뿌리고, 매일 미술관을 찾고, 바나비의 부드러운 귀를 쓰다듬으며 기쁨을 느꼈다. 재스민 덩굴 가까이 다가가자 그 향기는 날아오를 듯한 강렬한 쾌감을 안겨 주었다. 짜증을 줄이고 싶으면 휴대폰 알림을 끄거나 불편한 바지를 기부하거나 흔들거리는 의자를 고치면 된다. 냄새나고 낡은 주방용 수세미를 굳이 다시 쓰지 않고 새것으로 바꿀 수도 있다.

사실 나는 전보다 훨씬 감각을 즐기고 있었지만 좀 더 깊이 탐구할 방법을 찾고 싶었다. 나는 내 몸을 통해 영혼에 가까워지고, 영혼을 통해 몸에 닿을 수 있다.

## 더 기뻐하는 삶으로

실험을 시작하면서 오감을 통해 더 많은 기쁨을 찾고 싶었지만 그건 쉽지도, 명확하지도 않은 목표였다. 작가 새뮤얼 버틀러(Samuel Butler)는 이렇게 썼다. "누군가 멍청하다는 가장 분명한 신호는 무엇이 자신을 기쁘게 하는지 단번에 쉽게 알아차릴 수 있다고 믿는 것이다."[55] 닥터 수스(Dr. Seuss)의 《모자 쓴 고양이(Cat in the Hat)》에 나오는 명언도 이를 잘 보여 준다.

나를 봐라.

나를 봐!

**지금** 날 보라니까!

재미있으면 즐거워

하지만 그러려면 방법을 알아야 하지.[56]

*하지만 어떻게?* 이것이 내 의문이었다. 그리고 오감을 활용하면 된다는 사실을 배웠다.

불안, 짜증, 좌절감, 지루함이 밀려올 때면 밝은색 옷을 입거나 좋아하는 노래를 듣고, 우리 가족의 오랜 레시피대로 요리를 맛보거나 포옹할 수 있다. 바나비와 산책하거나 침대를 정리하고, 오래된 입체화 그림 '3D 매직아이' 엽서를 들여다보는 평범한 순간에도 주의력의 힘은 강하게 발휘된다. 장난감 가게에 들어가면 베개에 달린 양면 스팽글을 뒤집어 본다. 금색에서 은색으로 바뀌면서 손가락 밑에서 미끄러지는 촉감을 느끼기 위해서다. 어두운 하늘을 배경으로 환히 빛나던 단풍나무의 진홍색 잎사귀를 보고 느낀 전율은 아마 평생 잊지 못할 것이다.

누군가 특별히 즐거웠던 감각을 이야기하면 그 감상 덕분에 나도 더 깊이 즐길 수 있었다. 팬톤(Panton, 색상을 연구하고 개발하는 미국 기업_옮긴이)에서 '올해의 색'으로 지정한 '울트라 바이올렛(Ultra Violet)'을 찾아봤고 영화 〈졸업(The Graduate)〉의 OST인 〈스카버러 페어(Scarborough Fair)〉를 얼마나 좋아했는지 떠올렸다. 닭 요리 메뉴에 첨부된 설명을 유심히 읽고 나서 생강 맛을 분간하기도 했다. 어머니가 작은 가게 밖에서 파는 꽃을 구경하며 걷는 게 좋다고 한 후로 나도 그 꽃을 보면 즐거워졌다.

세상을 자세히 관찰하기 위해 매일 사진을 찍는 사람이 많다. 내 친구도 매일 아침 허드슨강을 찍는다. 사진을 찍으면 오히려 즐거움이 줄어든다고 말하는 사람도 있지만 일부 연구에 따르면 사진을 찍는 행위가 몰입감을 높이는 데 도움이 된다고 한다.[57]

나는 사진에는 별로 끌리지 않았다. 언제나 언어에 의존했기 때문이다. 직접 과카몰레를 맛보고 양가죽을 느끼고 싶었기에 오감 일기를 쓰기로 했다. 선반에서 줄 공책을 꺼내 '보다', '듣다', '냄새 맡다', '맛보다', '만지다'라고 적었다. 그리고 매일 하루가 끝날 무렵 가장 기억에 남는 감각을 기록했다.

첫날에는 감각에 관한 인상을 이렇게 정리했다.

- **보다**: 은빛이 도는 멋진 검은 털의 와이마리너. 몸에 서리가 내려앉은 듯한 개였다.
- **듣다**: 시내를 걷다가 교회에서 시간을 알리는 종소리를 들었다.
- **냄새 맡다**: 바나비를 좀 씻겨야겠다.
- **맛보다**: 샐러드에서 놀랍도록 맛있는 훈제 향이 났다.
- **만지다**: 주디와 밥의 집에서 거친 사이잘(sisal, 해먹, 밧줄 등의 재료로 쓰는 식물_옮긴이) 러그를 만졌다.

오감 일기는 매일 빠르게 오감에 집중하게 해 주는 소중한 자료였고 감사 일기처럼 느껴지기도 했다. 강렬하고, 계속 지속되지만 기억나지 않는 순간이 얼마나 많았던가. 그런 순간을 알아차리고 감사해야 한다.

아름다움은 물론 악취와 혼란, 소음도 예전보다 더 많이 인식하게 되었다는 점을 인정해야겠다. 냉장고에서 나는 소음이 한번 들리자 계속 귀에 들어왔고 커피의 신맛을 알아차린 이후로는 더 자주 느껴졌다. 하지만 그런 인지의 대가는 기꺼이 감수하고 싶었다. 온갖 감각을 느끼니 현재에 더 집중할 수 있었고 살아 있다는 느낌이 들었기 때문이다. 나는 그토록 갈망하던 활력을 드디어 얻었다.

일상생활에서는 생산성을 높이고 싶은 욕구 때문에 할 일 목록에서 벗어나기 어렵다. 하지만 오감 덕분에 일상을 더 즐길 수 있었다. 어느 날 오후 엘리너와 함께 옥수수 전분을 사용해 표사(quicksand)처럼 액체이면서 동시에 고체인 비뉴턴 유체를 만들었다. 그걸 쥐어짜고 두드리고 손가락으로 긁으면서 함께 웃었다. 진홍색 물건을 찾는다는 핑계로 꽃꽂이 용품점인 비 앤드 제이 플로리스트 서플라이(B & J Florist Supply)에 들렀다. 가짜 음식과 꽃 사이에서 내 색을 찾아낼 때마다 사냥에 성공한 듯 짜릿함을 느꼈다.

오감을 활용해서 가족들에게 장난을 치기도 했다. 엘리너의 커피에 '젤링 조크(Gelling Joke)'를 넣어서 인체에 무해하지만 먹을 수 없는 찌꺼기로 만들었더니 엘리너가 어리둥절해했고, 제이미의 생일 케이크에는 꺼졌다가 다시 켜지는 마법 촛불을 꽂았다.

우리 가족과 내가 얼어붙는 날씨에 지쳐 있던 12월 어느 날, 문득 한 가지 영감이 떠올랐다. 브롱크스에 있는 뉴욕 식물원(New York Botanical Garden)에 가는 것이었다. 나는 가족들을 모두 불러 모았다.

공원 입구를 지나 유리 돔 온실로 걸어가는 길에 보이는 땅은 칙칙하고 생기 없는 갈색이었다. 하지만 웅장한 온실 내부에서는 식물이 생명력과 색채를 내뿜었다. 내가 가장 좋아하는 전시실은 저지대 열대림(Lowland Tropical Rain Forest)이었다. 무성한 녹음이 사방을 뒤덮고 나뭇가지가 머리 위로 드리워져 있었다. 어찌나 울창한지 소리가 들리지 않을 정도였다.

"야외가 실내로 들어오면 참 좋더라." 내가 엘리자에게 말했다.

"저도요." 엘리자는 코트를, 나는 모자를 벗었다. 우리 모두 천천히 길을 따라 걸었다. 축축한 공기가 뺨에 와 닿았다.

"냄새 좀 맡아 봐요!" 엘리너가 코를 킁킁거리며 말했다. 짙은 대기 속에 흙과 물의 생생한 내음, 낯선 식물에서 풍기는 다양한 풀 향이 담겨 있었다. 따뜻하고 생생한 내부와 차갑고 시들어가는 바깥 풍경의 대비가 이 공간에 특별한 생기를 더해 주었다.

우리는 10년 동안 뉴욕 식물원에 간 적이 없었다. 밖으로 나와서 공원 정문으로 돌아가는 길에 엘리너가 엘리자에게 말했다. "따뜻할 때 다시 와야겠어. 소풍 도시락을 가져와도 되겠지?"

# 더 사랑하는
## 삶으로

오감에 대한 지식이 늘어날수록 이 주제로 사람들과 더 많이 이야기하고 싶었다. 나는 이런 말을 자주 꺼냈다. "숯 냄새를 맡으면 항상 여름이 떠올라. 너는 언제?", "그거 알아? 코끼리는 구름이 움직이는 소리를 들을 수 있대." 감각 경험은 누구나 관심 있는 주제여서 이런 대화는 다른 사람과 소통하기에 좋은 방법이었다. 특히 오감을 통해 너무나 사랑하지만 당연하게 여기기 쉬운 이들의 존재를 세세히 들여다보게 되었고 그만큼 더 가까워졌다.

오감으로 *나*를 이해하듯이 *다른 사람*도 이해할 수 있다. 나는 제이미를 좀 더 자세히 들여다보려고 제이미의 '오감 초상'을 작성했다. 먼저 공책을 꺼내 맨 윗줄에 제이미라고 적었다.

제이미를 생각하면…

떠오르는 모습은…
1. 신문을 읽으며 접는 모습
2. 제이미의 재킷으로 가득 찬 코트 옷장
3. 일요일 소파에 누워 낮잠을 자려는 모습
4. 장미색 플리스 재킷과 연애 초기에 자주 입었던 격자무늬 니트 셔츠의 강렬한 색감
5. 운동을 마친 뒤 땀에 젖은 붉은 얼굴

떠오르는 소리는…
1. "귀여운 거 보자"라던 목소리. 그다음 우리는 문을 열고 요람에서 잠든 엘리자와 엘리너를 바라봤다.
2. 아이패드로 〈뉴욕타임스〉 십자말풀이 퍼즐을 마칠 때마다 울리

던 축하 음악

3. 제이미가 가장 좋아하는 팟캐스트에서 나오는 스포츠 이야기

4. 업무로 대화하는 목소리

5. 깊은 잠에 빠졌을 때 들리던 길고 느린 숨소리


**떠오르는 냄새는…**

1. 제이미가 밤에 즐겨 마시던 위스키

2. 테니스 가방

3. 밤에 바나비를 산책시키고 돌아왔을 때 풍기던 바깥 공기

4. 면 티셔츠를 벗을 때마다 흩날리던 세제

5. 질레트 면도 크림


**떠오르는 맛은…**

1. 제이미가 자주 먹던 라이프 세이버(Life Saver) 사탕

2. 일주일에 한 번, '아이스크림 토요일'마다 먹던 아이스크림

3. 아침에 키스할 때 느껴지던 민트 치약

4. 저녁 식사 후 병에서 스푼으로 떠먹던 땅콩버터

5. 항상 우유를 타서 마시던 커피


**떠오르는 촉각은…**

1. 정수리에 난 탄력 있는 머리카락

2. 털 없이 매끈한 허벅지 피부. C형 간염을 치료하는 임상 실험에 참여해서 주사를 맞았기 때문이다(지금은 완치했다).

3. 끝이 날카롭고 해진 플라스틱 빨대. 제이미가 씹다가 집에 남기고 갔다.
4. 내 뺨에 닿았던 따뜻한 맨 어깨
5. 제이미가 음식을 먹으며 써서 끈적끈적해진 가족용 노트북 키보드

이 다섯 가지 감각 초상을 그리면서 오랫동안 잊고 지내던 방식으로 제이미의 물리적인 존재를 인식했다. 겉모습을 떠올리자 결국 *내면*을 들여다보는 통로가 된 것이다. 예를 들어 제이미는 몸에 딱 붙고 무늬가 있는 버튼다운 셔츠를 몇 장 샀다. 평소에는 입지 않던 스타일이었다. 아주 미묘한 변화였지만 그런 변화를 인식하고 알아차릴 수 있었다. 제이미가 뭔가 바꾸고 싶은 모양이었다.

친구에게 이 이야기를 들려주자 친구는 휴대폰을 꺼냈다. "기억해두고 싶어서 메일로 보내려고." 자판을 두드리며 친구가 말했다. "몇 달 전에 할아버지가 돌아가셨거든. 이런 식으로 기억을 붙들면 좋을 것 같아."

오감에 주의를 기울이면서 주변 사람을 훨씬 더 잘 인식하게 되었다. 아버지가 여러 근육 부위를 집중적으로 단련하며 자세를 개선했고, 엘리자는 새 머리핀을 꽂았다. 친구는 회사를 옮긴 뒤 *산출물*, *주주*, *대역폭* 같은 단어를 쓰기 시작했다. 이런 사소한 변화를 인식하자 내게 중요한 사람들과 더 가까워진 느낌이 들었다.

오감은 다른 사람을 *알아차리*는 데 도움이 되었듯, 그들과 *연결하*는 훌륭한 다리 역할도 했다. 감각 경험은 보통 공유할수록 더 즐거워

진다. 예를 들어 SNL(Saturday Night Live)은 전국 시청자들이 다 함께 볼 때 더 재미있었다. 메트로폴리탄 미술관의 중국 정원관을 친구에게 보여줬을 때, 미술관 2층 깊숙한 곳에서 식물과 잉어 연못이 있는 실제 정원을 보고 놀라는 친구의 모습에 그곳이 더 아름답게 느껴졌다.

유난히 힘든 시기를 보내고 있는 오랜 친구에게 감각 경험을 담은 선물을 택배로 보내기로 했다. 영혼으로 육체를 보살피듯이 육체로 영혼을 보살필 수 있다. 육체적 쾌락은 잠깐일지라도 그것만으로 충분한 위로와 에너지가 되기도 한다. 나는 친구의 오감을 하나하나 어루만져줄 감각 선물을 준비했다.

- **시각**: 아름다운 색연필 세트
- **청각**: 〈유 아 마이 선샤인(You Are My Sunshine)〉이 흘러나오는 손잡이 달린 오르골
- **후각**: 각각 향이 다른 양초 세 개가 담긴 상자
- **미각**: 다양한 맛의 소금 샘플
- **촉각**: 부드럽고 가볍고 짙은 파란색 담요

우리 몸은 도피처이자 마음을 달래는 탈출구, 활력의 원천이 될 수 있다. 그리고 누구나 깜짝 선물을 좋아한다. 좋은 선물을 떠올리려고 하면 늘 막막했지만 오감을 생각하면 선물을 준비하는 일이 훨씬 쉽고 즐거워진다. 값이 싸든 비싸든, 우스꽝스럽든 마음이 따뜻해지든, 상대는 상자를 열어 보고 싶어질 것이다. 나는 심지어 팀의 결속을 높여 줄 직장용 '감각 상자'까지 상상했다.

*사물*도 *경험*이 될 수 있다. 물리적 형태로 사랑을 구현해 보고, 듣고, 냄새 맡고, 맛보고, 만질 수 있는 경험을 선물해 보자.

## 잃었던 에너지를 되찾다

감각을 통해 에너지를 얻고 재충전할 수 있다는 사실은 정말 뜻밖이었다. 감각 환경을 잘 챙기는 것만으로도 자신을 돌볼 수 있다. 간단하고 비용도 거의 들지 않았다.

    나는 주변의 감각을 그저 견디기보다 적극적으로 형성할 수 있다는 사실을 깨달았다. 당장 에너지와 활력이 필요할 때면 자몽 향을 맡고, 새로 산 면양말의 푹신한 질감을 느끼며, 소리 치유소에서 좋아하는 노래를 듣는다. 몸이 찌뿌듯할 때는 잠시 산책하러 나가서 구름을 바라보고, 가로등의 차갑고 울퉁불퉁한 표면을 손으로 쓸어 보고, 거리에서 풍기는 예기치 못한 냄새를 들이마신다. 그렇게 감각을 통해 새로 깨어난다.

    자신에게 소박한 선물을 주는 건 좋은 일이지만 미디어를 몰아 보거나 시간 가는 줄 모르고 스크롤을 내리거나, 핼러윈 사탕을 너무 많이 먹는 등 기분 *좋자*고 한 행동이 오히려 기분을 *망치*는 일이 되어서는 안 된다. 하지만 냄새와 소리는 마음껏 즐겨도 괜찮다. 향수는 쓰고 싶은 만큼 써도 되고, 음악을 많이 듣는다고 해롭지 않다(소리만 너무 크지 않다면).

모든 에너지가 같지는 않다. 내가 원하는 건 초조하고 불안해지는 불안정한 에너지가 아니라, 집중력과 체력을 길러 주는 차분한 에너지다.

도박에서 '텔(tell)'이라는 용어는 선수의 내면 상태가 무심코 드러나는 행동을 뜻한다. 알고 보니 나도 일상에서 종종 텔을 드러냈다. 나는 불안할 때마다 감각 자극을 줄이려고 애쓴다. 향수를 뿌리지 않고 엘리너에게 음악 소리를 낮춰 달라고 부탁한다. 감각이 넘치면 갑자기 압도당하는 느낌이 들기 때문이다.

반면 누군가는 강렬한 감각 자극이 쏟아질 때 오히려 안정을 느끼고, 부정적인 생각에서 벗어나 물리적인 현실로 돌아오기도 한다. 손이나 얼굴을 찬물에 담그거나, 얼음을 녹여 먹거나, 뜨거운 물로 샤워하거나, 시끄러운 음악을 틀거나, 레몬을 깨무는 식이다.

나는 이 원칙을 몰랐을 때도 무의식적으로 적용해 큰 효과를 본 적이 있다. 엘리자가 10학년일 때 시험을 앞두고 심하게 우울해져서, 공부에 집중할 에너지를 전혀 내지 못했다. 아이를 도울 방법이 떠오르지 않아 고민하던 중 갑자기 아이디어가 떠올랐다.

교과서 위 허공을 멍하니 바라보는 아이에게 말했다. "가자. 일어나, 나갈 거야!"

"어디를요?" 엘리자가 놀라서 물었다.

"귀에 세 번째 피어싱을 하고 싶다고 노래를 불렀잖아. 지금 가자. 평이 좋은 곳을 찾아보면 돼. 30분 후에 출발할 거야."

"*지금요?*" 엘리자가 어리둥절해하며 되물었다.

"그래, 공부할 게 많으니까 빨리 다녀오자."

"네, 제가 찾아볼게요!" 아이가 대답하고 재빨리 움직였다. 두 시간 후, 엘리자는 귀에 새 피어싱을 하고 다시 책을 읽기 시작했다. 귀를 뚫는 놀라움과 신체적 자극 덕분에 시험 스트레스를 이겨 내고 공부할 에너지를 되찾을 수 있었다.

한 친구는 큰딸이 대학에 간 뒤, 작은딸과 함께 꽃 시장을 돌아다니며 위로를 받았다고 했다. "꽃다발을 샀어. 집 안 여기저기에 꽃을 꽂았더니 그 색과 향기 덕분에 힘이 나더라." 친구가 말했다.

이 이야기를 듣고 얼마 지나지 않아 이메일에 문제가 생겼다. 나는 기술적인 문제에서 오는 특유의 불안감에 휩싸였다. 그리고 한 번도 하지 않았던 일을 했다. 꽃을 사서 화병에 꽂고, 그 화병을 사무실에 가져갔다. 사무실에 꽃을 가져간 건 처음인데 놀라울 정도로 보기 좋고 활기가 생겼다. 꽃이라니! 시인 메이 사턴(May Sarton)은 이렇게 썼다. "누군가 사치가 무엇이냐고 묻는다면 1년 내내 집에 꽃을 두는 것이라고 답하고 싶다."[58]

오감 실험 덕분에 예전과는 다른 방식으로 아름다운 꽃을 감상할 수 있었다. 나는 엘리자의 부드러운 목소리를 떠올렸다. "엄마가 꽃 파티를 하고 있어요." 그리고 몸으로 영혼을 돌볼 수 있다는 사실을 다시 한번 떠올렸다. 이번에는 꽃이라는 약국의 힘을 빌린 셈이다.

그리고 뮤즈 기계에 메모를 추가했다.

*'화병마다 전부 꽃으로 채워라.'*

# 광활한 상상력을 경험하다

오감을 처음 탐구할 무렵에는 이 연구가 내 창의력과 생산성에 불을 붙여 주길 바랐다. 다만 그 불이 얼마나 거셀지는 전혀 예상치 못했다.

특히 메트로폴리탄 미술관에 다니면서 상상력이 활짝 열렸다. 이렇게 매일 숨을 돌리며 내가 거의 잊고 살았던 시간을 생각했다. 바로 휴식이다. 어릴 때 나는 가만히 앉아 집중하고 과제를 마치는 데 익숙했다. 하지만 쉬는 시간도 좋아했다. 교실 밖 운동장에서 마음껏 뛰어놀던 시간은 일상이었지만 체계적이지는 않았다. 창의적이고 장난기 넘쳤다. '집중력 향상'이나 '심박수 증가', '의식 집중' 같은 실용적인 목표는 없었고 지시를 따를 필요도 없었다. 그저 오감을 하나하나 즐겼을 뿐이다.

성인이 된 지금도 나는 여전히 일에 집중하고 과제를 마치는 데 익숙하다. 하지만 메트로폴리탄 미술관에 다니면서 자유롭게 쉴 수 있었다. 누군가는 명상을 통해 사고를 훈련하지만 나는 휴식을 통해 생각을 해방한다.

쉬고 나면 다시 책상으로 돌아가기도 훨씬 수월하다. 연구에 따르면 정신적 노력을 잠시 멈추고 휴식을 취하면 생산성과 창의성을 유지하는 데 도움이 된다. 아침에 침대에서 일어나기 전, 출퇴근 시간, 샤워 중, 운동 중처럼 정신이 자유롭게 떠도는 시간에 통찰이 찾아오는 일이 많다고 한다. 작가 버지니아 울프(Virginia Woolf)는 이렇게 말했다. "내 정신은 게으름 속에서 움직인다. 아무것도 하지 않는 것이 때로는 가장 유익한 방식이다."[59] 놀이는 게으름이 아니라는 뜻이다.

또한 나를 포함해서 많은 사람이 도구와 원재료를 통해 상상력을 자극받는다. 이런 재료는 무한한 가능성을 나타내며 향기로운 허브 다발, 부드러운 털실 바구니, 언제든 연주할 수 있게 벽에 세워 둔 기타는 감각적인 자극을 전해 준다.

놀랍게도 이런 물건은 실제로 사용하지 않아도 상상력을 자극했다. 조사를 시작하기 전에는 감각에 집중하면 그림이나 콜라주, 요리 같은 감각 중심 활동을 할 줄 알았는데 그런 일은 없었다. 대신 내 오감 실험은 평소 언어로 무엇인가 창조하고 싶어 하던 욕구를 키웠다. 나는 화려한 물감을 보면 붓을 들기보다 컴퓨터 앞에 앉고 싶어진다. 글이 막힌 친구에게 이렇게 말했다. "철물점이나 농산물 직판장, 미술 도구나 악기를 파는 데 가 봐. 네가 나랑 비슷한 타입이라면 아이디어가 떠오를 거야."

감각을 활성화하는 과정에서 작가적 상상력이 여러 방향으로 자극받았다. 나는 심심풀이 책 《나의 색채 순례》를 계속 만지작거렸다. 〈듣기 선언문〉과 〈맛의 역사〉를 작성했다. 제일 좋아하는 프로젝트인 〈명언 모음집〉을 매일 작업했다. 뮤즈 기계를 만들었고 뮤즈 기계에 첨부할 메모도 했다(이 책을 쓰는 동안 뮤즈 기계에 담긴 아이디어를 놀라울 정도로 많이 사용했다. '같은 것을 계속 반복해라', '오래된 메모를 검토해라', '결말은 웅장하게', '아이디어의 구조를 설명해라. 아니면 숨겨라', 물론 '신탁을 구해라'도 있었다).

*모든 것이* 흥미로웠다. *모든 것이* 아름다웠다. 어떤 방에 들어가든 내가 원하면 그곳이 미술관이었다. 정신과 의사이자 정신 분석가 카를

융(Carl Jung)은 이렇게 썼다. "창의적인 인간은 사랑하는 대상을 가지고 노는 법을 배운다."[60] 나는 주변의 사물을 가지고 노는 법을 배웠다.

얼마 전에는 한 번도 해 본 적 없는 일을 했다. 스케치북과 연필을 미술관에 가져간 것이다.

감각 세계를 탐험하면서 근본적인 역설을 이해하기까지 오랜 시간이 걸렸다. 한편으로는 새롭거나 흥미로운 대상에 오감을 개입하여 창의력을 불러일으킬 수 있다. 〈반 고흐에 몰입하다〉나 사운드 배스 같은 독특하고 압도적인 경험은 아이디어를 떠올리는 데 도움이 됐다. 뮤즈 기계를 뒤적이는 것도 마찬가지다.

다른 한편으로는 다소 지루하고 예측 가능한 환경에 머무르면서 상상력을 자극할 수도 있다. 익숙한 아침 일과를 지키거나 메트로폴리탄 미술관에 꾸준히 찾아가면서, 내 정신은 익숙하지 않은 통찰에 빠져들었다. 예를 들어 미술관의 특정 전시실에 50번쯤 방문했을 때 조금 지루한 기분이 들었다. 그러다 짜릿한 섬광처럼 깨달음이 스쳤다.

감각에 대한 여러 가지 사실과 관찰 내용이 갑자기 하나로 모였다. *아름다움에는 약간의 추함이 필요할 때가 많다.*

무슨 근거일까? 2012년, 최대한 눈에 거슬리는 담배 포장이 의무화되면서 연구자들은 시각적으로 가장 혐오스러운 색을 찾아냈다.[61] 칙칙한 녹갈색인 팬톤 448C번 색은 우아한 비유는 아니지만 흔히 '아기 똥색'으로 통한다. 그런데도 레오나르도 다빈치의 〈모나리자〉 같은 위대한 예술 작품에 이 색을 사용했다는 글을 읽고 나서, 메트로폴리탄 미술관 주변에서 이 '추한' 색을 찾아봤다. 아니나 다를까 헨드릭 테르 브루겐(Hendrick ter Brugghen)의 비통한 작품 〈성모와 성 요한이 있는 십자가형(The Crucifixion with the Virgin and Saint John)〉은 극적인 밤하늘에 그 색을 입혔고, 카미유 피사로(Camille Pissarro)의 평화로운 풍경화 〈퐁투아즈의 잘레 언덕(Jalais Hill, Pontoise)〉은 들판과 지붕의 초록 사이에 그 색이 섞여 있다.

손드하임 콘서트에서 갑작스러운 불협화음이 얼마나 자주 나오는지 귀를 기울이기도 했다. 나중에 알게 된 사실인데 서양의 음악 전통에서 청자들은 이런 불협화음을 충돌이나 고난으로 인식한다고 한다. 동시에 불협화음은 완결되지 않은 느낌을 남기며 음악을 더욱 매혹적으로 들리게 한다. 블루스, 낭만주의 음악, 손드하임 음악이 그 예다.

내 향수 교수님은 아름다운 향을 만들려면 나쁜 향을 살짝 가미해야 할 때가 있다고 말했다. 이런 향수 제조 성분에는 사향액(사향 고양이의 회음샘 분비물), 히라세움(hyraceum, 바위너구리의 화석화된 배설물), 용연향('고래의 토사물'로 불리지만 사실 반대쪽 끝에서 나온다) 등이 있다.

나는 맛을 연구하면서 신맛이 나는 식초를 첨가하면 과일 조림의 풍미가 깊어지고 씁싸름한 코코아 가루에 굴린 초콜릿 트러플은 정제 설탕에 굴린 것보다 맛있으며, 단독으로는 불쾌할 수 있는 소금 한 꼬집이 다른 모든 맛을 돋워 준다는 사실을 배웠다.

쉬는 시간에 멍하니 있다 보면 내 상상력은 겉으로는 무관해 보이는 사실들을 서로 이어 붙인다. 뮤즈 기계에 추가할 새로운 카드가 생겼다.

'조금은 추한 것을 더해라.'

# 삶의 채도를 높여줄
## 더 많은 추억이 생기다

마르셀 프루스트가 차에 적신 마들렌을 맛보는 장면은 감각이 불러일으키는 강렬하고 감정적인 기억을 가장 잘 보여 주는 사례다. 하지만 다섯 가지 감각 모두 잃어버린 시간을 되살릴 힘을 지니고 있다. 《해리 포터》를 읽는 짐 데일(Jim Dale)의 목소리를 들으면 딸들의 어린 시절이 떠오르고, 헤어스프레이 냄새를 맡으면 어릴 때 부모님이 파티에 가려고 옷을 차려입던 모습이 생각난다.

오감은 우리를 과거와 이어 주고 현재에 붙들어 주며, 미래의 기억을 만들어 나가는 데 도움을 준다. 심지어 잊고 있던 기억을 떠올리는 데도 도움이 된다. 예전의 기쁨을 떠올리는 건 그 기쁨을 두 번 누리는 것이나 다름없다. 게다가 시어머니에게서 배웠듯이 누군가의 감각 기억을 알게 되면 그 사람을 더 깊이 이해할 수 있다.

전통은 어떤 사건과 생생한 감각을 반복적으로 연결하여 오랫동안 잊히지 않는 기억을 창조한다. 가족과 함께 보낸 크리스마스를 떠올리면 장식품의 반짝거리는 색, 12월에만 태우는 상록수 가지와 잣나무 인센스의 향, 크리스마스이브마다 먹는 소시지 수프의 맛, 어머니가 엘리자베스와 내게 만들어 준 자수 스타킹의 짜임에서 느껴지던 촉감이 생각난다. 이런 감각은 무척 뚜렷하고 익숙해서 과거를 내 기억에 붙들어 준다.

나는 오감과 기억의 관계를 곱씹으며 중요한 사실을 깨달았다. 익숙한 것은 지나치기 쉽다. 오늘의 풍경, 소리, 냄새, 맛, 감촉은 너무 익숙해서 오히려 알아차리기 어렵다. *지금 이 순간도* 언젠가 오래전 일이 된다는 사실을 우리는 너무 쉽게 잊는다.

그래서 평범한 일상 사진을 모아 '지금을 담은 앨범'을 만들기로 했다. 하루하루는 길지만 세월은 짧다. 한때는 아기 침대 옆에서 〈굿모닝 투 유(Good Morning to You)〉를 영원히 부를 것만 같았지만 지금은 그 침대가 어떻게 생겼는지도 잘 떠오르지 않는다. 사진 한 장 남겨 두지 않았다. 내가 지금까지 냉장고를 몇 번이나 열었더라? 냉장고 안은 늘 똑같고 평범해 보이지만 15년 전의 내용물은 지금과는 전혀 다르다. 다이어트 소다 캔 디자인만 봐도 내 인생에서 시간이 어떻게 흘렀는지 알 수 있을 듯하다.

어느 토요일에는 약장과 옷장, 선반, 아파트 로비와 엘리베이터까지 일상의 장면을 사진으로 남겼다. 아침마다 와플을 구워 먹는 전기 와플 메이커, 바나비가 가장 좋아하는 삑삑이 장난감, 내가 제일 좋아하는 후드티 등 소리와 냄새, 맛, 촉감을 떠올리기 위해 사진을 찍기도 했다.

이렇게 찍은 사진을 책으로 엮어서 책장을 넘기다 보니 평범했던 물건이 새롭게 느껴졌다. 이상하게도 복제품이 진품보다 더 마음을 끌 때가 있다. '지금을 담은 앨범'은 감각의 한 순간을 포착하여 내 평범한 하루를 새롭게 바라보는 눈을 열어 주었다.

이 연습을 하다 보니 내 과거의 평범한 장면을 담은 사진을 더 보고 싶었다. 하지만 어떻게? 몇 년 전, 조부모님이 돌아가신 뒤 두 분이 살던 집이 팔렸다. 문득 그 집이 부동산 웹사이트에 올라왔을 수도 있겠다는 생각이 들었다. 집 주소를 입력하자 정말로 그 집이 화면에 나타났다. 할머니가 보라색과 흰색 피튜니아를 가꾸던 벽돌 화단, 할아버지가 햄버거를 굽던 그늘진 뒷마당, 엘리자베스와 내가 함께 잠들었던 방의 사포질된 거친 벽면까지 모든 것이 담겨 있었다. 심지어 할아버지의 라바 비누와 전용 받침대를 올려 두던 작은 욕실 세면대까지 눈에 들어왔다.

    그 집에 마지막으로 갔던 날, 나는 하얀 부엌 조리대 가장자리쯤에 작은 흠집을 냈다. 다시는 오지 못할 소중한 공간에 내 흔적을 남기고픈, 오래된 본능 같은 충동을 느꼈기 때문이다. 혹시나 그 흠집이 보일까 싶어 부엌 사진에서 눈을 떼지 못했고, 어떤지 그 흠집이 정말 보이는 듯한 기분이 들었다. 하나같이 평범한 방들이지만 그 안에 담긴 내 기억과 사랑 때문에 그 공간이 특별해졌다.

심리학에서는 자주 이런 질문이 등장한다. '사람의 성격은 평생에 걸쳐 얼마나 바뀔까?' 어딘가 아쉬운 대답은 이렇다. '어느 정도 변한다. 경우에 따라 다르지만.' 나는 언제나 내가 철저히 나답다고 생각하며 살아왔다.

내게 가장 오래된 감각 기억은 유치원 화장실에서 작은 발판에 올라 손을 씻던 순간이다. 차가운 물에 손을 담그고 거울을 들여다보며 생각했다. '여기 내가 있고, 이건 *지금*이야.'

바로 그때 *내 존재*를 처음 자각했기 때문에 그 순간을 기억하는 걸까? 나는 주변을 인식하는 동시에 생각하고 있다는 사실 자체를 자각했다. 이런 생각은 여전히 계속되고 있으며 이 문장을 쓰는 지금도 마찬가지다. 그 방의 사진 한 장, 유치원 냄새가 담긴 병 하나를 가질 수 있다면 얼마나 좋을까.

이 순간에 더 충실하기 위해 '지금을 담은 앨범'을 만들었다. 물론 만드는 순간 앨범은 곧바로 과거가 되어 버렸다. 과거는 바로 여기, 지금부터 시작된다.

## 그레첸답게

몇 년 전, 나는 자기 이해를 연습하려고 '나만의 12계명(Twelve Personal Commandment)'이라는 제목으로 살면서 지키고자 하는 근본 원칙을 작성했다. 첫 번째이자 가장 중요한 건 '그레첸답게'였고, 이 원칙을 지키려면 나 자신을 깊이 이해해야 했다. 하지만 자신을 이해하기는 쉽지 않다. 스스로 되고 싶은 모습이나 남이 기대하는 모습에 휘둘리다 보면 결국 진실을 놓치기 쉽기 때문이다.

그레첸답게 살려면 자신을 받아들이는 동시에 더 나은 모습을 기대해야 했다. 내 본성을 있는 그대로 인정하면서도 내가 인식하는 가능성의 지평을 넓혀야 한다. 오감 실험을 처음 시작했을 때는 시각과 후각이 전경 감각이라고 생각했고 청각과 미각, (이 추측은 틀렸지만) 촉각은 배경 감각으로 치부했다.

이 실험을 진행하면서 내가 전경 감각이라고 여겼던 시각과 후각을 더 깊이 즐길 수 있었다. 색채를 만끽했고 말 그대로 꽃향기를 맡으려고 길을 걷다 멈춰 서기도 했다. 게다가 한번 관심을 기울이기 시작하자 그동안 소홀했던 감각에서도 큰 즐거움을 발견했다. 음악을 즐겼고 카드를 만지며 상상력이 피어났으며 벨벳의 감촉이 얼마나 근사한지 새삼 느꼈다. 물론 모험적인 식성으로 거듭나지는 않았지만 익숙한 맛을 한층 더 음미했다.

게다가 내 고유한 감각 세계를 새롭게 자각하면서 이 역시 언젠가 사라진다는 사실을 되새겼다. 우리는 가진 것을 잃고 나서, 혹은 잃을까 두려울 때 비로소 그 가치를 깨닫는다. 안과 의사와 나눈 대화는 짧았지만 오감이 얼마나 연약한지 깨닫기에는 충분했다. 무엇보다 내 주변의 모든 것이 과거로 가라앉고 시간은 내가 즐겨 보고 만지던 모든 것을 빼앗을 것이다.

감각은 그 자체로도 순수한 기쁨을 주지만, 그보다 더 소중한 건 덧없이 흘러가는 삶의 물질 속에서 꼭 경험하고 기억하고 싶은 사람, 장소, 평범한 순간과 나를 이어 주는 힘이었다.

지금까지 여러 가지를 시도하면서 내게 가장 큰 변화를 가져다준 건 매일 들른 메트로폴리탄 미술관이다. 매일 미술관에 찾아가면서, 규칙을 사랑하는 성향을 이용해 오히려 규칙에서 벗어나는 여유가 생겼다(문이 없는 출입구나 보이지 않는 톨게이트를 통과하는 것과 비슷하다). 휴식은 내게 방황할 기회를 주었다. 예전에는 늘 다른 사람과 함께 미술관에 갔지만 이제는 혼자 해야 할 활동 같았다. 그리고 미술관이나 전시회에 한 번만 간다는 건… 뭐랄까, 허망할 정도였다. *한 번만* 가면 무슨 의미가 있을까? 메트로폴리탄 미술관에는 평생 매일 갈 수도 있을 텐데.

나는 미술관을 선택했지만 누군가는 다른 장소를 선택할 수도 있다. 공원, 동네를 지나는 길, 집 앞 계단 등 장소는 사실 중요하지 않다. 익숙함과 반복을 통해 세상은 뜻밖의 방식으로 모습을 드러낸다.

나는 메트로폴리탄 미술관을 선택하고 그곳에서 또 다른 기준으로 나를 돌아봤다. 일상의 사소함을 벗어나 한층 고양되는 기분이었다. 로마가 당한 약탈부터 사랑하는 반려견의 죽음까지 전시 설명문에 차분히 담긴 재난 이야기를 읽다 보면 내 걱정은 서서히 사그라졌다. 산호, 수정, 호두나무 옹이, 호저의 가시, 금박, 점토, 깃털, 옥으로 된 작품은 자연을 예술로 승화하여 나를 다른 세계로 이끌었다.

경외감에는 깊은 만족이 뒤따른다. 연구에 따르면 경외감을 자주 경험하는 사람일수록 겸손하고 창의적이며 삶의 질이 높다고 느끼고, 타인과 연결되려는 욕구가 강하며 심지어 면역 건강도 더 뛰어나다고 한다. 경외감은 불안과 스트레스를 줄여 준다.

하지만 나는 이런 실용적인 이유에는 관심이 없었다. 내가 메트로폴리탄 미술관을 찾는 이유는 순수한 기쁨을 얻기 위해서였다. 미술관 문으로 들어서는 순간부터 기분이 한결 좋아졌다. 내 안으로 더 깊이 들어가는 동시에 밖으로 미끄러져 나와서 세상과 연결될 수 있을 듯한 역설적인 느낌이 들었다. 메트로폴리탄은 내 놀이터이자 트리 하우스, 눈 오는 날 같은 특별한 공간이 되었다.

늘 입는 요가 바지와 러닝화를 착용하고 미술관을 돌아다니려니 죄책감이 들었다. 유명한 탐미주의자 오스카 와일드(Oscar Wilde)는 학생 시절 "매일 파란 도자기만큼 우아하게 살아가는 게 점점 힘들어진다"[62]라고 말해서 전국적인 반향을 일으켰다. 나도 같은 기분이었다. 근엄하고 순수한 〈넥타네보 2세를 보호하는 호루스 신(God Horus Protecting King Nectanebo II)〉 조각상 앞에 서서 생각했다. "자격은 어

떻게 얻는 거지? 세상의 아름다움에 어떻게 어울릴 수 있을까?" 가장 좋은 방법은 오감을 활짝 여는 것이다. 내 메트로폴리탄 미술관은 아무도 대신 방문할 수 없다.

미술관에서는 무엇도 번쩍이거나 빙글빙글 돌지 않았다. 그저 모든 것이 내가 오길 기다릴 뿐이었다. 사물들이 점점 익숙해질수록, 더 많이 알아 갈수록 더욱 아름다워졌다. 그렇게 메트로폴리탄 미술관은 내 시선 아래에서 천천히 모습을 바꾸었다. 오감을 통해 나는 마침내 미술관 안에 살게 되었다. 구석구석 살폈고 하나하나 파헤쳤다. 하지만 메트로폴리탄 미술관은 워낙 넓고 자주 바뀌기 때문에 지루해질 걱정은 없었다. 보르지아니의 〈팔레트와 캔버스와 함께한 화가로서의 자화상(Self Portrait as a Painter with Palette and Canvas)〉을 10번째로 보러 갔을 때 그 작품은 사라지고 없었다. 기회가 있을 때 찬찬히 들여다보길 잘했다.

어느 날 중세 보물 전시실을 걷다가 평소처럼 엘리자에게 이빨을 드러낸 소 사진을 보내려고 멈춰 섰다. 그때 처음으로 그 스테인드글라스 창에서 성모 마리아와 요셉의 초상 뒤편에 걸쳐진 선명한 진홍색 난간이 두 사람의 얼굴을 더욱 또렷하게 돋보이게 한다는 사실을 알아차렸다. 어떻게 지금까지 한 번도 못 봤을까?

햇빛을 받아 반짝이는 대리석 조각상들을 지나다가 문득 미술관 방문에 대한 당연한 사실을 깨달았다. 메트로폴리탄 미술관은 내가 시작한 이 모든 여정의 상징이었다.

이 프로젝트를 시작했을 때, 나는 타고난 한계를 넘어서고 싶었다. 이 삶, 단 하나뿐인 인생을 더 깊이 경험하고 싶었다. 미술관을 찾는 건 아직 발견하지 못한 내 안의 어떤 지점에 닿기 위해서였다. 나는 감각을 통해 전시용 창고와 빛나는 진열장에 놓인 걸작들, 잊힌 계단참, 분수, 엽서, 꽃이 꽂힌 석조 화병을 발견했다. 나 자신이 곧 실험실이자 노트이며 미술관이다.

에필로그

## 감각을 통해 열린
## 새로운 세상

뇌는 하늘보다 넓다

둘을 나란히 놓는다면

하나는 다른 하나를 가뿐히 품고

그대까지 품으리라.

_에밀리 디킨슨(Emily Dickinson)

바나비가 늦은 오후 산책을 할 시간이라 우리는 밖으로 나섰다. 일기예보에서 비가 올 거라고 했고, 나는 얼른 책상 앞에 다시 앉고 싶어서 평소처럼 냄새 맡고 탐색하게 두지 않고 서둘러 바나비를 끌고 갔다. 빨간불이 켜져서 잠시 길모퉁이에 멈췄을 때, 우연히 가까이 있던 원뿔 모양의 교통콘이 눈에 들어왔다.

수없이 봤지만 한 번도 신경 써 본 적 없는 평범한 플라스틱 교통콘이었다. 그런데 그 순간, 흐린 하늘에 비친 연둣빛 햇살 속에서 그 주황색 봉은 마치 안쪽에서 불이 켜진 듯 회청색 아스팔트 위에서 또렷이 빛났다. 바나비가 목줄을 당겼지만 나는 움직이지 않았다.

평범한 하루를 보내다가도 가끔 어떤 물건이나 행동에 초월적인 의미가 깃들 때가 있다. 한번은 택시를 타고 가다가 어떤 남자가 택시를 잡으려고 무진 애를 쓰기에 목적지에서 한 블록 떨어진 곳에서 내리면서 양보한 적이 있다. "저기요, 이 택시 타세요." 내가 택시에서 내리며 이렇게 말하자, 그가 나를 보며 고맙다고 했다. 그 목소리가 어찌나 간절하던지, 가끔 그 택시에서 내린 것이 내가 한 가장 선한 일이 아닐까 생각할 정도다.

신호등 옆에서 기다리던 그 순간 나는 *평범한* 사물이 *숭고한* 형태를 띠는 장면을 잠깐 목격했다. 그 주황색 콘은 내가 지금껏 본 것 중에 가장 현실적인 물건이었다.

그 콘을 바라보자 우편함과 쓰레기통, 주차된 차 같은 익숙한 거리 풍경이 경외심을 표하며 뒤로 물러나는 듯 보였다. 교통콘은 태초부터 그 자리에 있었던 것처럼, 거리와 도시의 일부가 되어 서 있었다. 그 형태에 고대와 현대의 감각이 동시에 담겨 있었다. 어쩐지 건초더미와 공원 벤치, 학자의 돌(scholar's rock, 중국 송나라 시기부터 문인들이 수집하고 감상하던 돌로 자연석이지만 형태가 독특하다_옮긴이), 바다 유리처럼 인공적이면서도 자연적이고, 살아 있는 세계의 산물처럼 보였다.

그리고 그 *색*. 나는 빛나는 주황색에 넋을 잃고 서 있었다. 그 광경을 보면서 끊임없는 걱정과 자기 회의에서 벗어나 영원한 감각이 존재하는 영역으로 솟아오르는 듯한 기분이 들었다. 하지만 눈앞에 있는 건 웅장한 미술관도, 비현실적으로 아름다운 산꼭대기도 아니었다.

그 도로에 놓인 교통콘 하나로 거리는 더 친근하고 가능성으로 가득 찬 공간으로 보였다. 교통콘은 존재 자체의 기쁨으로 빛나는 듯했다.

그 주변의 모든 풍경과 소리가 증폭되는 느낌이었다. 살이 에일 듯한 찬 바람이 얼굴에서 머리카락을 흩날렸고, 목도리의 따뜻한 양모 냄새와 젖은 거리에서 올라오는 오존과 소금기 냄새가 뒤섞였다. 내 옆을 지나가는 커플이 대화하는 소리도 들렸다.

교통콘을 바라보며 떠오른 인상은 내 몸이 느낀 감각만큼 강렬했다. 그 순간, 나는 갑자기 주변 사람들에게 애정을 느꼈고 그 다정함이 점점 번져서 세상 전체를, 모든 이를 감싸 안았다. 그들의 얼굴과 노래, 농담, 행운까지도. 내게 사람보다 소중한 건 없었다.

나는 정신이 번쩍 들었다. 너무나 많은 감각이 한꺼번에 쏟아져 들어와 전율이 일었다. 그러다 상쾌한 바람이 불며 비가 내렸고, 하늘도 어두워지면서 교통콘은 다시 평범한 거리의 물건으로 돌아갔다.

그 순간은 지나갔지만 지금 다시 살아났다. 앞으로도 다시 살아날 테고 영원히, 적어도 내가 살아 있는 한 계속될 것이다.

보라, 보라, 보라! *그리고 손을 뻗어라.*

## 감사의 글

책을 쓸 때마다 이번 책이 정점이라고, 다시는 이렇게 흥미로운 주제를 찾지 못할 거라고 생각한다. 그리고 나면 또 이런 주제를 만난다.

감사를 전하고 싶은 분들이 정말 많다. 도움과 통찰을 나눠 주신 모든 분께 깊이 감사드린다.

먼저, 도서관 사서, 서점 직원, 독자, 팟캐스트 청취자 여러분께 감사드린다. 여러분의 열정과 응원은 언제나 큰 감동이다.

특히 질문과 아이디어, 추천 자료를 보내주신 독자와 청취자 여러분께 깊이 감사드린다. 여러분과의 대화를 통해 정말 많은 것을 배웠고, 여러분의 많은 통찰이 이 책에 녹아들었다. 자신만의 감각 경험을 들려준 핀 더건(Finn Duggan), 림 카시스(Reem Kassis), 척 리드(Chuck Reed), 세라 제(Sarah Sze)에게 정말 감사하다.

이 글이 세상에 나오기까지 정말 많은 분이 힘을 보태 주셨다.

내 훌륭한 에이전트, 플레처 앤드 컴퍼니(Fletcher & Co.)의 크리스티 플레처(Christy Fletcher), 그리고 멜리사 친칠로(Melissa Chinchillo), 세라 푸엔테스(Sarah Fuentes), 요나 레빈(Yona Levin), 빅토리아 홉스(Victoria Hobbs)에게 감사드린다.

편집자 메리 레이닉스(Mary Reynics)의 훌륭한 조언에도 감사드리며, 크라운(Crown) 팀의 질리언 블레이크(Gillian Blake), 세라 브라이보겔(Sarah Breivogel), 지나 센트렐로(Gina Centrello), 줄리 세플러(Julie Cepler), 데이비드 드레이크(David Drake), 크리스티나 폭슬리(Christina Foxley), 에밀리 하틀리(Emily Hartley), 린지 케네디(Lindsey Kennedy), 앤슬리 로스너(Annsley Rosner)에게 모두 감사하다. 투 로즈(Two Roads) 팀에도 감사를 전한다.

크리스털 엘레프센(Crystal Ellefsen), 델리아 로이드(Delia Lloyd), 특히 앨리스 트루액스(Alice Truax)에게 감사드린다.

그레첸 루빈 미디어(Gretchen Rubin Media)의 탁월하고 뛰어난 팀원들인 애덤 캐스웰(Adam Caswell), 로런 크리스텐슨(Lauren Christensen), 애니 졸리(Annie Jolley), 에미 조이외(Emy Joyeux), 제이슨 콘래드(Jason Konrad), 린지 로건(Lindsay Logan), 앤 메르코글리아노(Anne Mercogliano), 조 와들링턴(Joe Wadlington), 해나 윌슨(Hannah Wilson), 여러분과 함께하는 하루하루가 큰 기쁨이다.

〈그레첸 루빈과 더 행복해지기〉 팟캐스트에서 저와 함께하는 멋진 동료들인 척 리드(Chuck Reed), 카덴스 13(Cadence 13) 팀원들, WME의 벤 데이비스(Ben Davis)에게도 감사드린다.

작가 모임에서 받은 훌륭한 조언과 공감에도 고마움을 전한다.

메트로폴리탄 미술관, 센트럴 파크, 뉴욕 소사이어티 도서관(New

York Society Library)의 관계자들과 후원자들께도 감사드린다. 나는 이처럼 특별한 공간을 결코 당연시하지 않는다.

마지막으로, 언제나 친구들과 가족들에게 감사하다. 캐런 크래프트(Karen Craft), 잭 크래프트(Jack Craft), 엘리자베스 크래프트(Elizabeth Craft), 주디 루빈(Judy Rubin), 밥 루빈(Bob Rubin), 특히 기꺼이 실험 대상이 되어준 제이미, 엘리자, 엘리너에게 진심으로 고맙다.

### 오감을 깨우는 실천 가이드

내가 한 실험과 경험 이야기를 읽으며 여러분도 자리에서 벌떡 일어나 직접 감각을 체험하고 싶어졌기를 바란다. 감각과 당신의 관계를 깊이 이해할 수 있도록 웹사이트(gretchenrubin.com/quiz/)에 퀴즈를 마련했다. 이 가이드가 오감을 깨우는 출발점이 될 것이다. 우리는 이 연습을 통해 다음과 같은 것을 한다.

- 실험이나 착시를 활용하여 감각을 탐색하고
- 감각 경험을 다른 이와 공유하며
- 감각 경험을 중심으로 한 모험을 계획하고
- 감각이 불러일으키는 기억을 되돌아보며
- 감각에서 얻는 즐거움을 증폭하거나 불쾌함을 줄이고
- 교육으로 감각 경험의 깊이를 더하며
- 감각 경험에서 영감을 받아 무언가를 창조하고

- 감각을 즐기기 위해 소소한 사치를 누리고
- 평범한 것에 주의를 기울이며
- 건강하게 즐길 거리를 찾아낸다

이 목록은 늘 추가 중이니 좋은 아이디어가 있으면 꼭 알려 주길 바란다.

### 시각

- 온라인 실험으로 시각을 탐구해 본다.
    - 드레스 착시 현상을 검색하자. 흰색과 금색으로 보이는가, 아니면 파란색과 검은색으로 보이는가?
    - 맥거크 효과를 보여 주는 영상을 시청한다.
    - '보이지 않는 고릴라' 영상을 시청한다.
- 지나치기 쉬운 것들을 찾아본다. 텔레비전 광고, 약국 진열대, 로고, 책 표지, 사무실, 집 근처의 거리…. 정말 자세히 들여다보면 무엇이 보이는가?
- 매일 찾아갈 장소를 하나 정한다. 특정한 산책로, 동네를 산책하거나 마트에 들르거나, 정원이 보이는 한 벤치에 앉아 보자. 오래도록 깊이 들여다보고 싶었던 곳이 있는가? 매일 찾아가다 보면 그 장소가 전혀 다르게 보인다.
- 색으로 소소한 사치를 즐긴다. 밝고 재미있는 색의 옷을 입거나 캐비닛 안쪽에 색을 칠하거나, 책상에 색이 예쁜 문진을 올려 두거나, 색연필 세트를 사거나, 손톱에 색을 칠해 본다.

- 특정한 색의 물건을 모은다. 좋아하는 색을 한데 모을 방법을 찾아보자. 예를 들어 같은 색 책등이 보이도록 책장을 꾸미거나 자연에서 솔방울, 조개껍데기, 깃털 등을 수집해도 좋다. 내 어머니는 해마다 산타 장식품만으로 크리스마스를 꾸미는데 빨강, 하양, 검정이라는 단순한 색 조합으로도 멋지게 완성된다.
- 누군가를 시각 여행에 초대한다. 폭포, 낯선 동네, 역사 유적지…. 함께 경험을 나누기에 관광만큼 인기 있는 방법도 드물다.
- 보는 법을 바꿔 본다. 하나의 사물을 다양한 방식으로 관찰하며 시각을 예리하게 다듬어 보자. 거울에 비춰 보고, 눈을 가늘게 뜨고 보고, 손으로 일부를 가려 보고, 크기나 비율의 변화를 살펴보고, 멀리서 또는 가까이서 바라본다.
- 시각에 흠뻑 빠져 본다. 천체 투영관, 아이맥스 영화관, 라스베이거스처럼 시각을 압도하는 경험을 찾아보자.
- 스마트폰 화면을 칙칙한 '회색조'로 바꾼다. 하루나 일주일 동안 화면에 검은색과 흰색, 회색만 나오게 설정해서 색이 사라지면 사용 습관이 어떻게 달라지는지 관찰한다.
- 반대로 스마트폰 화면을 보기 좋게 정돈한다. 홈 화면 이미지를 바꾸고 앱을 정리하고, 쓰지 않는 앱은 삭제하자.
- 좋아하는 풍경이 담긴 엽서를 모아서 주변에 배치한다. 서랍 속, 책상 서류 더미 사이, 자동차 차광판 위 등 예상치 못한 장소에 놓는다. 차가 막힐 때 엽서를 꺼내 보는 그 순간이 작은 기쁨이 된다.
- 눈에 거슬리는 것을 정리한다. 집과 사무실을 둘러보며 지저분

하거나, 복잡하거나, 낡았거나, 더럽거나, 보기 불편한 곳이 있는지 살펴보고 어떻게 개선할지 계획한다.
- 눈과 시선에 주목한다. 눈 맞춤의 힘을 알아차리고, 상대가 어디를 보는지 관찰하면서 그 사람이 무슨 생각을 하는지 짐작하자. 누군가의 눈을 30초 동안 바라보면 시선의 강렬한 힘을 온몸으로 느낄 수 있다.
- 얼굴을 찾아본다. 자동차 전면, 나무껍질, 식빵 표면의 무늬 속에서 얼굴처럼 보이는 형상을 찾아본다.
- 생각의 고삐를 풀어놓는다. 생각을 통제하려 들지 말고 자유롭게 떠돌도록 내버려둔다.

### 청각

- 온라인 실험으로 청각을 탐구해 본다.
  — '가상 이발소' 소리를 들어 본다.
  — 끝없이 올라가는 듯한 음인 셰퍼드음을 들어 본다.
  — '로럴'로 들리는가, '야니'로 들리는가?
- 음악과의 관계를 되짚어 본다. 음악을 어떤 방식으로 듣는 것이 좋은가? 선호하는 장르와 스타일은? 노래 위주로 듣는가, 음악 전반을 즐기는가?
- 나만의 소리 치유소를 창조한다. 원하는 기분 상태에 도움이 되도록 좋아하는 곡 목록을 구성하자. 에너지를 채우고 행복하게 만들어 주는 곡, 조용히 사색에 잠기거나 감성에 젖고 싶을

때 어울리는 곡도 좋다. 음악은 자신에게 줄 수 있는 멋진 선물이다.

- 콘서트에 가거나 '사운드 배스'를 체험한다. 녹음된 소리를 원할 때마다 듣는 것도 편리하지만 라이브 공연에서 느껴지는 현장감은 그 무엇과도 바꿀 수 없다.
- 새소리 식별 앱을 다운로드해서 주변에서 들리는 새들의 울음소리를 알아본다.
- 마이크를 잡아라. 감각을 경험하는 방식이 다른 사람들을 배려하는 방법을 모색하자는 뜻이다.
- 내가 듣는 방식에 집중한다. 〈듣기 선언문〉을 직접 작성해서 어떤 상황에서 듣기가 어려운지, 더 잘 들으려면 무엇이 필요한지 정리한다.
- 하루 동안 음악을 들으며 나만의 사운드트랙을 만들어 본다. 음악이 기분에 얼마나 영향을 주는지 관찰한다.
- 스마트폰에서 나는 소리를 개선한다. 듣기 좋은 알람음으로 바꾸고 중요한 사람에게는 전용 벨 소리나 문자음을 설정한다. 불필요한 알림음은 끈다.
- 특정한 순간을 포착한다. 잠시 멈춰서 주변 소리에 *귀를 기울인다*. 어떤 소리가 들리는가? 그 소리가 장소와 상황을 어떻게 바꾸는가? 너무 익숙해서 인식되지 않는 소리는 무엇인가?
- 소음을 줄인다. 공간을 정돈하듯 소리도 정리해 보자. 거슬리는 소리를 없애고 귀를 보호해라. 휴대폰 알림을 *끄*고 소음 제거 이어폰이나 헤드폰을 사용하며 안 보는 TV는 *끄*고 시*끄*러운

장소를 피한다.
- 온라인에서 다양한 소음 '색상'을 비교해 본다. 어느 색이 마음에 드는가? 흰색, 분홍색, 녹색 등 배경음을 활용하면 수면이나 집중, 안정에 도움이 될 것이다.
- 침묵을 키운다. 가능하다면 회복을 위해 침묵할 시간을 마련하자. 누구와도 대화하지 않고 영화나 TV도 보지 않고, 음악이나 팟캐스트도 듣지 않는다. 그 침묵이 편안하게 느껴진다면 일상에 좀 더 고요함을 담아 보자.
- 사랑하는 사람들의 음성을 녹음한다.
- 몸의 감각에 집중한다. 불안하거나 속상하거나 화날 때, 지금 여기, 이 순간 오감에 주의를 기울인다.


**후각**

- 간단한 실험으로 후각을 탐구해 본다.
  - 코를 막고 입에 젤리를 넣은 다음 코를 막았던 손을 뗀다. 맛이 어떻게 달라지는지 살펴보자.
  - '냄새 따라잡기' 같은 보드게임을 하거나 다른 사람과 팀을 짜서 냄새 퀴즈를 맞혀 본다.
  - 아무리 강한 냄새라도 시간이 지나면 인식되지 않는 현상을 관찰한다. 한쪽 콧구멍씩 번갈아 냄새를 맡고, 감지되는 향이 어떻게 다른지 비교한다.
- 코로 가는 혈류량을 늘리면 후각이 예민해진다. 계단을 오르내

리거나 제자리 뛰기를 해 보자.
- 의도적으로 낯선 냄새를 경험한다. 암모니아 냄새(스멜링 솔트), 곪고 냄새 맡기 스티커, 생소한 과일의 향 등을 맡아 본다.
- 냄새를 맡으며 그 경험을 자세히 묘사한다. 어떤 냄새가 나는가? 꽃향기, 과일 향, 달콤한 향, 풀 냄새, 신선한 향, 가벼운 향, 무거운 향, 시원한 향, 따뜻한 향, 밝은 향, 섬세한 향, 동물적인 향, 파우더 향, 허브 향, 약 냄새, 나무 향, 시큼한 향, 민트 향, 상한 냄새, 먼지 냄새, 암모니아 냄새, 버터 향, 훈연 향, 식물 향, 송진 향 등 다양하게 표현해 보자.
- 향기를 더한다. 향초, 향낭, 꽃, 향수, 인센스 스틱을 활용해서 주변에 기분 좋은 냄새를 풍겨 보자. 낮에는 다른 사람을 배려해서 향수를 자제하는 사람이라면 밤에 가볍게 뿌려도 좋다.
- 악취를 제거한다. 냉장고, 싱크대 아래 공간, 쓰레기통, 눅눅한 지하실, 곰팡이 핀 샤워 커튼, 반려동물이 여러 번 실수한 카펫 등 불쾌한 냄새가 나는 곳을 개선한다.
- 사무실 로비, 반려동물 용품점, 교실 등 방문하는 장소에서 나는 냄새에 주의를 기울인다. 익숙한 공간일수록 냄새를 인식하기 어렵다.
- 강렬한 향기와 관련된 기억을 떠올리고 기록한다.
- 사랑하는 사람의 체취에 주의를 기울인다.
- 특정한 장소와 시간에 몰입하고 싶다면 맡을 수 있는 모든 냄새를 의식적으로 인식한다.

**미각**

- 간단한 실험으로 미각을 탐구해 본다.
  - 오렌지를 이용해 신맛과 쓴맛의 차이를 느낀다. 과육은 신맛, 껍질은 쓴맛이 난다.
  - 신맛을 단맛으로 바꿔 주는 기적의 열매를 먹어 본다.
  - 입안을 짜릿하고 얼얼하게 하는 쓰촨 후추를 먹어 본다.
  - 평소 사용하지 않는 향신료를 넣어 요리한다.
- 살면서 경험한 맛의 역사를 기록한다. 삶의 각 시기에 떠오르는 맛은 무엇인가? 가족이나 친구와 그 시절을 회상하며 대화해 보자. 가장 자주 먹은 음식은 무엇인가? 가장 좋아한(혹은 싫어한) 맛은? 가능하다면 기억에 남는 가족 레시피, 식당, 재료 등을 다시 경험해 본다.
- 세계 식품 시장에 가서 다양한 나라의 맛을 체험한다. 생소한 음식을 몇 가지 시도해 본다.
- 케첩 한 병을 꺼내서 몇 방울을 혀에 올리고 집중한다. 맛뿐만 아니라 색, 광택, 냄새, 질감까지 주의 깊게 느낀다. 이어서 케첩을 다른 음식과 함께 먹어 본다. 맛이 어떻게 변하는가? 다음으로 바닐라를 시도한다. 향을 맡고 한 방울 맛본 뒤 다른 음식에 바닐라를 넣으면 맛이 얼마나 풍부해지는지 살펴본다.
- 매일 즐기던 맛 하나를 하루, 일주일, 한 달, 혹은 무기한으로 끊어 본다. 일시적으로 멀리하면 그 맛이 얼마나 즐거움을 주는지 새삼 깨닫게 된다. 아예 그 맛을 끊었을 때 더 행복해질 수도 있다.

- 혀를 교육한다. 맥주, 치즈, 초콜릿, 커피 등 관심 있는 주제로 오프라인이나 온라인 미각 수업을 들어 보자. 누군가와 함께 수업을 들으면 더 좋다.
- '미각 파티'를 연다. 과일, 식초, 올리브, 차, 너트버터, 피클, 우유, 에너지바 같은 익숙한 음식을 골라서 다양한 브랜드나 종류를 사람들과 함께 비교해 본다. 블라인드 테스트를 하거나 늘 당연하게 여기던 식재료를 새롭게 느껴 본다.
- 한 가지 맛을 탐구한다. 자주 먹는 음식이나 음료 중 하나를 골라 다양한 종류를 비교해 보면 미각이 섬세해진다.
- 맛과 관련된 추억을 나눈다. 미각을 활용해서 상대의 어린 시절, 문화, 추억을 되살리며 소통할 수 있다. 사랑하는 사람을 초대해 음식과 식사에 얽힌 경험을 듣고 그 맛을 함께 나눠 보자.
- 아이스크림이나 샌드위치, 또는 다른 요리를 새로운 방식으로 만들어 본다.
- 일부러 지루한 경험을 해 본다. 우리는 지루할 때 내면에서 자극을 찾는 경향이 있어서 상상력을 키울 수 있다.

**촉각**

- 간단한 실험으로 촉각을 탐구한다.
    — 손가락 사이로 옥수수 전분을 문질러 본다. 그다음 물을 섞으면 액체와 고체의 느낌이 동시에 나는 비뉴턴 유체가 생성된다.

— 키네틱 샌드, 플레이도우, 실리 퍼티(Silly Putty, 고무 질감의 장난감_옮긴이), 점토 놀이 같은 촉각 장난감을 만져 본다. 종이로 비행기나 동서남북 등을 접어도 좋다.
— 선인장, 양귀비풀 같은 식물이나 알루미늄 포일, 사포 등 일상에서 흥미로운 재질을 찾는다.

- 촉감 놀이책, 팝업북, 플랩북 등 촉감 요소가 포함된 책을 만지며 읽어 본다.
- 상점에 가서 물건을 직접 만진다. 목욕 수건의 푹신함, 유리 믹싱볼의 매끄러운 표면, 목공 도구의 차갑고 묵직한 감촉을 느껴 본다.
- 하루를 보내는 동안 다양한 재질을 만지고, 손을 적극적으로 사용하면 그날의 경험이 어떻게 변하는지 인식한다.
- 애정 어린 신체 접촉을 시도한다. 물론 적절한 상황이라는 전제에서 다정하게 포옹하거나 주먹 인사를 하거나 손을 잡거나 살짝 쓰다듬는다. 사랑하는 사람과 따뜻한 스킨십으로 더 가까워지자.
- 동물을 쓰다듬으며 의식적으로 털과 피부의 질감을 느낀다.
- 머그잔, 펜, 서류철, 돌멩이 등 마음을 안정시키는 소품을 쥐어 본다. 묵직한 담요, 치료용 점토, 푸시팝 장난감 등 진정과 집중을 돕는 전용 소품도 있다.
- 목욕, 샤워, 감각 차단 탱크, 호수, 바다 등 몸을 물에 담그는 행위로 풍부한 촉각 자극을 경험한다.
- 좋아하거나 거슬리는 질감을 떠올린다. 예를 들어 실크처럼 매

끄러운, 벨벳 같은, 폭신한, 거친, 울퉁불퉁한, 까끌까끌한, 뻣뻣한, 모래 같은, 미끄러운 감촉 중 무엇을 선호하는가?

- 행운의 부적을 손에 쥐거나 행운의 의식을 실천하면서 눈에 보이지 않는 것을 만진다.
- 손을 이용해 상상력을 자극한다. 추상적인 개념을 물리적인 형태로 표현하면 더 효과적으로 이해할 수 있다.
- 누군가에게 '감각 선물'을 건넨다. 오감이 주는 즐거움과 편안함을 고려해 감각을 기반으로 한 경험을 선물해 보자.
- 머그잔, 달력, 포스터 등 좋아하는 예술 작품의 기념품을 구매한다. 그 물건을 소유하면 작품을 바라보는 시각이 어떻게 달라지는지 관찰해 본다.
- 미술관을 방문해 전시 중인 작품의 엽서를 구매한다. 그다음 해당 작품을 보면서 엽서와 실물을 비교한다. 엽서를 보고 나서 실제 작품에 대한 감상이 어떻게 달라지는지 알아차린다.

**오감 통합**

- 오감이 주는 기쁨: 오감을 알아차리고 감사할 수 있도록 오감 일기를 쓴다. 매일 각 감각으로 경험한 인상적인 순간을 기록하자. 가벼운 장난을 치거나 감각을 헷갈리게 하는 선물로 누군가에게 즐거움을 전한다. 당신이 아직 스물다섯 살이 되지 않았다면 새로운 감각 경험을 가능한 한 많이 시도한다. 이 시기까지 새로운 음식이나 음악에 긍정적인 경험을 하지 않으면 앞으로

는 더 힘들어진다.
- 오감이 주는 사랑: 사랑하는 사람과 더 가까워지고 싶으면 '오감 초상'을 작성하고, 그 사람의 물리적 실체에서 인식되는 아주 작은 특징까지 주의 깊게 관찰한다. 이 연습은 세상을 떠난 사람을 기억하고 기릴 때, 어떤 장소나 계절, 특별한 순간의 기억을 붙들고 싶을 때 도움이 된다.
- 오감이 주는 에너지와 평온: 내게 효과적인 방식을 선택해서 감각을 자극하거나 가라앉히며 마음을 환기한다.
- 오감이 자극하는 상상력: 자유롭게 놀며 쉬는 시간을 일정에 넣는다. 철물점, 백화점, 인테리어 용품점, 농산물 직판장, 요리도구 전문점, 미술 용품점, 공예점 등 창의적 활동을 할 수 있는 재료와 도구를 파는 곳에 찾아가자.
- 오감이 일으키는 기억: 언젠가 *지금*도 옛날이 된다. 현재의 경험을 더 또렷이 느끼고 앞으로 기억을 남기기 위해 일상의 사진을 모아 '지금을 담은 앨범'을 엮어 보자. 부동산 웹사이트에서 과거에 살았던 장소의 사진을 찾아보는 것도 좋은 방법이다.
- 오감을 통한 자기 이해: 경외감을 주는 장소를 찾아가서 오감을 열고 그 공간을 온전히 느낀다.

### 참고 자료

《FIVE SENSE》를 통해 오감을 더욱 깊이 경험할 수 있는 다양한 방법이 전해지기를 바란다. 더 자세한 내용은 내 웹사이트(gretchenrubin.com)에서 확인할 수 있다. 행복과 오감, 좋은 습관, 인간의 본성을 탐구하는 여정을 이 공간에 꾸준히 공유하고 있다. 이 책에는 포함하지 않았지만 직접 시도한 수많은 오감 실험도 다룬다.

토론 가이드를 포함해 추가 자료가 필요하다면 웹사이트에서 이용할 수 있다. 오감과 자신의 관계를 이해하고 싶다면 오감 퀴즈(gretchenrubin.com/quiz/)에 참여해 보자. 내 소리 치유소에 있는 곡이 궁금하다면 스포티파이(Spotify)에서 들을 수 있다. 매주 발행되는 인기 뉴스레터 〈나를 행복하게 하는 다섯 가지(5 Things Making Me Happy)〉는 gretchenrubin.com/newsletters에서, 매일 한 문장씩 행복을 전하는 〈행복의 순간(Moment of Happiness)〉은 gretchenrubin.com/quotations에서 무료로 받아볼 수 있다(백만 명이 넘는 독자들이 뉴스레

터를 구독 중이다).

〈그레첸 루빈과 더 행복해지기〉 팟캐스트도 매주 들을 수 있다. 나와 내 동생 엘리자베스가 함께 출연해 최첨단 과학과 고대의 지혜, 대중문화, 그리고 일상에서 얻은 통찰을 나누며 행복해지는 방법을 이야기한다.

수상 이력이 있는 습관 추적 앱 '해피어(Happier)'도 추천한다. 더 행복하고 건강하며 생산적이고 창의적으로 살아갈 수 있도록 각자에게 맞는 전략을 제시하는 앱이다. 자세한 정보와 가입 정보는 thehappierapp.com에서 확인할 수 있다.

아래 플랫폼에서 @gretchenrubin을 팔로우하여 대화에 참여해보자.

인스타그램 Instagram
페이스북 Facebook
트위터 Twitter
유튜브 YouTube
링크드인 LinkedIn
굿리즈 Goodreads
틱톡 TikTok

웹사이트 gretchenrubin.com에서 여러분의 경험, 통찰, 질문을 이메일로 보내주길 바란다.

나는 앞으로도 '생활 속 실천'이라는 영원히 매혹적인 주제를 여러 분과 계속 나누고 싶다.

— 그레첸 루빈(Gretchen Rubin)

## 주석

개인정보 보호를 위해 일부 이름을 변경하고 몇몇 발언은 더 명확하게 다듬었으며, 특히 코로나19로 인한 혼란을 고려해 사건의 순서를 조정했지만 이 책에 담긴 이야기는 모두 실제 인물과 사건에서 비롯했다.

### '감각'에 대하여

1  1 Andy Warhol, 《The Philosophy of Andy Warhol (From A to B and Back Again)》 (New York: Harvest, 1975), 219.
2  Zora Neale Hurston, 《Dust Tracks on a Road: An Autobiography》 (New York: J. B. Lippincott, 1942), 69.
3  Gerald Shea, 《Songs Without Words: Discovering My Deafness Halfway Through Life》 (New York: Da Capo Press, 2013).
4  Simone de Beauvoir, 《Memoirs of a Dutiful Daughter》 (New York: Harper Perennial, 1958), 125.
5  Sonja Lyubomirsky, Laura King, and Ed Diener, "The Benefits of Frequent Positive Affect: Does Happiness Lead to Success?," 《Psychological Bulletin》 131, no. 6 (2005): 803–55.
6  Robert Southey, quoted in T. W. Brown, 《Early Called: A Memoir of

William Deans》(London: James Nisbet, 1869), 174.

## 시각

7   Stephen Kuusisto, 《Eavesdropping: A Memoir of Blindness and Listening》 (New York: W. W. Norton, 2006), 63; see also Stephen Kuusisto, 《Have Dog, Will Travel: A Poet's Journey (New York: Simon & Schuster, 2018).
8   Paul Cézanne, quoted in Ambroise Vollard, 《Cézanne》 (New York: Dover Publications, 1984).
9   Margaret S. Livingstone, 《Vision and Art: The Biology of Seeing》, rev. and expanded ed., foreword by David Hubel (New York: Abrams, 2014), 206.
10  Reed Tucker, "Stare Wars," 《New York Post》, May 29, 2011.
11  Nicola Binetti, Charlotte Harrison, Antoine Coutrot, et al., "Pupil Dilation as an Index of Preferred Mutual Gaze Duration," 《Royal Society Open Science》 3, no. 7 (July 2016).
12  Gertrude Stein, 《Paris France》 (New York: W. W. Norton, 1940), 21.
13  John Medina, 《Brain Rules: 12 Principles for Surviving and Thriving at Work, Home, and School》 (Seattle: Pear Press, 2014), 13–22; Marily Oppezzo and Daniel L. Schwartz, "Give Your Ideas Some Legs: The Positive Effect of Walking on Creative Thinking," 《Journal of Experimental Psychology》 40, no. 4 (2014): 1142–52.
14  Annie Murphy Paul, 《The Extended Mind: The Power of Thinking Outside the Brain》 (New York: Mariner Books, 2021), 128–38.
15  Derek Jarman, 《Chroma: A Book of Color》 (New York: Overlook Press, 1995), 23.
16  Oliver Genschow, Thomas Noll, Michaela Wanke, and Robert Gersbach, "Does Baker-Miller Pink Reduce Aggression in Prison Detention Cells? A Critical Empirical Examination," 《Psychology, Crime & Law》 21, no. 5 (2014): 482–89; Charles Spence, 《Sensehacking: How to Use the Power of Your Senses for Happier, Healthier Living》 (New York: Viking, 2021), 32.
17  David Howes and Constance Classen, 《Ways of Sensing: Understanding the Senses in Society》 (New York: Routledge, 2014), 2.

18　Paul Bloom, 《How Pleasure Works: The New Science of Why We Like What We Like》 (New York: W. W. Norton, 2010), 128.

19　Emmanuelle Laborit, 《The Cry of the Gull》, trans. Constantina Mitchell and Paul Raymond Côté (Washington, D.C.: Gallaudet University Press, 1994), 33.

20　Lawrence D. Rosenblum, 《See What I'm Saying: The Extraordinary Powers of Our Five Senses》 (New York: W. W. Norton, 2011), 248–49.

21　Kate Murphy, 《You're Not Listening: What You're Missing and Why It Matters》 (New York: Celadon Books / Macmillan, 2019), 148.

22　Jaimie Arona Krems and Jason Wilkes, "Why Are Conversations Limited to About Four People? A Theoretical Exploration of the Conversation Size Constraint," 《Evolution and Human Behavior》 40, no. 2 (March 2019): 140–47.

23　Murphy, 《You're Not Listening》, 176.

24　Katie Jue and Dan Nathan Roberts, "How Noise Affects Patients in Hospitals," 《Proceedings of the Human Factors and Ergonomics Society Annual Meeting》 63, no. 1 (2019): 1510–14.

25　Seth S. Horowitz, 《The Universal Sense: How Hearing Shapes the Mind》 (New York: Bloomsbury, 2012), 118.

26　Barb Stuckey, 《Taste What You're Missing: Surprising Stories and Science About Why Food Tastes Good》 (New York: Atria, 2013), 118–19.

27　Benjamin Oreskes, "To Chase Away Homeless People, 7-Eleven Stores in L.A. Use Classical Music," 《Los Angeles Times》, September 6, 2019; Kim Baldonado, "SoCal Rite Aids Use Barry Manilow Music to Discourage Loitering," 《NBC Los Angeles》, June 30, 2018.

28　Matthias R. Mehl, Simine Vazire, Nairán Ramírez-Esparza, et al., "Are Women Really More Talkative Than Men?," 《Science》 317 (July 2007): 82.

## 후각

29　Randall Munroe, "What's the World's Worst Smell?," 《New York Times》, February 26, 2020.

30 Avery N. Gilbert, 《What the Nose Knows: The Science of Scent in Everyday Life》 (New York: Synesthetics Inc., 2014), 86.
31 Andy Warhol, 《The Philosophy of Andy Warhol(From A to B and Back gain)》 (New York: Harvest, 1975), 151.
32 Henry David Thoreau, 《Walden and Other Writings》 (New York: Modern Library, 1992), 105.

## 미각

33 Joan Reardon, 《As Always, Julia: The Letters of Julia Child and Avis DeVoto》 (New York: Mariner Books, 2011), 31.
34 Jean Anthelme Brillat-Savarin, 《The Physiology of Taste》, translated by M.F.K. Fisher (New York: Vintage Books, 2011), 15.
35 Charles Spence and Betina Piqueras-Fiszman, 《The Perfect Meal: The Multisensory Science of Food and Dining》 (Oxford: John Wiley & Sons, 2014), 116.
36 Bob Holmes, 《Flavor: The Science of Our Most Neglected Sense》 (New York: W. W. Norton, 2017), 111.
37 Mike Pomranz, "Corks Make Wine Taste Better, According to the Results of This Experiment," 《Food & Wine》, September 27, 2017.
38 Jennifer Senior, "Why You Never Truly Leave High School," 《New York》, January 18, 2013.
39 Marcel Proust, 《Swann's Way》, trans. C. K. Scott Moncrieff (New York: Vintage Books, 1982), 27.
40 Malcolm Gladwell, "The Ketchup Conundrum," 《The New Yorker》, August 29, 2004.
41 Amy Fleming, "The Geography of Taste: How Our Food Preferences Are Formed," 《The Guardian》, September 3, 2013.
42 Stuckey, 《Taste》, 206.
43 Jean Anthelme Brillat-Savarin, 《The Physiology of Taste》, translated by M.F.K. Fisher (New York: Vintage Books, 2011), 15.
44 Raffi Khatchadourian, "The Taste Makers: The Secret World of the Flavor

Factory," 《The New Yorker》, November 15, 2009.
45  Gaston Bachelard, 《The Poetics of Space》 (New York: Penguin Books, 1958), 17.
46  Scott Barry Kaufman, "Why Creativity Is a Numbers Game," 《Scientific American》, December 29, 2015.
47  Samuel Johnson, quoted in Hesther Lynch Piozzi, 《Anecdotes of Samuel Johnson》 (Cambridge: Cambridge University Press, 1932), 191.

## 촉각

48  George Orwell, 《The Road to Wigan Pier》 (New York: Mariner Books, 1972), 197.
49  Yoshida Kenko, 《Essays in Idleness》, trans. Donald Keene (New York: Columbia University Press, 1967), 139.
50  Joann Peck and Suzanne Shu, "The Effect of Mere Touch on Perceived Ownership," 《Journal of Consumer Research》 36, no. 3 (2009): 434–47.
51  Ben Carey, Colleen Anne Dell, James Stempien, et al., "Outcomes of a Controlled Trial with Visiting Therapy Dog Teams on Pain in Adults in an Emergency Department," 《PLoS ONE》 17, no. 3 (February 2021): e0262599.
52  Helen Keller, 《The World I Live In》 (New York: Floating Press, 2013), 16.
53  Paul, 《The Extended Mind》, 53–54, 156–59.
54  James Baldwin, quoted in Fred R. Standley and Darnell D. Pratt, eds., 《Conversations with James Baldwin》 (Jackson: University Press of Mississippi, 1989), 245; Twyla Tharp, 《The Creative Habit: Learn It and Use It for Life》 (New York: Simon & Schuster, 2003), 78–92.

## 오감을 향해

55  Samuel Butler, 《The Note-Books of Samuel Butler》 (London: A. C. Fifield, 1921), 259.

56  Dr. Seuss, 《The Cat in the Hat》 (New York: Random House, 1957), 18
57  Kristin Diehl, Gal Zauberman, and Alixandra Barasch, "How Taking Photos Increases Enjoyment of Experiences," 《Journal of Personality and Social Psychology》 11, no. 2 (2016): 119–40.
58  May Sarton, 《Plant Dreaming Deep》 (New York: W. W. Norton, 1968), 122.
59  Virginia Woolf, 《A Writer's Diary》 (New York: Mariner Books, 2003), 151.
60  Carl Jung, 《The Collected Works of C. G. Jung, vol. 6, Psychological Types》 (Princeton, N.J.: Princeton University Press, 1971), 123.
61  Carey Dunne, "In Defense of the World's Ugliest Color, 'Opaque Couché,'" 《Hyperallergic》, June 16, 2016
62  Oscar Wilde, quoted in Richard Ellmann, 《Oscar Wilde》 (New York: Vintage Books, 1987), 45.

## 추천 도서

오감을 다루는 뛰어난 책이 시중에 많이 나와 있다. 그중에서 중요한 작품을 모두 아우르기보다는 내가 개인적으로 좋아하는 책을 몇 권 소개한다.

## 오감 일반

Ackerman, Diane. 《A Natural History of the Senses》 New York: Vintage Books, 1991.
Brown, Darren. 《Tricks of the Mind》 London: Transworld, 2006.
Bryson, Bill. 《The Body: A Guide for Occupants》 New York: Anchor, 2021.
Dehaene, Stanislas. 《How We Learn: Why Brains Learn Better Than Any Machine… For Now》 New York: Penguin, 2021.
_____. 《The Number Sense: 《How the Mind Creates Mathematics》 New York: Oxford University Press, 1997.
_____. 《Reading in the Brain: The New Science of How We Read》 New York: Penguin, 2009.
Dutton, Denis. 《The Art Instinct: Beauty, Pleasure, and Human Evolution》 New York: Bloomsbury Press, 2010.

Eagleman, David. Incognito: 《The Secret Lives of the Brain》New York: Vintage Books, 2012.

———. Livewired: 《The Inside Story of the Ever-Changing Brain》New York: Pantheon, 2020.

Grandin, Temple. 《Visual Thinking: The Hidden Gifts of People Who Think in Pictures, Patterns, and Abstractions》New York: Riverhead, 2022.

Higgins, Jackie. 《Sentient: How Animals Illuminate the Wonder of Our Human Senses》New York: Atria, 2022.

Howes, David, and Constance Classen. 《Ways of Sensing: Understanding the Senses in Society》New York: Routledge, 2014.

Hurston, Zora Neale. 《Dust Tracks on a Road: An Autobiography》New York: J. B. Lippincott, 1942.

Konigsburg, E. L. 《From the Mixed-Up Files of Mrs. Basil E. Frankweiler》New York: Atheneum, 1998.

Ladau, Emily. 《Demystifying Disability: What to Know, What to Say, and How to Be an Ally》New York: Ten Speed Press, 2021.

Lee, Ingrid Fetell. 《Joyful: The Surprising Power of Ordinary Things to Create Extraordinary Happiness》New York: Little, Brown Spark, 2018.

Lieberman, Daniel. 《The Story of the Human Body: Evolution, Health, and Disease》New York: Vintage, 2014.

Lieberman, Matthew. 《Social: Why Our Brains Are Wired to Connect. New York》Crown, 2014.

Paul, Annie Murphy. 《The Extended Mind: The Power of Thinking Outside the Brain》New York: Mariner Books, 2021.

Spence, Charles. 《Sensehacking: How to Use the Power of Your Senses for Happier, Healthier Living》New York: Viking Books, 2021.

Temkin, Ann. 《Color Chart: Reinventing Color: 1950 to Today》New York: Museum of Modern Art, 2008.

Tversky, Barbara. 《Mind in Motion: How Action Shapes Thought》New York: Basic Books, 2019.

Warhol, Andy. 《The Philosophy of Andy Warhol (From A to B and Back Again)》New York: Harvest, 1975.

Wong, Alice, ed. 《Disability Visibility: First-Person Stories from the Twentieth

Century》New York: Vintage Books, 2020.
Yong, Ed. 《An Immense World: How Animal Senses Reveal the Hidden Realms Around Us》New York: Random House, 2022.
Young, Emma. 《Super Senses: The Science of Your 32 Senses and How to Use Them》New York: John Murray, 2021.

## 시각

Barry, Susan R. 《Fixing My Gaze: A Scientist's Journey into Seeing in Three Dimensions》New York: Basic Books, 2010.
Bruni, Frank. 《The Beauty of Dusk: On Vision Lost and Found》New York: Avid Reader Press / Simon & Schuster, 2022.
Grunwald, Henry. 《Twilight: Losing Sight, Gaining Insight》New York: Vintage Books, 2012.
Knighton, Ryan. 《Cockeyed: A Memoir of Blindness》New York: PublicAffairs, 2007.
Kuusisto, Stephen. Eavesdropping: A Memoir of Blindness and Listening》New York: W. W. Norton, 2006.
_____. 《Have Dog, Will Travel: A Poet's Journey》New York: Simon & Schuster, 2018.
_____. 《Planet of the Blind: A Memoir》New York: Delta, 1998.
Lidsky, Isaac. 《Eyes Wide Open: Overcoming Obstacles and Recognizing Opportunities in a World That Can't See Clearly》New York: TarcherPerigee, 2017.
Livingstone, Margaret S. 《Vision and Art: The Biology of Seeing》Revised and expanded edition. Foreword by David Hubel. New York: Abrams, 2014.
Mehta, Ved. Dark 《Harbor: Building House and Home on an Enchanted Island》New York: Nation Books, 2003.
Pastoureau, Michel. 《Black: The History of a Color》Princeton, N.J.: Princeton University Press, 2008.
_____. 《Blue: The History of a Color》Princeton, N.J.: Princeton University Press, 2018.

_____. 《The Devil's Cloth: A History of Stripes》 New York: Washington Square Press, 2003.
_____. 《Green: The History of a Color》 Princeton, N.J.: Princeton University Press, 2014.
_____. 《Red: The History of a Color》 Princeton, N.J.: Princeton University Press, 2017.
_____. 《Yellow: The History of a Color》 Princeton, N.J.: Princeton University Press, 2019.
St. Clair, Kassia. 《The Secret Lives of Color》 New York: Penguin, 2017.

# 청각

Bouton, Katherine. 《Shouting Won't Help: Why I—and 50 Million Other Americans—Can't Hear You》 New York: Picador, 2014.
Colapinto, John. 《This Is the Voice》 New York: Simon & Schuster, 2022.
Cox, Trevor. 《Now You're Talking: Human Conversation from the Neanderthals to Artificial Intelligence. New York: Counterpoint, 2018.
DiMarco, Nyle. 《Deaf Utopia: A Memoir—and a Love Letter to a Way of Life》 New York: William Morrow, 2022.
Drolsbaugh, Mark. 《Deaf Again: Born into Deaf Culture, Thrown into the Hearing World, Rediscovering the Joys of Deafness》 Springhouse, Pa.: Handwave, 2019.
Dunbar, Robin. 《Grooming, Gossip, and the Evolution of Language》 New York: Harvard University Press, 1997.
Karpf, Anne. 《The Human Voice: How This Extraordinary Instrument Reveals Essential Clues About Who We Are》 New York: Bloomsbury, 2006.
Keizer, Garret. 《The Unwanted Sound of Everything We Want: A Book About Noise》 New York: PublicAffairs, 2010.
Laborit, Emmanuelle. 《The Cry of the Gull》 Translated by Constantina Mitchell and Paul Raymond Côté. Washington, D.C.: Gallaudet University Press, 1994.
Levitin, Daniel. 《This Is Your Brain on Music: The Science of a Human

Obsession》New York: Plume / Penguin, 2007.

Maitland, Sara. 《A Book of Silence》New York: Counterpoint, 2010.

Murphy, Kate. 《You're Not Listening: What You're Missing and Why It Matters》New York: Celadon Books / Macmillan, 2021.

Owen, David. 《Volume Control: Hearing in a Deafening World》New York: Riverhead, 2019.

Prochnik, George. 《In Pursuit of Silence: Listening for Meaning in a World of Noise》New York: Anchor Books, 2011.

Shea, Gerald. 《Songs Without Words: Discovering My Deafness Halfway Through Life》New York: Da Capo Press, 2013.

Thomas, Sue. 《Silent Night》New York: Tyndale House, 1990.

## 후각

Barwich, A. S. 《Smellosophy: What the Nose Tells the Mind》Cambridge, Mass.: Harvard University Press, 2020.

Blodgett, Bonnie. 《Remembering Smell: A Memoir of Losing—and Discovering—the Primal Sense》New York: Houghton Mifflin Harcourt, 2010.

Burr, Chandler. 《The Perfect Scent: A Year Inside the Perfume Industry in Paris and New York》New York: Picador, 2009.

Gilbert, Avery. 《What the Nose Knows: The Science of Scent in Everyday Life》New York: Synesthetics Inc., 2014.

Glaser, Gabrielle. 《The Nose: A Profile of Sex, Beauty, and Survival》New York: Atria, 2002.

Stewart, Jude. 《Revelations in Air: A Guidebook to Smell》New York: Penguin, 2021.

## 미각

Brillat-Savarin, Jean Anthelme. 《The Physiology of Taste: Or Meditations on

Transcendental Gastronomy》New York: Vintage Books, 2011.
Fisher, M.F.K. 《The Art of Eating》New York: Harvest, 2004.
Herz, Rachel. 《Why You Eat What You Eat: The Science Behind Our Relationship with Food》New York: W. W. Norton, 2019.
Holmes, Bob. 《Flavor: The Science of Our Most Neglected Sense》New York: W. W. Norton, 2017.
McQuaid, John. 《Tasty: The Art and Science of What We Eat》New York: Scribner, 2016.
Miller, William. 《The Anatomy of Disgust》Cambridge, Mass.: Harvard University Press, 1998.
Pollan, Michael. 《The Botany of Desire: A Plant's-Eye View of the World》New York: Random House, 2002.
_____. 《How to Change Your Mind: What the New Science of Psychedelics Teaches Us About Consciousness, Dying, Addiction, Depression, and Transcendence》New York: Penguin, 2019.
Roach, Mary. 《Gulp: Adventures on the Alimentary Canal》New York: W. W. Norton, 2013.
Segnit, Niki. 《The Flavor Thesaurus: A Compendium of Pairings, Recipes and Ideas for the Creative Cook》New York: Bloomsbury, 2012.
Shepherd, Gordon. 《Neurogastronomy: How the Brain Creates Flavor and Why It Matters》New York: Columbia University Press, 2013.
Spence, Charles, and Betina Piqueras-Fiszman. 《The Perfect Meal: The Multisensory Science of Food and Dining》Oxford: John Wiley & Sons, 2014.
Stuckey, Barb. 《Taste What You're Missing: Surprising Stories and Science About Why Food Tastes Good》New York: Atria, 2013.
Wilson, Bee. 《First Bite: How We Learn to Eat》New York: Basic Books, 2015.

촉각

Field, Tiffany. 《Touch》2nd edition. Cambridge, Mass.: MIT Press, 2014.
Graziano, Michael. 《The Spaces Between Us: A Story of Neuroscience,

Evolution, and Human Nature》New York: Oxford University Press, 2018.

Jablonski, Nina. 《Skin: A Natural History》Berkeley: University of California Press, 2006.

Linden, David. 《Touch: The Science of Hand, Heart, and Mind》New York: Penguin, 2016.

Subramanian, Sushma. 《How to Feel: The Science and Meaning of Touch》New York: Columbia University Press, 2021.

Trumble, Angus. 《The Finger: A Handbook》New York: Farrar, Straus and Giroux, 2010.

Wilson, Frank. 《The Hand: How Its Use Shapes the Brain, Language, and Human Culture》New York: Vintage Books, 1999.

## 메트로폴리탄 미술관 소장품 목록

이 책에 언급된 메트로폴리탄 미술관의 소장품은 다음과 같다.

## 시각

Lippi, Fra Filippo. ⟨Portrait of a Woman with a Man at a Casement⟩. Ca. 1440. Tempera on wood. The Metropolitan Museum of Art, New York.

⟨Bowl with Human Feet⟩. Ca. 3700–3450 B.C. Pottery. The Metropolitan Museum of Art, New York.

Attributed to the Danaë Painter. ⟨Terracotta Bell-Krater (bowl for mixing wine and water)⟩. Ca. 460 B.C. Terracotta; red-figure. The Metropolitan Museum of Art, New York.

⟨Panel with the Nativity⟩. Ca. 1440. Pot metal, white glass, vitreous paint, silver stain. The Metropolitan Museum of Art, New York.

## 청각

⟨Ngoma(drum)⟩. Vili or Yombe people. Nineteenth century. Wood, fiber, glass.

The Metropolitan Museum of Art, New York.

## 후각

⟨Mesu Smelling a Lotus⟩. Ca. 1525-1504 B.C. Limestone. The Metropolitan Museum of Art, New York.
⟨Pair of Eyes⟩. Fifth century B.C. or later. Bronze, marble, frit, quartz, obsidian. The Metropolitan Museum of Art, New York.
⟨Fragment of a Queen's Face⟩. Ca. 1390-1336 B.C. Yellow jasper. The Metropolitan Museum of Art, New York.

## 미각

Johnson, Joshua. ⟨Emma Van Name⟩. Ca. 1805. Oil on canvas. The Metropolitan Museum of Art, New York.

## 촉각

⟨Durga as Slayer of the Buffalo Demon Mahishasura⟩. Fourteenth-fifteenth century. Gilt copper alloy, inlaid with semiprecious stones. The Metropolitan Museum of Art, New York.
Patanazzi family workshop. ⟨Inkstand with Apollo and the Muses⟩. 1584. Maiolica. The Metropolitan Museum of Art, New York.
⟨Queen Mother Pendant Mask: Iyoba⟩. Sixteenth century. Ivory, iron, copper(?). The Metropolitan Museum of Art, New York.
Bruegel the Elder, Pieter. ⟨The Harvesters⟩. 1565. Oil on wood. The Metropolitan Museum of Art, New York.
Van Gogh, Vincent. ⟨Self-Portrait with a Straw Hat⟩. 1887. Oil on canvas. The Metropolitan Museum of Art, New York.

오감을 향해

⟨God Horus Protecting King Nectanebo II⟩. 360−343 B.C. MetaGreywacke.
The Metropolitan Museum of Art, New York.

### 그레첸 루빈의 오감 자화상

## 시각

- 메트로폴리탄 미술관 스테인드글라스 창에서 내려다보며 이빨을 드러내고 웃는 소
- 이른 아침 햇살 아래 이불을 덮고 잠든 제이미
- 책으로 빼곡히 들어찬 도서관 서가의 벽
- 센트럴 파크 호숫물에 비친 구름
- 주황색 교통콘

## 청각

- 서로의 농담에 웃음을 터뜨리는 엘리자와 엘리너
- 바나비가 가장 좋아하는 담요 위에서 몸을 웅크리고 깊이 내쉬는 한숨
- 손가락으로 키보드를 두드릴 때 희미하게 달각거리는 소리
- 〈더 행복해지기〉를 녹음할 때 엘리자베스 특유의 멘트. "좋아, 그레첸. 이제…"
- 6번 열차가 지하철역에 도착할 때 나는 굉음

## 후각

- 샤피 펜(Sharpie pen, 미국의 유성 마커 브랜드_옮긴이)
- 카날 플라워(Carnal Flower), 디오리시모(Diorissimo), 프라카스(Fracas), 자낫 등 밤에 뿌리는 향수
- 블랙 커피
- 메트로폴리탄 미술관의 손 소독제
- 으깬 라벤더


## 미각

- 윈스테드의 트리플 버거(소스와 번 없이)
- 다이어트 콜라
- 여러 가지 방식으로 조리한 달걀
- 아몬드
- 무설탕 시나몬 민트


## 촉각

- 포근한 타월지 가운
- 제이미, 엘리자, 엘리너와 함께하는 '가족 사랑 샌드위치' 포옹
- 거의 느껴지지 않는 콘택트렌즈의 무게
- 손가락 끝이 뚫린 얇은 울 장갑
- 뜨거운 음료로 데워진 묵직한 머그잔

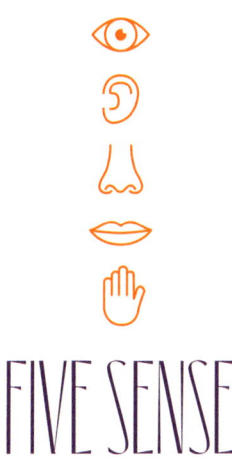

# FIVE SENSE
소진된 일상에서 행복을 되찾는 마음 회복법

**초판 1쇄 인쇄** 2025년 8월 19일
**초판 1쇄 발행** 2025년 8월 27일

**지은이** 그레첸 루빈
**옮긴이** 김잔디

**책임편집** 김다미
**콘텐츠그룹** 배상현, 김아영, 박화인, 기소미
**디자인** R DESIGN 이보람

**펴낸이** 전승환
**펴낸곳** 책읽어주는남자
**신고번호** 제2024-000099호
**이메일** bookpleaser@thebookman.co.kr

**ISBN** 979-11-93937-84-6 (03190)
한국어판 출판권 ⓒ책읽어주는남자, 2025

- 북플레저는 '책읽어주는남자'의 출판 브랜드입니다.
- 이 책의 저작권은 저자에게 있습니다.
- 저작권법에 의해 보호를 받는 저작물이므로 저자와 출판사의 허락 없이 무단 전재와 복제를 금합니다.
- 이 책의 일부 또는 전부를 재사용하려면 반드시 저작권자와 출판사 양측의 동의를 받아야 합니다.
- 책값은 뒤표지에 있습니다.